혁신 다이내믹스

지속 성장을 위한 혁신의 원리와 길

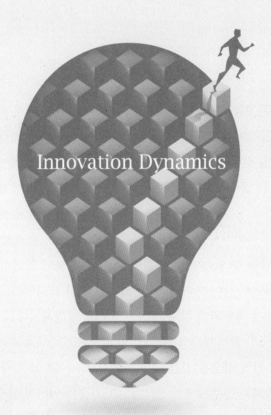

Innovation Dynamics

피라루쿠는 아마존강에 사는 물고기의 이름이다. 세계 최대의 담수어인데, 몸길이가 5미터까지 자라고 몸무게는 200킬로그램에 달한다. 놀라운 것은, 피라루쿠가 공룡시대로부터 생존해 왔다는 것이다. 그 이유는 몸이 크거나 먹성이 좋아서가 아니라, 공기 호흡이 가능하기 때문이다. 이 물고기는 물에서 살지만, 물 밖으로 머리를 내밀어 공기를 들이마시고, 이를 모아서 호흡을 한다. 따라서 물이 없어도 살아 남을 수 있는 거의 유일한 어종이다. 물에 살면서 다른 물고기들을 먹이로 살아 오다가, 물이 없어진 극한 환경에서도 살아 남아서 현재까지 멸종되지 않고 버텨온 특이한 생명체이다. 그 비결은 한 마디로 '극한 환경에서의 생존력'이다.

21세기의 기업 경쟁은 점점 극한 상황으로 나아가고 있다. 가속화되는 글로벌화와 눈부시게 발전하는 ICT 기술로 인하여 경쟁은 급속도로 치열해지고, 그 변화의 속도는 20세기와는 비교할 수 없는 수준이다. 무선 인터넷과 모바일 기술의 발전, 거기에 데이터의 처리 능력과 해독 능력, 그리고 그들을 기반으로 과거와 다른 새로운 제품과 서비스들이 빠르게 등장하고 있다. 그를 통해서 기술과 산업 간의 경계는 와해되고, 기존에 비해서 크게 증가한 불확실성에 직면하고 있다. 이러한 극한 환경에서 기업이 갖추어야 할 역량은 바로 피라루쿠와 같은 생존력이다.

　이러한 생존력을 가지려면 중요한 핵심역량의 하나가 바로 '혁신역량'이다. 피라루쿠의 공기 호흡 능력처럼 혁신은 새로운 환경에서 살아 남아서 지속적으로 성장을 하기 위한 능력을 말한다. 애석하게도 혁신은 매우 어렵고 성공 확률이 낮다고 알려져 왔고, 실제로 그러하다. 우리가 뭔가를 어렵다고 하는 경우는 대개 세 가지 이유 때문인데, 첫 번째는, 그 일을 제대로 이해하기 위해서 필요한 〈원리〉가 없거나 부족하다. 두 번째는, 그 일을 제대로 수행하기 위해서 필요한 〈방법〉이 없거나 부실하다. 세 번째는, 그 일을 제대로 구상하고 추진하기 위해서 필요한 〈전략〉이 부족하다. 이 세 가지가 모두 없거나 부족하면 그 일은 결코 성공하기 어렵다.

　혁신의 성공 확률이 10퍼센트 내외인 이유는 바로 이러한 세 가지가 여전히 부족하거나 부실하기 때문이라고 보인다. 우리는 〈혁신 다이내믹스〉라는 원리와 그를 통한 혁신의 방법론, 그리고 리턴이 큰 혁신을 위한 전략들을 통해서 조금이라도 그 성공 확률을 높여 보고자 애써왔다. 이 책은 그러한 노력의 작은 결실이다.

　이 책과 관련된 자료들과 템플릿 등은 www.dynamics.co.kr을 통해서 제공된다.

Contents

혁신 다이내믹스
Innovation Dynamics

CHAPTER
01

성장과 혁신

지속 성장을 위한 혁신의 원리와 길

CHAPTER 01
성장과 혁신

1. 성장이란

> "
> 성장Growth 은 모든 존재하는 것들의 궁극적 목표이다.
> "

성장은 모든 조직의 사명이자 궁극적 목표이다. 성장이 멈춘 조직은 경쟁력을 잃게 되고, 결국 도태되기 때문이다. 성장은 조직만이 아니라 모든 존재하는 것들이 적자생존에서 살아 남기 위해서 달성해야 하는 지상 과제라고 할 수 있다. 만약 어떤 기업이 자신이 속한 업계의 평균보다 낮은 성장을 하고 있다면, 그 기업의 경쟁력과 가치는 떨어질 것이고, 결국 그 업계에서 사라질 가능성이 높을 것이다.

미국 뉴욕대 스턴경영대학의 아즈와스 다모다란Aswarth Damodaran 교수가 전 세계 4만3천개 이상의 기업들을 대상으로 조사한 바에 따르면, 2017년까지 과거 5년간 연 평균 매출은 약 7.4퍼센트, 이익은 약 12.2퍼센트가 증가했던 것을 알 수 있다.[1]

업종별로 성장률에는 차이가 나지만, 만약 자신이 속한 업종의 평균 성장률에 미치지 못한다면 위기감을 가지고 해법을 찾아야 할 것이다.

성장을 위해서 꼭 필요한 한 가지를 꼽으라면 그것은 바로 혁신Innovation이다. 혁신은 새로운 가치Value를 통하여 더 큰 리턴Return을 얻고, 이를 통하여 지속적인 성장을 달성하려는 모든 노력을 의미한다. 여기서 가치란 혁신을 통해서 고객에게 제공하는 혜택과 고객이 지불하는 비용의 차이라고 할 수 있는데, 당연히 혜택이 비용에 비하여 클수록 높은 가치를 느끼게 된다.

리턴은 이러한 가치를 제공하는 데 따라서 기업이 얻는 매출과 이익의 증가를 말하며, 결국 리턴이 커질수록 그 기업은 성장하고 자신의 가치 또한 높아지게 된다.

기업의 성장은 세 가지 유형을 생각할 수 있는데, 소위 '톱라인 성장'Top-Line Growth, 즉 매출의 성장, '보텀라인 성장'Bottom-Line Growth, 즉 이익의 성장, 그리고 기업 가치의 성장Market-Value Growth, 즉 상장기업이라면 주가의 성장을 대표적 성장의 지표로 꼽을 수 있다. 이러한 성장을 지속하는 것은 과연 얼마나 어려운 일일까? 이 질문의 답을 찾기 위해서 '스톨 포인트'Stall Points의 연구진은 〈포춘 100〉Fortune 100: 미국 내 매출 순위 100대 기업들에 들었던 500개 이상의 기업들에 대한 1955년부터 2006년까지 50년 분량의 데이터를 분석하였다. 그 결과 '스톨'Stall - 기업의 성장이 급격히 멈추는 현상에 빠진 기업들의 비율이 무려 전체의 87퍼센트였고, 겨우 13퍼센트만이 스톨에 걸리지 않고 꾸준한 성장을 계속하였음을 발견하였다.[2]

스톨의 덫에 걸린 기업들은 대부분 다시 상당한 수준의 성장 궤도로 돌아올 수 없었는데, 다시 성장한 기업들의 비율은 고작 11퍼센트에 불과하였다. 전체의 76퍼센트에 달하는 기업들이 스톨에 빠진 후에 다시는 돌아오지 못한 것이다.

이와 유사한 통계는 〈포춘 500〉 리스트에서도 발견된다. 1955년의 리스트와 2016년의 리스트를 비교해 보면, 최초의 500대 기업들 중에서 살아 남은 기업들의 숫자는 60개, 즉 전체의 12퍼센트인 것을 알 수 있다.[3]

소위 '최고의 기업들'이라고 인정된 기업들조차도 이 정도의 생존율을 보인다면, 지구상의 모든 기업들을 대상으로 조사한다면 훨씬 너 낮은 수준의 생존가능성이 있음을 추측할 수 있다. 통상적으로 혁신의 성공 확률을 10퍼센트 정도로 보는 것이 결코 낮은 수치가 아님을 알 수 있다. 100명이 험난한 여정을 출발해서 목적지에 도착하는 숫자가 10명이고, 이 과정을 10번 반복하면 결국 초기에 출발한 100명 중에서 단 한 명만이 살아 남는 '서바이벌 게임'이 혁신과 성장의 과정이라고 할 수 있다.

왜 이렇게 혁신의 성공 확률이 낮고 따라서 성장을 지속하는 것이 어려운 것일까? 만약 이 질문의 명쾌한 답을 찾을 수 있고, 또한 그에 따른 적절한 처방이나 가이드라인을 제시할 수 있었다면 세상에는 많은 성공담과 사례들이 존재할 것이다. 그러나 애석하게도 현실 세계에서는 성공보다 훨씬 많은 실패들이 등장하고, 그 비율은 날이 갈수록 늘어나고 있다. 여전히 우리에게 알려진 노하우나 비결은 부족하고, 대신에 실패의 확률을 높이는 불확실성이나 난관들은 더 커지고 있다. 과연 혁신에 대한 올바른 길과 답을 찾는 일은 불가능한 것일까?

성장은 모든 존재하는 것들의 궁극적 목표이지만, 지속적인 성장 대신에 갑작스러운 정체를 겪는 기업들의 비율은 여전히 높다.

2. 스톨이란

> ❝
> 성장의 정체는 혁신의 실패에서 온다.
> ❞

기업의 성장이 갑자기 멈추는 원인은 무엇일까? 스톨 포인트 연구진이 발견한 것은, 갑작스런 정체가 어느 특정한 기업들에서만 일어나는 현상이 아니며, 이러한 스톨에 빠지는 것을 기업이 눈치 채기가 매우 힘들고, 그리고 일단 스톨의 함정에 빠지면 거기서 빠져나오기가 극히 어렵다는 사실이다. 연구진은 대표적인 50개 기업을 선정하여, 스톨을 발생시키는 구체적인 원인들을 찾아 보았는데, 모두 42가지의 원인들 중에서 다음의 4가지가 가장 큰 비율을 차지함을 발견하였다.[2] 스톨이 오는 4가지 주요 원인들은,

① 프리미엄 포지션의 함정Premium Position Captivity ‒ 전체의 23% 차지
② 혁신 경영의 실패Innovation Management Breakdown ‒ 전체의 13% 차지
③ 핵심 사업의 조기 철수Premature Core Abandonment ‒ 전체의 10% 차지
④ 인재 풀 부족Talent Bench Shortfall ‒ 전체의 9% 차지

이었고, 이러한 4가지 원인들이 전체의 55% 비율을 차지함을 알 수 있었다.

전체의 약 4분의 1을 차지하는 〈프리미엄 포지션의 함정〉은, 경쟁이나 시장의 변화에 대해서 기업의 무능한 대처 자세를 의미한다. 소위 '중간 시장의 소멸'이라고 불리는 시장의 양극화 현상 속에서 기존의 선도 기업들은 도리어 자신들의 강점인 중간 시장에 대한 공략을 더 강화하다가 스톨을 맞은 것이다.

저가를 앞세운 경쟁자가 갑자기 나타났을 때, 무대응으로 간과하는 경우도 많았고, 선두 주자라는 브랜드에 대한 과신으로 인해서 자신들의 기존 제품에 매달린 경우도 많았다. 고마진High Margin의 장벽 뒤에서 스스로를 변화하는 시장 원리에 뒤처지도록 만든 경우들도 있었다. 결국 프리미엄 포지션을 누려온 관성Inertia이 새로운 상황에 대한 판단과 대처 능력을 잃게 만든 것이다.

두 번째 원인인 〈혁신 경영의 실패〉는, 겉으로는 탄탄해 보이던 혁신 관리의 체제가 예상외로 전혀 확고하지 않았던 것이 한 이유이다. 거기에 기술혁신에 필요한 R&D 예산이 대폭 삭감되거나, 혹은 들쭉날쭉하게 투입이 됨으로써, 결국 미래의 성장에 필요한 적절한 대비가 불가능하게 된 경우도 많았다. R&D를 당장 돈이 되는 부분에 세분화해서 배분하는 경우, 그리고 신제품 개발이 지연되어 적기에 시장 경쟁력을 확보하지 못한 경우들도 많았다. 새로운 기술이 등장하는 시기에, 산업계의 새로운 표준을 받아들이고 정착시키는 데 실패한 경우들도 있었다.

또한, 기업 내부에서 핵심 기술 간의 충돌로 인하여 필요한 신기술이 기존의 기술에 떠밀려 버린 경우들도 있었고, 때로는 과도한 기술혁신이 도리어 성장의 발목을 잡은 사례들도 있었다. 결국 새로운 성장을 견인해줄 신기술과 신제품을 위한 혁신의 선택과 투자가 적절히 이루어지지 못했던 것이다.

〈핵심 사업의 성급한 포기〉가 세 번째 원인인데, 무리한 다각화를 통해서 성장을 추진하다가 흔히 일어나는 경우이다. 새로운 기술의 전망을 지나치게 높게 한다든가, 최고경영자의 관심이 기존 사업에서 멀어진 경우, 산업의 평균 성장률이 낮다고 해서 비관론에 빠지거나, 시장 포화와 영업 능력에 대한 판단 착오가 이러한 원인을 제공하였다. 결국 핵심 사업에 대한 투자는 급격히 줄이고, 신성장 사업들에 과잉 투자를 한 것이 스톨에 빠지게 만든 것이다. 네 번째의 원인인 〈인재 풀 부족〉은 거의 모든 경영의 실패 요인들에서 빠지지 않는 공통 요소일 것이다.

위의 4가지 스톨 원인들을 종합적으로 살펴 보면, 결국 그 저변에 자리한 공통 분모와 같은 한 가지 사실을 확인할 수 있다. 그것은 바로 "혁신을 위한 올바른 선택과 추진을 하지 못했다."는 것이다. 스톨의 원인들이 매우 다양한 형태로 표면상에서 나타나지만, 결국 그 모든 저변에서 일관되게 찾을 수 있는 하나의 큰 흐름은 성장을 견인해줄 새로운 가치를 제때에 고객에게 제공하지 못했다는 것이다. 새로운 외부 상황이 닥쳤거나 내부에서 중요한 전략적 선택이 필요한 시점에서, 어떤 새로운 제품과 서비스로 고객으로부터 더 큰 리턴을 얻을 것인지 제대로 파악하거나 예측하거나 결정하지 못했던 것이다. 한 마디로 모든 스톨의 근원에는 〈혁신의 실패〉가 자리하고 있다고 할 수 있다.

성장을 지속하거나 혹은 정체에서 벗어나기 위해서 반드시 필요한 한 가지는 혁신이며, 성장 정체의 원인은 혁신의 실패이다.

3. 혁신이란

> 혁신은 미래 90%를 위한 오늘 30%의 투자이다.

　미래는 오늘과 같지 않다. 오늘 우리가 즐겨 쓰는 것들이 미래에 지금 그 모습 그대로 존재하는 것들은 거의 없을 것이다. 지속적으로 새로운 기술, 제품, 서비스, 그리고 시장과 비즈니스가 탄생하고 있기 때문이다.

　2007년 가을 이전까지 우리는 스마트폰이라는 기기가 우리의 일상을 좌우하게 될 것이라고 예상하지 못했다. 당연히 당시의 핸드폰이 더 오래 사용될 것이고, 더 멋지고 편리한 핸드폰을 더 싸게 만들면, 더 높은 이익을 낼 수 있을 것이라 믿었다. 10년이 지난 오늘날 그런 폰을 사용하는 사람은 쉽게 찾기조차 어렵다. 과거에서 예측했던 미래와 실제의 현재는 항상 갭Gap이 존재한다.

　예측했던 미래와 실제 상황 사이의 갭이 존재하는 이면에는 혁신이 자리하고 있다. 오늘과 다른 미래를 만드는 원동력이 바로 혁신이며, 오늘 우리가 예측한 미래가 아닌 다른 형태의 미래가 있게 하는 것도 혁신의 힘이다.

　어떤 기업은 미래에 더 성장하고, 어떤 기업은 성장이 멈추는 것도, 결국 혁신에 대한 의사결정, 투자, 그리고 실행에서 나타나게 된다. 따라서, 오늘의 자원과 역량을 모조리 현재의 필요와 요구에 쏟아붓는 것이 아니라, 그 중의 일부를 미래에 얻어질 성장을 위해서 배분하고 배려하는 것이 필요하다. 단순히 앞으로의 변화를 예측하고, 그에 적응하기 위해서 애쓰는 것이 아니라, 미래의 성장을 위해서 체계적이고 지속적으로 투자하고 노력하는 것이 진정한 혁신이다.

미래의 성장이 언제 어떻게 나타날지를 정확하게 예측하기는 불가능하다. 수없이 많은 상황변수들이 서로 연결되어 작용하고, 또한 우리가 들인 투자와 노력에 대해서 정확하게 언제 어떤 결과가 얻어질지를 사전에 알 수 없기 때문이다. 많은 불확실한 변수들과 시시각각 변화하는 상황 속에서 꾸준한 투자와 노력이 서서히 리턴 Return을 창출하여 미래의 결실을 가져온다. 시장에서의 평가와 고객의 만족도가 올라가면 매출과 이익이 커지고, 더불어서 기업의 가치 또한 증가된다. 기업과 투자자들에게 이익이 커지고 성장이 실현되면, 즉 혁신의 리턴이 커지면, 우리는 성공한 혁신이라고 부른다. 이렇게 현재의 일부를 투자하여 새로운 가치를 제공하고, 이로 인한 리턴을 통해서 미래의 성장을 얻는 과정이 바로 혁신이다.

모니터 그룹의 파트너들인 나그지 Bansi Nagji와 터프 Geoff Tuff는 여러 기업들의 혁신 투자와 리턴에 대한 관계를 조사하였는데, 혁신을 잘 해온 기업들이 평균적으로 혁신에 투자한 비율은 전체의 30%이고, 이 투자가 기업들의 신성장에 대해서 기여한 비율은 평균 90%로 나타났다고 한다.[4] 즉, 100의 투자에서 기존과 다른 새로운 것을 위한 투자가 30이고, 후에 새로운 성장의 부분을 100이라 하면, 그 중의 90이 이 '30의 투자'에서 얻어진 것이다. 전체적인 투자 대비 성장의 비율, 즉 투자의 평균 리턴율이 1배라면, 혁신의 리턴율은 3배인 것이다.

이 비율을 그대로 인용해서 우리는 혁신의 정의를, "미래의 90%를 위하여 현재의 30%를 투자하는 것"으로 내릴 수 있다. 미래의 새로운 성장을 얻기 위해서 현재 투자와 노력의 일부를 기존과 다른 새로운 것에 투입하는 것이 혁신이며, 그에 대한 리턴율이 평균보다 3배 이상이면 성공한 것이 된다.

애플의 총 매출은 2007년 약 25조원에서 2017년에는 이의 열 배가 넘는 270조원 가까이로 증가하였다. 2017년 매출의 구성을 보면, 전체의 80%에 달하는 비중을 아이폰이 차지하였다. 만약 아이폰이라는 혁신이 없었다면, 2017년 애플의 기타 매출은 약 54조원으로, 2007년에 비해서 2배 정도 성장했을 것이다. 10년 사이의 매출 증가분을 250조원으로 가정하면, 아이폰의 신성장 기여도는 216조원/250조원으로 기의 90%에 가깝다. 2005년부터 시작된 '30의 투자'로부터 10년 후 10배 이상의 성장을 가져오는 '미래의 90'을 이끌어낸 것이다.[5, 6]

아이폰을 기획하면서 스티브 잡스Steve Jobs는 이렇게 말했다. "우리가 하려는 것은 현재의 어떤 모바일 기기보다도 월등하게 스마트하고 매우 편리한 놀라운 제품을 만드는 것입니다. 그게 바로 아이폰입니다. 자, 우리가 전화기를 새로 발명해봅시다."[7] 그는 '미래의 90'이 어디서 올지를 예견하고, 어떤 혁신에 '현재의 30' 투자가 필요한지를 아는 혁신의 마스터였다.

혁신이란, 미래 성장의 90%를 위해서 현재 자원의 30%를 투자하는 것을 말하며, 어디에 얼마의 자원과 노력을 배분할지 결정하는 것이 중요하다.

혁신 다이내믹스: 지속 성장을 위한 혁신의 원리와 길

4. 혁신 포트폴리오란

> " 현재의 혁신 포트폴리오Portfolio 가 성장가능성을 결정한다. "

성장은 자원의 배분과 지속적인 배려를 통해서 나타난다. 둘 중의 하나만 부족해도 성장은 멈추게 된다. 적절한 인적 자원과 투자가 없는 성장이란 없다.

자원이 없는 성장 프로젝트는 그저 좋은 구호와 그림에 불과하다. 햇빛을 받아서 식물이 자라듯이, 역량은 관심을 받을 때에 자란다. 마치 부모가 관심을 주어야만 자식의 역량도 그에 비례해서 커지듯이, 기업의 핵심 역량도 마찬가지이다. 경영진이 관심을 두지 않는 것을 더 잘 하려고 애쓰는 조직은 없다. 키우고 가꾸어야 얻어지는 것이 성장이다.

혁신 포트폴리오는 한정된 자원을 어떻게 혁신 프로젝트들에 배분하는가를 결정하는 것이다. 앞 절에서 소개한 나그지와 터프의 연구에서 혁신 포트폴리오는 세 가지의 영역으로 구분되어 있다.

〈그림 1-1〉에서 보듯이, 시장과 고객, 그리고 제품과 자산의 특징에 따라서 핵심Core, 인접Adjacent, 그리고 변혁Transformational 의 영역들로 나누었다. 이 세 가지 영역들에 대해서 상대적으로 얼마의 자원을 어떻게 배분하는 것이 최선인가를 알아야 한다.

적정한 배분 비율은 산업 특성에 따라서 달라지지만, 다양한 기업들을 망라해서 조사한 바로는 70-20-10의 비율로 투자한 경우가 우세하다고 한다.[4]

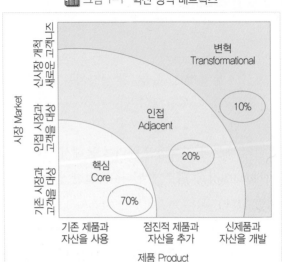

📊 그림 1-1 혁신 영역 매트릭스

그림의 포트폴리오에서 〈핵심 영역〉은 엄밀하게 따져서 우리가 정의하는 혁신에는 해당하지 않는다. 우리가 혁신이라고 할 때는 세 가지의 포트폴리오 영역에서 인접과 변혁에 속하는 투자와 프로젝트들을 의미한다. 따라서 전체의 투자 중에서 30%의 비율에 해당하는 부분이 진정한 의미의 혁신 투자라고 할 수 있다. 과연 이러한 투자를 통해서 혁신을 잘 하고 있는 기업들이 평균적으로 얻고 있는 새로운 성장에 대한 기여도는 어떻게 될까?

나그지와 터프의 연구는 다소 예상과 다른 리턴의 결과를 보여주었다. 전체의 70%에 해당하는 〈핵심 영역〉에 대한 투자는 일반적인 기대에 미치지 못하는 10% 수준의 신성장 기여도를 나타냈다. 이 기여도가 낮은 원인은 상대적으로 다른 두 영역의 리턴이 크기 때문인 것도 있다. 〈인접 영역〉에 대한 20% 비중의 투자, 즉 기존과 연관이 있는 혁신 프로젝트들에 대한 투자는 리턴에서도 같은 20%의 기여도를 나타냈다. 기존과 매우 다른 파격적인 혁신, 즉 〈변혁 영역〉에 대한 10% 비중의 투자는 신성장에 대해서 70%라는 높은 기여를 하는 것으로 조사되었다. 결국, 혁신을 잘 하고 있는 기업들이 보이는 투자 대비 리턴의 분포는, 핵심-인접-파격 영역에서 투입되는 자원의 비율이 70-20-10이고, 그에 상응하는 리턴에 대한 비율이 10-20-70인 것이다. 애플의 10배 성장을 견인한 것은 인접과 파격 영역의 30% 투자였고, 그를 통해서 미래 신성장의 90%를 수확해온 것이다.

성장은 단지 더 나은 자원을 확보하고, 더 큰 역량을 키움으로써 이루어지지 않는다. 더 큰 덩치와 더 강한 힘으로 싸움에서 승승장구할 수 없는 것과 같은 이치이다. 성장은 우리가 지금 현재 어떤 혁신의 포트폴리오를 가지고 있고, 그 속에서 어떤 영역에 얼마의 비율로 얼마를 쓰고 있는가를 통해서 결정된다.

노키아Nokia는 애플이 스마트폰 시장을 탄생시킨 이후에 이전과 비교해서 몇 배에 달하는 혁신의 투자를 수년간 지속했다. 그러나 그 투자들의 대부분은 기존에 해오던 핵심 영역 내에서 조금 더 개선된 제품들을 연구 개발하는 데 쓰였고, 결국 새로운 시장과 고객에 필요한 파격적 혁신 제품은 등장하지 못했다. 노키아의 몰락은 2007년부터 수년간 그들이 가진 혁신 포트폴리오의 오류가 불러온 것이라고 할 수 있다.

성장가능성은 혁신의 포트폴리오가 결정하며, 어떤 타입Type과 패턴Pattern의 혁신에 어떠한 비율로 투자와 관심을 배분할 것인지의 선택이 중요하다.

5. 혁신의 타입이란

> 혁신에는 다양한 타입들이 있다.

혁신에는 여러 가지 타입들이 있는데, 우리는 세 가지 타입들로 분류해 본다. 먼저, 새로운 제품이나 서비스를 고객에게 제공하고 더 큰 매출과 이익을 얻을 수 있다. 다수의 혁신이 이러한 타입이지만, 그것이 유일한 혁신의 유형은 아니다. 기업의 내부에서 새로운 프로세스를 구축하거나, 기존의 프로세스에서 낭비를 제거함으로써, 더 낮은 비용과 더 빠른 스피드로 경쟁력을 높일 수 있다. 마지막으로, 갈수록 높은 성장을 가져오는 세 번째 혁신의 길은 새로운 비즈니스 모델로 사업을 추진하는 것이다. 가장 강력한 혁신은 이 세 가지들을 결합해서 소위 '파격적 혁신'을 시도하는 것이다.

가전제품들과 자동차는 20세기 대표적인 제품 혁신의 사례들이다. 앞다투어 출시되는 신모델들이 거의 매일 뉴스거리를 제공한다. 대부분의 제품 혁신들이 가지는 공통점은 그들이 제공하는 기본적인 기능이나 특성에서는 크게 달라지지 않는다는 것이다. 다만, 이전에 비해서 더 높은 성능, 더 나은 품질과 내구성, 더 큰 편의성을 제공하고 있다. 물론 기존과 파격적으로 다른 가치를 제공하는 혁신 제품이나 서비스가 등장하기도 한다. 대략 90%의 제품과 서비스 혁신은 더 높아진 가성비를 앞세운 것들이라고 볼 수 있다.

20세기 혁신의 선봉은 미국의 헨리 포드 Henry Ford가 창안한 대량 생산 방식의 모델T 자동차라고 할 수 있다. 이 혁신은 새로운 제품이라고 하기보다는 새로운 프로세스의 혁신이라고 할 수 있다. 포드는 파격적인 제조 방식을 통해서 누구나가 소유할 수 있는 가격의 모델 T를 내놓았고, 이 프로세스 혁신은 곧 전 산업 분야에 전파되었다. 이를 이어받은 일본의 도요타가 린Lean 생산방식을 통해서 프로세스 혁신의 맥을 이었고, 이는 20세기 말부터 전 세계로 퍼져 나갔다. 프로세스의 혁신은 기존보다 효율과 품질을 높이고, 낭비를 줄이며, 스피드를 빠르게 함으로써, 원가 경쟁력을 높이는 데에 주안점이 있다. 물론 고객에게 더 빠르고 적기에 공급함으로써 얻어지는 스피드 경쟁력도 포함이 된다.

21세기 혁신의 주된 트렌드는 20세기와는 다른 양상을 보이고 있다. 더 낫거나 새로운 제품과 서비스, 더 효율적이고 빠른 프로세스에서 확장하여, 어떻게 사업을 새롭게 설계함으로써 더 높은 가치를 더 효율적으로 고객에게 제공할 수 있을까를 중심으로 혁신을 하는 것이다. 이것을 비즈니스 모델 혁신이라고 하는데, 대표적인 모델이 에어비엔비Airbnb나 우버Uber와 같은 공유 플랫폼 모델이다. 온라인 상에서 수요와 공급을 더 편리하고 더 경제적으로 연결해 주는 것이 이 기업들의 비즈니스 모델이다. 에어비엔비는 자신의 취향에 맞고 적절한 가격에 안심하고 묵을 수 있는 숙소를 구하는 고객들과 내가 가진 숙박 시설을 여행자들에게 제공하여 돈을 벌고자 하는 고객들을 연결해 주는 것이다. 우버는 차로 이동이 필요한 고객들과 차를 이용해서 돈을 벌고자 하는 드라이버들을 연결하여 비즈니스를 하고 있다. 호텔들이 더 나은 객실과 서비스로, 자동차회사들이 더 성능 좋은 자동차와 애프터서비스로 성장을 하려는 경쟁구도 대신에, 이전에 없던 혁신적 비즈니스 방식으로 새로운 성장의 기회를 발견한 것이다.

비즈니스 모델의 혁신은 매우 다양한 형태로 빠르게 진화하고 있다. 인터넷과 정보기술이 진화하는 속도에 비례해서 새로운 비즈니스 모델도 나타나고 있다. 공짜로 검색 서비스를 제공하는 구글과 누구나가 자신의 동영상을 올리도록 만든 유튜브가 12조원이 넘는 광고 수입을 올리는 비즈니스 모델이 될 것은 애초에 예상하기 어려웠다. 마크 주커버그Mark Zucherberg가 애초에 제안한 비즈니스 플랜에 페이스북이 500조원의 가치를 가진 초거대 기업이 될 거라는 예측은 없었을 것이다. 초거대 유통기업 월마트를 위협하는 경쟁자가 아마존이리는 덧깁 기업이 될 것을 21세기 초에 예측하기는 어려운 일이었고, 중국의 알리바바가 하루에 28조원의 매출을 올릴 것은 누구도 예상하지 못했던 일이다. 21세기 성장의 큰 몫을 비즈니스 모델 혁신이 담당할 것은 의심의 여지가 없다.

혁신의 타입은 세 가지, 제품/서비스, 프로세스, 그리고 비즈니스 모델로 나눌 수 있으며, 각 타입은 고유의 특성과 장점들이 있다.

6. 혁신의 패턴이란

> "
> 혁신의 패턴을 두 가지로 나눌 수 있다.
> "

혁신의 타입이 "어떤 대상에 대한 혁신인가?"를 기준으로 한 분류라면, 또 하나의 분류는 "어떻게 혁신이 진행되는가?"에 의한 것이다. 이러한 기준에 의한 분류를 우리는 혁신의 패턴이라고 할 수 있는데, 혁신이 시간 축에서 어떤 형태나 과정으로 전개되는가를 살펴보는 것이다. 혁신이 전개되는 패턴을 표현하는 가장 기본적인 개념은 〈그림 1-2〉와 같은 '혁신의 S-커브'로, 시간의 축상에서 혁신 제품이 나타내는 성능 혹은 혁신 제품의 전파되는 모습이 S자로 나타남을 뜻한다. 이 커브를 '기술의 S-커브'라고도 한다.

혁신의 S-커브는 모든 혁신 기술과 제품들의 도입기에서 발전 속도는 상대적으로 느리다가, 상대적으로 속도가 빨라지는 변곡점 이후에 급격한 성장기를 맞게 되고, 그 이후 발전 속도가 다시 느려지는 쇠퇴기를 맞게 됨을 보여준다. 이러한 현상은 혁신의 확산 커브에서도 같은 양상을 나타내는데, 기술의 변화, 혁신 제품의 채용이나 확산Diffusion 등을 예측하거나 설명하는 데에 자주 인용되고 있다.

📊 그림 1-2 혁신의 S-커브

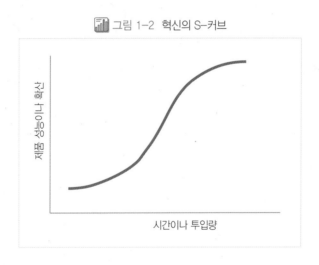

하버드 경영대학원의 클레이튼 크리스텐슨Clayton Christensen 교수는 이러한 혁신의 S-커브를 두 가지로 구분하였는데, 하나는 고객이 평균적으로 필요로 하는 요구 수준을 표현한 커브이고, 또 하나는 기

업이 혁신 기술과 제품을 통해서 제공하는 성능의 커브이다. 이 커브들을 기반으로 하여, 혁신의 패턴을 크게 두 가지로 구분하여, 시장에서 경쟁이 어떻게 전개되어 왔는가를 분석하였다. 그의 발견은 '파괴적 혁신의 원리'Theory of Disruptive Innovation로 소개되어 왔는데, 그 원리를 간단히 살펴 보자.8

기존 기업들이 흔히 주력하는 혁신은 현재 핵심 고객들이 원하는 성능의 축에서 더 나은 수준으로 올라가는 것이다. 이를 '존속적 혁신'Sustaining Innovation이라고 하는데, 〈그림 1-3〉에서 진하게 표시된 커브가 이를 나타낸다. 대신에 파괴적 기술로 무장한 신생 기업들은 기존의 성능 축에서는 고객의 요구그림의 점선 커브보다 낮은 수준에서 출발하게 된다그림의 가는 실선 커브. 존속적 제품이 고객의 요구 수준을 '초과만족'Overshoot하는 시기가 오고, 파괴적 기술의 성능이 요구 수준에 도달하게 되면, 시장은 기존 기업의 존속적 혁신 솔루션 대신에 신생 기업의 파괴적 혁신 솔루션으로 이동하고, 결국 기존 성공 기업이 몰락하게 된다.

그림 1-3 존속적 혁신 vs. 파괴적 혁신

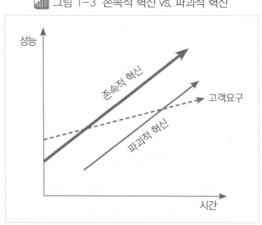

예를 들어서, 트랜지스터 기술은 초기에 진공관 기술에 비해서 라디오를 만들기에 음질의 수준이 떨어졌다. 대신에 소형 라디오에 적용되면서, 값싸게 휴대용 라디오를 소유할 수 있다는 장점으로, 젊은 세대에게 각광을 받았다. 시간이 가면서, 애초에는 부족했던 소형 트랜지스터 라디오의 성능이 주류 고객들의 기대를 만족시키게 되자, 짧은 시간에 트랜지스터 기술은 진공관 기술을 대체하게 되었다. 파괴적 혁신인 소형 트랜지스터 라디오가 존속적 혁신을 해오던 진공관 라디오를 와해시킨 것이다.

이렇게 혁신의 패턴을 두 가지로, 즉 존속적 대 파괴적 혁신으로 설명함으로써 크리스텐슨 교수의 혁신 원리는 높은 관심을 받아오고 있고, 여전히 그 효용성을 인정받고 있다. 물론 이 원리가 혁신 경쟁의 모든 구도나 법칙을 완벽하게 설명하기는 무리이다.

특히, 최근의 혁신 경쟁구도는 이러한 양상과는 조금 다르게 전개되고 있기도 하다. 그러나 크리스텐슨 교수의 파괴적 혁신 원리는 그 이전에 미흡하거나 아예 찾기 힘들었던 혁신에 대한 합리적인 설명과 통찰을 담은 원리의 시초가 되었다는 점에서 매우 큰 의미를 갖는다.

크리스텐슨 교수는 존속적 혁신과 파괴적 혁신의 두 가지 패턴으로 혁신의 진화를 설명하였는데, 새로운 구도의 혁신 경쟁이 최근에 나타나고 있다.

7. 가치증진 혁신이란

> ❝ 가치증진 혁신은 기존 가치를 더 높이고자 하는 것이다. ❞

앞에서 본 존속적 혁신과 파괴적 혁신의 구도를 좀 더 확장해서 설명하고 이해하기 위해서, 우리는 혁신의 두 가지 패턴을 '가치증신 혁신'Value-Enhancing Innovation과 '가치창조 혁신'Value-Creating Innovation으로 나누어 보았다.

이렇게 나눈 이유는, 파괴적 혁신의 설명으로 근래의 혁신 경쟁구도를 적절하게 해석하기 어렵기 때문이다. 그 증거로, 애플의 아이폰이 처음 등장했을 때 크리스텐슨 교수는 한 인터뷰에서 "아이폰은 존속적 혁신에 해당하므로, 성공할 가능성이 매우 낮다."는 틀린 예측을 했었다.[9]

존속과 파괴라는 패턴의 구분이 때로 혁신의 진행을 정확하게 대변하기 어려울 수도 있다. 먼저 가치증진 혁신에 대해서 알아 보자.

말 그대로 가치증진은 기존 기업들이 자신의 고객들에게 제공해 온 핵심 가치를 더 증진시키는 것이다. IT제품에서 프로세서의 성능을 더 빠르게 하고, 배터리 사양을 높이고, 디자인을 더 세련되게 하는 것 등이다.

존속적 혁신과 같은 양상이지만, 한 가지 차이점은 Y-축상에 표시되는 값이 제품의 성능만이 아니라, 보편적으로 고객이 기존에 누리고 있는 가치를 대변한다는 것이다. 여기서 가치란, 고객이 인식하는 종합적인 혜택과 비용의 차이라고 할 수 있는데, 신제품의 가치가 기존보다 커졌을 때 고객은 기존 제품에서 신제품으로 이동하게 마련이다.

과거 피처폰Feature Phone에서 고객이 얻었던 가치를 살펴 보자. 혜택을 좌우하는 중요한 속성Attributes으로 기능성, 휴대성, 디자인, 편의성, 품질 등을 생각할 수 있다. 이를 통해서 느끼는 혜택과 가격의 상대적 차이, 즉 고객 가치는 시간이 지나면서 더욱 높아져 왔다. 〈그림 1-4〉의 진한 S-커브가 그것을 나타내고, 점선으로 표시된 것은 상대적으로 고객이 피처폰에서 기대하는 가치를 의미한다. 존속적 혁신에서 보았듯이, 시간이 흐르고 경쟁이 치열해지면서, 제공되는 가치는 서서히 요구하는 가치보다 초과만족의 현상을 보이게 된다.

📊 그림 1-4 가치증진 혁신

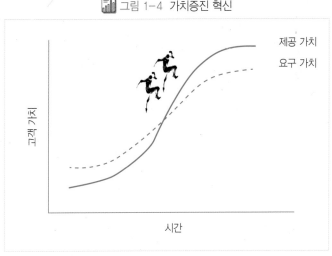

혁신이 제공하는 가치를 지속적으로 더 높이고자 하는 것이 대부분의 기업들에서 이루어지는 혁신의 패턴이다. 자동차의 경우를 보자. 포드의 모델T로부터 현재에 이르기까지 모든 신형 자동차들은

기존의 고객 혜택을 결정하는 속성들Attributes에서 더 높거나 더 나아진 곳을 목표로 하였다. 더 높은 마력과 효율의 엔진, 더 편리한 사양, 더 안전한 차체, 더 멋진 디자인 등이 그것이다. 대신에, 가격이 오르는 정도는 상대적으로 낮은 체감 속도를 보였으므로, 고객이 판단하는 가치는 100년 이상 꾸준히 높아져 왔다. 가전 제품들과 대부분의 일상용품들은 거의 모두가 이러한 가치증진 패턴의 혁신에 주력해 왔다.

가치증진 혁신의 장점은, 고객이 원하는 것들이 무엇인가를 잘 알고 있고, 거기에 필요한 더 나은 솔루션의 정의와 개발이 비교적 쉽다는 것이다. 제품과 기술의 로드맵Roadmap을 잘 정의하고, 이를 기반으로 경쟁자들에 비해서 더 빨리 더 효율적으로 가치를 끌어 올리면 유리한 고지를 선점할 수 있다. 그리고 새로운 기술을 어디에 적용하면 좋은가를 신속하게 판단하고, 이를 기반으로 다음 솔루션의 아이디어를 도출할 수도 있다.

투자와 노력에 대한 리턴을 예측하기가 상대적으로 쉽고, 혁신 프로세스의 정형화도 가능해서, 언제 무엇을 해야 하는지가 비교적 분명하다. 따라서, 리스크Risk를 적절하게 관리하거나 분산시킬 수도 있다.

그러나 결정적인 단점은 새로운 고객 가치를 기반으로 한 파격적인 혁신, 즉 다음 절에서 소개하는 가치창조 혁신이 등장하는 경우에 급격히 경쟁력을 잃을 수 있다는 것이다. 따라서, 가치증진 혁신에만 주력하는 것은 미래 성장을 위해서 위험한 선택이다.

혁신의 두 가지 패턴들 중 한 가지를 우리는 가치증진 혁신이라고 하며, 기존의 고객 가치에서 더 높은 방향으로 올라가는 것을 의미한다.

8. 가치창조 혁신이란

> 66 ⋯⋯⋯⋯⋯⋯⋯⋯⋯⋯⋯⋯⋯⋯⋯⋯⋯⋯⋯⋯⋯⋯⋯⋯⋯⋯⋯⋯⋯⋯
>
> 가치창조 혁신은 새로운 가치로 경쟁구도를 바꾸는 것이다.
>
> ⋯⋯⋯⋯⋯⋯⋯⋯⋯⋯⋯⋯⋯⋯⋯⋯⋯⋯⋯⋯⋯⋯⋯⋯⋯⋯⋯⋯⋯⋯ 99

가치증진 혁신이 지속되다 보면, 앞의 그림에 보듯이 고객이 요구하는 가치의 수준에 비해서 기업들이 제공하는 가치가 초과만족되는 현상이 나타난다. 제품의 성능, 품질, 안전성, 편의성 등이 고객이 원하는 평균 수준에 비해서 점점 초과되는 것이다. 이러한 상황이 되면 상대적으로 리턴의 증가율도 둔화되고, 급기야는 리턴이 감소하는 상태로 접어 든다. 소위 '레드오션'Red Ocean으로 시장 경쟁이 바뀌는 것이다.

경쟁이 심화되고, 제품들 간의 차별성이 사라지면서, 가치보다는 가격의 경쟁으로 바뀌게 된다. 가치의 이동 패턴을 일반적으로 기능성에서 신뢰성으로, 신뢰성에서 편의성으로, 그리고 최종적으로 가격으로 보는데, 따라서 많은 가치증진 혁신의 종착지는 범용화Commoditization, 즉 가격만으로 경쟁하는 제품이 되는 것이다.[8]

이러한 상황이 되면, 더 이상의 가치증진은 의미가 약해진다. 이러한 시장에서 경쟁할 수 있는 무기는 두 가지인데, 하나는 기존 기업들이 아직 적극적으로 채택하지 않은 새로운 기술의 도입이고, 또 하나는 고객에게 차별화된 새로운 가치의 솔루션을 제공하는 것이다. 이 두 가지가 결합되어 탄생하는 것이 바로 가치창조 혁신이다. 시장이 레드오션으로 변하고, 기존 제품들 간의 차별성이 거의 없어지며, 가격 경쟁에 의한 점유율 싸움에 기존 기업들이 몰두해 있는 사이에, 새로운 혁신 기업이 가치창조 혁신으로 도전장을 내게 되고, 결국에는 기존 기업들을 혁신의 희생양으로 삼게 된다.

그림 1-5 가치창조 혁신

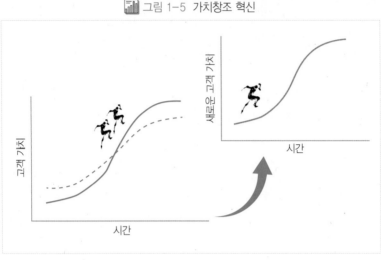

가치창조 혁신을 〈그림 1-5〉로 표현할 수 있다. 가치증진 혁신이 기존의 고객 가치 축에서 서로 경쟁하며 더 높은 곳으로 향하려 애쓰는 와중에, 가치창조 혁신은 그 공간을 벗어나서, 기존과 다른 새로운 가치의 축을 제시하는 것이다. 물론 초기에는 이러한 가치에 이끌리는 고객이 많지 않고, 주류 고객들은 가치증진을 선호하기도 한다. 그러나 시간이 감에 따라 새로운 가치에 대한 인식과 경험이 확산되고, 기존 기업들의 초기 대응이 늦어지게 되면, 결국 새로운 혁신 솔루션으로 고객의 대이동이 일어나게 된다.

애플이 아이팟, 아이폰, 아이패드를 통해서 기존의 가치 축이 아닌 새로운 축을 제시하면서 만들어낸 혁신의 패턴이 바로 이러한 것이다. 스마트폰이 피처폰과 달리 제시한 새로운 가치는 무엇일까? 가장 대표적인 혜택은 '스마트한 디지털 체험'의 제공이다. 피처폰이 서비스하던 매우 불편하고 많은 제약이 있는 소수의 콘텐츠와 앱들에 비해서, 스마트폰은 고객에게 거의 무한한 서비스들과 콘텐츠들을 높은 경제성으로 제공한다. 가격이 피처폰에 비해서 매우 높아도, 상대적으로 얻는 혜택이 워낙 뛰어나므로, 고객이 인지하는 가치는 피처폰과 비교할 수가 없다. 따라서, 이 가치창조 혁신의 확산 속도는 그 어떤 혁신 사례보다도 빠르고, 따라서 그로 인해서 얻어지는 리턴도 가장 큰 것이다.

그림 1-6 가치증진 혁신 vs. 가치창조 혁신

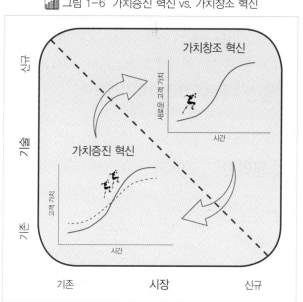

〈그림 1-6〉은 가치증진 혁신과 가치창조 혁신이 어떻게 서로를 대체하면서 전개되는가를 표현한 것이다. X-축은 시장, Y-축은 기술을 나타내며, 이를 이등분한 공간에서 두 가지 패턴의 혁신들이 시간의

흐름에 따라서 가치증진으로부터 가치창조로 이동했다가, 다시 가치창조에서 가치증진으로 전환되는 것을 보여준다. 이러한 변화가 오랜 시간의 혁신 역사 속에서 지속적으로 반복되어 일어나고 있으며, 따라서 언제 어떤 패턴의 혁신이 필요하고, 어떤 방식으로 이를 추진할 것인가를 이해해야 한다.

기술과 시장의 조합에 따라서, 그리고 고객의 요구에 비해서 제공하는 가치의 수준과 리턴의 변화에 따라서, 다음 혁신의 주도적 패턴이 무엇일지를 미리 내다볼 수 있어야 한다.

가치증진 혁신과 가치창조 혁신은 시장-기술 공간에서 순환하며, 언제 어떤 타입과 패턴의 혁신이 필요할지를 제대로 판단하기 위해서는, 그 근원에 자리한 혁신의 동적인 Dynamic 원리를 이해해야 한다.

또 하나의 혁신 패턴은 가치창조 혁신이며, 새로운 고객 가치를 통해서 새로운 시장을 창출하는 것을 의미한다.

9. 혁신의 원리란

> 성공적인 프로세스는 원리를 기반으로 한다.

많은 사람들이 오랜 세월에 걸쳐서 하늘을 날기 위한 방법을 찾아왔다. 대표적인 구상의 하나가 유명한 레오나르도 다빈치의 '날개 모형'인데, 사람이 양팔에 새의 날개와 유사한 틀을 장착하고 날도록 고안한 것이었다. 실제로 이러한 장치를 만들어서 높은 곳에서 뛰어

내린 모험가들이 있었는데, 모두가 중상이나 사망에 이르렀을 것이다. 다행히도 다빈치는 그런 무모한 실험은 하지 않았던 것으로 보인다. 이와 같은 '무모한 도전'을 하게 된 배경에는 우리에게 반드시 필요한 뭔가가 없었기 때문인데, 그것은 바로 어떤 일을 효과적으로 수행할 때에 필수적인 '근원적 원리'Foundational Theory이다.

우리가 오늘날과 같이 하늘을 날 수 있게 된 것은 1903년 라이트 Wright 형제가 키티호크Kitty Hawk에서 인류 최초로 동력에 의한 비행에 성공했기 때문이다. 이 비행이 있기 위해서는 훨씬 더 이전에 매우 중요한 원리가 발견된 덕분인데, 그것은 바로 1783년 다니엘 베르누이Daniel Bernoulli가 쓴 '유체동역학'Hydrodynamica이라는 저서에서 소개된 〈양력의 원리〉이다. 유체의 속도가 상대적으로 빨라질수록 압력이 낮아짐을 발견한 것인데, 비대칭의 물체를 유체 속에 통과시킴으로써 양력을 얻을 수 있음을 알게 된 것이다. 베르누이의 원리를 통해서 비행기 날개가 탄생하게 되고, 결국 인간이 하늘을 편리하고 안전하게 날 수 있는 도구가 등장할 수 있었다. 원리가 방법을 낳고, 방법을 이용한 도구가 우리에게 성공적으로 일을 완수할 수 있게 해준 것이다.

혁신을 통한 성장이 우리에게 어려운 큰 원인은 바로 이러한 기본적인 원리와 적절한 도구나 프로세스가 없이, 여전히 하늘을 날기 위해서 새를 벤치마킹하는 것과 같은 방식으로 시행착오를 겪고 있기 때문이다. 무모한 도전들로부터 얻어진 경험만으로는 더 깊은 이해나 더 나은 방법을 찾기가 불가능하다. 대신에, 잦은 실패로 인해서, "혁신이란 매우 어려운 것이고, 따라서 위험한 시도를 회피하거나 가급적 확실한 것만 투자한다."는 저항과 두려움이 커지게 된다. 특히 우리가 처한 상황이 불확실하고, 변화의 속도가 빠를수록 이러한 현상은 더 확산되게 된다. 따라서 새로운 시도나 도전 대신에 기존의 것을 지키고 안전한 곳을 찾고자 하는 경향이 생기고, 결국 미래에 성장이 멈추는 상황을 예약해 놓는 것이다.

파괴적 혁신의 원리를 제안한 크리스텐슨 교수는 좋은 원리의 기능에 대해서 다음과 같이 강조하였다.

"좋은 원리는 최소한 두 가지 면에서 가치가 있다.

첫째는, 우리에게 예측이 가능하도록 도와준다. 중력의 법칙이 한 예이다. 인과관계를 통해서 우리가 절벽에서 앞으로 전진하면 추락할 것이라고 알려 준다. 신뢰할 수 있는 데이터는 과거로부터만 얻을 수 있으므로, 실제로 미래를 어느 정도 신뢰성 있게 예견하려면 인과관계의 원리를 통하는 길밖에 없다.

두 번째는, 현재 일어나고 있는 일과 그 원인을 이해하게 해준다. 원리를 통해서 전략적으로 의미가 없는 잡음들로부터 미래에 일어날 중요한 변화의 징조를 찾아낼 수가 있다."[10]

만약 우리가 어떤 상황하에서 어떤 변수들이 혁신의 결과에 대해서 어떻게 영향을 주는가를 명확하게 이해할 수 있고, 그러한 인과관계를 통해서 언제 어떻게 혁신의 결과가 높거나 낮게 나타날 수 있는가를 예측할 수 있다면, 지금보다 혁신의 성공가능성은 높아질 것이다. 애석하게도, 다빈치 시대에 베르누이의 원리와 비행에 적합한 도구가 없었던 것처럼, 우리에게는 여전히 혁신에 대해서 필요한 근원적인 원리와 그를 기반으로 한 적절한 프로세스나 도구들이 부족한 상황이다.

이노베이션 랩스Innovationlabs.com를 운영하는 혁신 전문가 랭돈 모리스Langdon Morris는 "원리가 없으면, 남는 것은 오직 불규칙하고 이해 불가한 운뿐이다."라고 역설한다.[11]

모든 성공적인 프로세스의 근원을 들여다 보면 반드시 존재하는 것이 하나 있는데, 그것은 바로 합리적 원리이다. 합리적 원리가 지지해주지 못하는 과정은 한때 특수한 상황에서는 잘 작동하는 것처럼 보이지만, 상황이 바뀌거나 뭔가 새로운 변수가 등장하면 그 효용이 사라지게 된다.

시대가 바뀌고 신기술들이 출현해도, 이공학적으로 쓰이는 기본 원리와 공식들은 여전히 신제품이 설계한 의도대로 작동하게 해준다. 혁신을 통한 지속 성장이라는 어려운 과제를 위해서 새로운 기술을 채택하고 기존과 다른 시장을 대상으로 하더라도, 기대만큼의 성과를 얻게 해주는 합리적 원리가 있어야만 한다. 심리학자 쿠르트 레윈Kurt Lewin의 말처럼, "좋은 이론만큼 실용적인 것은 없다."

성공적인 프로세스의 근원에는 반드시 합리적 원리가 존재하며, 혁신을 통한 성장이 어렵다고 하는 이유는 이러한 근원적 원리가 없거나 부족하기 때문이다.

10. 혁신 사이클이란

혁신 사이클Cycle은 기술-기회-가치-리턴으로 이루어진다.

혁신에 필요한 기본 원리를 이해하기 위해서 먼저 정형화된 혁신의 정의를 내릴 필요가 있다. 이것을 우리는 '혁신 사이클'이라고 부르는데, 한 마디로 요약하자면 "기술이 기회와 결합하여 고객을 위한 새로운 가치를 창출하고, 이를 통하여 리턴을 얻는 사이클"이라고 할 수 있다. 다소 긴 표현을 쉽고 간결하게 기억하기 위해서 〈그림 1-7〉과 같은 그림으로 표현해 보자. 이러한 혁신의 사이클을 지속적으로 선순환이 되도록 유지하고 경영하는 것을 혁신 경영Innovation Management이라고 하며, 혁신 사이클의 선순환을 통해서 기업의 지속적인 성장을 달성하는 것이 혁신 경영의 미션이자 목적이다.

그림 1-7 혁신 사이클

지속 성장의 조건은 혁신 사이클을 선순환 속에서 유지 확대하는 것인데, 선순환 사이클을 유지하려면 가장 필수적인 조건이 '하이리턴'High-Return 사이클, 즉 리턴이 증가하도록 유지하는 것이다. 리턴이 없으면 다음 사이클을 이어갈 수 없고, 다음 사이클이 없으면 결국 성장도 멈추게 된다.

하이리턴을 어떻게 유지할 수 있는지를 이해하기 위해서는 반드시 답을 해야 하는 질문이 있는데, 그것은 "혁신의 리턴은 어떻게 결정되는가?"이다. 이 질문에 대하여 명확한 불변의 답을 얻는다면 더 이상 혁신이 어렵다거나 실패를 두려워하거나 할 이유가 없다. 무엇을 얼마나 잘 하면 될지를 모두가 이해하고 실행할 수 있기 때문이다. 애석하게도 이 짧고 단순한 질문에 대해서 명쾌한 답은 어디에도 나와있지 않다.

리턴에 영향을 주는 구조는 상상하기도 힘들 정도로 복잡하고 다양하다. 이 답을 찾을 수 있는 전체 구조를 나타내는 공식이나 모델이 나타난다면, 아마도 노벨상을 받을 수 있을 것이다. 1940년대에 혁신의 역할과 중요성을 '창조적 파괴'Creative Destruction라는 표현으로 소개한 경제학자 조세프 슘페터Joseph Schumpeter로부터 현재에 이르기까지 혁신으로 얻어지는 리턴에 대한 명확한 구조를 밝힌 연구는 없었다. 대신에 다양한 사례들로부터 도출한 원칙들과 조언들은 쏟아져 나왔으나, 그들로 인해서 실제 혁신의 성공 확률이 나아지거나 혹은 더 나은 결과를 얻었다는 증거는 찾기 쉽지 않다.

복잡한 구조를 이해하기 위해서 때로는 매우 단순하지만 효과적인 규칙을 적용하는 것이 필요하다. 물론 그 규칙을 따르게 되면 어느 정도의 정확성이나 합리성을 포기해야 하는데, 대신에 단순하고 직관적인 구조를 통해서 더 쉽고 빠르게 이해를 할 수 있는 장점을 가져오게 된다. 따라서, 우리는 혁신의 리턴을 설명하기 위해서 다음과 같은 매우 단순하지만 효율적인 룰을 적용하기로 한다.

2가지 룰: 하나의 변수를 설명하기 위해서 항상 2개의 요소만을 사용한다.

이 룰을 통해서 최종 설명을 하고자 하는 리턴에서 출발해서 역으로 어떤 요소들이 이에 영향을 미치는가를 단계적으로 추적하고 모델링하려는 것이다. 골프 교습가인 폴 윌슨Paul Wilson은 이렇게 강조한다. "더 단순화할수록 더 이해하게 된다."The more simple you make it, the more you'll understand it. 따라서 최초의 질문을 이렇게 바꾸어 본다. "혁신 리턴에 가장 영향을 주는 2개의 요소들은 무엇인가?" 그리고 나서, 이 2개의 요소들 각각에 대해서 가장 영향을 주는 또 다른 2개의 요소들을 찾아 보는 것이다. 이렇게 단계적으로 역추적을 해나간다면, 완벽하지는 않지만 어느 정도 체계가 있고 합리성을 가진 혁신 리턴에 대한 모델을 구할 수 있을 것이다. 그리고 이 모델을 기반으로 어떻게 해야 하이리턴이 되는 혁신을 할 수 있을지를 알아 볼수 있을 것이다. 이 모델과 그를 기반으로 한 혁신의 원리를 우리는 '혁신 다이내믹스'Innovation Dynamics라고 부른다. 그 내용을 다음 장부터 한 단계씩 알아 본다.

혁신 사이클은 기술과 기회가 만나서 가치를 낳고 그를 통해서 리턴을 얻는 과정이며, 이 사이클을 선순환으로 유지하여 하이리턴을 얻음으로써 지속적인 성장을 하게 된다.

참고문헌

1. http://people.stern.nyu.edu/adamodar/New_Home_Page/datacurrent.html

2. 매슈 S. 올슨, 데릭 반 베버, "스톨 포인트: 성장 정체를 뛰어넘는 기업의 조건," 김민주 역, 에코리브르, 2008

3. http://www.aei.org/publication/fortune-500-firms-1955-v-2016-only-12-remain-thanks-to-the-creative-destruction-that-fuels-economic-prosperity/

4. Bansi Nagji and Geoff Tuff, "Managing Your Innovation Portfolio," Harvard Business Review, May 2012

5. https://revenuesandprofits.com/apple-revenues-and-profits-2000-to-2015-pre-and-post-iphone/

6. http://biz.chosun.com/site/data/html_dir/2018/02/07/2018020702695.html

7. http://stevejobsdailyquote.com/tag/quotes-about-iphone/

8. 클레이튼 크리스텐슨, "혁신기업의 딜레마," 이진원 역, 세종서적, 2009 (Clayton M. Christensen, "The Innovator's Dilemma," Harvard Business Press, 1997)

9. https://www.bloomberg.com/news/articles/2007-06-17/clayton-christensen-on-the-iphone-dot

10. Clayton M. Christensen and Michael E. Raynor, "Why Hard-Nosed Executives Should Care About Management Theory," Harvard Business Review, September 2003 https://hbr.org/2003/09/why-hard-nosed-executives-should-care-about-management-theory

11. http://www.innovationlabs.com/2017/11/the-theory-of-innovation/

혁신 다이내믹스

Innovation Dynamics

혁신의 가치

지속 성장을 위한 혁신의 원리와 길

CHAPTER 02
혁신의 가치

1. 혁신의 가치란

> 혁신의 가치가 높아야만 혁신의 리턴도 커진다.

혁신 리턴에 영향을 주는 2개의 핵심 요소들을 찾기 위해서 혁신 사이클을 좀 더 살펴 보자. 혁신 사이클을 구성하는 요소들 중에서 가장 직접적으로 리턴에 영향을 주는 것은, 기술-기회-가치 중에서 리턴에 가장 가까운 〈혁신 가치〉이다. 뛰어난 기술과 좋은 기회가 있더라도, 고객에게 가치가 낮은 솔루션을 제공한다면 결코 리턴이 커질 수 없다. 고객이 높은 가치를 느껴야만 비로소 그에 상응하는 가격을 지불하고, 기업 또한 그로부터 이익을 얻게 된다. 따라서 리턴에 가장 가까이 영향을 주는 첫 번째 요소로서 가치를 선택할 수 있다.

혁신의 가치는 무엇인가? 가치를 나타내는 척도로서, 흔히 우리는 고객이 얻는 혜택에서 고객이 지불해야 하는 가격을 뺀 차이를 사용한다. 가격에 비해서 혜택이 커질수록 고객은 제품과 서비스의 가치를 크게 느끼게 된다. 또는 가격에 대한 혜택의 비율을 소위 '가성비'라고 하는데, 이 비율이 클수록 가치가 높다고 할 수도 있다. '가혜비'라고 하면 가장 정확할 것이다. 어느 기준을 적용하더라도 고객이 지불하는 비용에 비해서 누리는 혜택에 높다고 느끼면 가치가 높은 것이다. 또한, 고객이 제품 자체의 가치를 보기도 하지만, 다른 경쟁자들의 가치에 비해서 상대적으로 높은지 혹은 낮은지로 선택을 하게 된다.

리턴이 가치에 반드시 비례하지는 않는다. 가치증진 혁신의 제공 가치가 주류 고객이 요구하는 수준을 초과만족하게 되면 그에 대한 리턴은 상대적으로 줄어들게 된다. 따라서 현재 기업이 제공하는 가치와 고객이 요구하는 가치 사이의 상대적인 갭Gap에 따라서 리턴이 높기도 하고, 반대로 낮아지기도 하다. PC가 등장한 초기에는 새로운 세대의 제품이 출시될 때마다 혜택은 더 커지고 가격은 빠르게 낮아져서 높은 교체 수요가 발생하고, 따라서 리턴이 증가했다. 그러나, PC의 성능이 일상적인 요구 수준에 비해서 초과만족이 되고, 경쟁자들 간의 차별성이 없어지면서, 가격이 더 내려가도 이전과 같은 교체 수요와 리턴은 발생하지 않는다. 거기에 노트북과 모바일 기기들에 비해서 상대적 가치도 낮아지면서 성장이 멈춰가고 있다.

따라서 가치는 단순히 혜택과 가격의 차이나 비율로서 고정되어 있는 것이 아니라, 혜택을 판단하는 고객이 처한 상황과 경쟁 구도에 따라서 변화하는 동적인 개념이다. 가치가 제품이 제공하는 객관적인 혜택과 가격의 차이라고만 하면, 제품이 출시된 시점의 가치가 크게 변화하지 않고 지속될 수 있을 것이다. 그러나 가치는 지속적으로 변화하는데, 그 이유는 고객이 혜택을 판단하는 것은 고정된 잣대와 수준이 아니라, 지속적으로 변하는 상대적 판단과 비교에 의한 것이기 때문이다. 물리학의 상대성 원리처럼 가치에도 상대성 원리가 적용된다.

크리스텐슨 교수는 이러한 가치의 상대성 원리에 대해서 다음과 같이 설명하였다. "성능의 초과만족은 시장에서 경쟁 기반의 근본적인 변화를 가져온다. 고객이 어떤 제품이나 서비스를 선택하는 데 있어서 사용하는 기준들의 우선순위가 변하게 되는데, 이는 제품 라이프 사이클이 한 단계에서 다음 단계로 이동함을 암시하는 것이다." 따라서 그는 이렇게 주의를 환기시킨다. "'당신의 고객에게 충실하라'는 유명한 슬로건은 항상 적용되는 것이 아닐 수 있다. 기존 고객의 의견이 기업으로 하여금 존속적 혁신에 매진하게 만들고, 따라서 파괴적 기술에 의한 변화가 일어날 때 엉뚱한 곳으로 나아가게 만들기도 한다."[1]

결국 가치는 고객이 처한 상황에 따라서 상대적으로 혜택과 가격을 판단하여 결정되는 동적인 개념이다. 정해진 가치의 기준들이나 고정된 방식으로 이를 정량화하거나 객관적으로 표현하기가 불가능한 이유이다. 그렇기 때문에 혁신의 가치에 대해서 우리의 판단이나 예측이 종종 틀리기도 한다.

이러한 가치를 결정하는 요소들은 무엇인가? 앞서의 '2가지 룰'을 적용해서 우리는 가치를 좌우하는 2개의 요소들을 찾아 보고자 한다. 다음 절에서 먼저 첫 번째로 가치에 영향을 주는 요소에 대해서 알아 본다.

혁신의 리턴은 혁신이 제공하는 솔루션의 가치가 높아야만 커질 수 있는데, 혁신의 가치는 고정된 값이 아니라 고객이 처한 상황에 따라서 동적으로 변화하는 변수이다.

2. 혁신의 기회란

> ❝ ....
>
>   혁신의 기회가 커야만 혁신의 가치도 커진다.
>
> .... ❞

혁신의 가치를 높이는 것은 단순히 제공하는 제품과 서비스가 기존의 것들에 비해서 얼마나 우수한가로만 결정되는 것은 아니다. 그보다 우선적으로 고려해야 할 것은, 얼마나 혁신이 타깃으로 하는 기회가 다른 기회들에 비해서 큰 가치를 인정받을 수 있는가이다. 현재 우리가 혁신의 대상으로 삼고 있는 고객의 요구, 문제, 혹은 상황이 얼마나 잠재적으로 큰 가치를 가진 것인가가 중요하다. 앞에서 본 혁신 사이클에서도 가치에 가장 가깝게 영향을 주는 것이 바로 〈혁신 기회〉라는 요소였다. 따라서 혁신 기회가 무엇이고, 그것이 어떻게 혁신이 제공하는 가치에 영향을 주는가를 살펴 보자.

노키아는 애플이 아이폰을 내놓기 11년 전인 1996년에 커뮤니케이터Communicator라는 스마트한 모바일폰을 출시했다. 데이터 통신이 가능하고, 미니 키보드와 디스플레이를 장착하여, 이동 중에 다양한 사무용 작업들이 가능한 첨단 제품이었다. 당시에 이러한 기술력을 가진 기업은 노키아뿐이었을 것이다. 그러나 이 첨단 기술의 혁신 제품은 실패하고 말았는데, 1,000달러라는 높은 가격에 비해서 이동 중에 다양한 업무의 처리를 위한 혜택이 낮았기 때문이라고 할 수 있다. 그러나 더 큰 문제는 이 혁신의 시점에 고객이 가지고 있던 중요한 요구가 다양한 업무를 보는 것보다는, '더 디자인과 휴대성이 좋고, 통화 품질이 높고, 가격이 싼 휴대폰'에 있었다는 점이다. 첨단 기술로 다양한 기능을 가진 새로운 제품을 내놓는 것에 혁신의 기회가 있기보다는, 기존의 휴대폰에서 고객이 가진 기본적인 요구들에 대해서 낮은 성능들을 더 높이는 것에 더 큰 기회가 있었다.

새로운 제품들이 출시되는 혁신의 도입기에는 흔히 제품이 제공하는 가치의 수준이 고객들이 기대하는 수준에 미치지 못한다. 이 경우에 큰 혁신의 기회는 기존의 성능을 높이고, 신뢰성과 품질을 높이고, 편의성을 높이는 곳에 있다. 물론 가격을 낮추는 것도 중요하다. 가치를 결정하는 고객의 혜택 기준들이 안정적으로 자리를 잡은 경우에는 이러한 가치증진 혁신에 높은 기회가 존재한다. 반대로, 혁신의 성숙기에는 더 이상의 가치증진에서 기회를 찾기보다는 새로운 가치를 창출해 낼 수 있는 기존과 다른 기회, 즉 가치창조 혁신의 기회를 발굴해야 한다.

대략 2005년부터 피처폰 시장은 성숙기에 도달했다. 한 기업이 1년에 시장에 출시하는 신모델들이 300개에 달하고, 신제품들 간의 차별성도 거의 사라졌다. 매출은 증가하지만, 개당 판매가는 지속적으로 하락하고, 피처폰 매장에서는 많은 신제품들이 '공짜폰'으로 출시되고 있었다. 이제 더 이상의 가치증진 혁신으로는 이 시장에서 높은 가치를 인정받고, 그를 통해서 증가하는 리턴을 얻기가 불가능해지고 있었다.

누군가가 필연적으로 가치창조 혁신을 해야만 했고, 그 상황에 파격적인 새로운 가치를 앞세워 등장한 아이폰의 성공은 이미 사전예약되어 있었다고 할 수 있다. 어찌 보면 현재 벌어지고 있는 스마트폰의 혁신 패턴도 10여년 전의 피처폰과 유사한 단계로 접어들고 있다. '10년이면 강산이 변한다'고 했던 우리 선조들의 지혜처럼, 또 다시 새로운 가치창조 혁신이 필요해 보이고, 그를 위해서는 기존의 기회들에 집중하는 대신에 새로운 혁신의 기회를 고객의 요구들에 대한 깊은 통찰을 통해서 발견해야 한다.

따라서, 혁신의 가치를 이해하기 위해서 언제 혁신의 기회가 크거나 작은가를 이해할 필요가 있다. 그를 위해서 또 다시 '2가지 룰'을 적용하여, "혁신의 기회를 결정하는 2가지의 요소들은 무엇인가?"에 대한 답을 찾아야 한다. 다음 절에서 이에 대해 살펴 보자.

혁신의 가치는 대상으로 하는 혁신의 기회가 큰 경우에 높아지는데, 이 기회를 발견하기 위해서 필요한 것은 고객의 요구에 대한 깊은 통찰이다.

3. 고객의 요구란

> 고객의 중요한 요구가 혁신의 기회를 키운다.

혁신의 기회가 커지려면 반드시 그 기회가 대상으로 하는 〈고객요구〉들이 중요해야만 한다. 고객에게 별 의미가 없는 요구를 기회로 삼아서 성공하는 제품을 개발할 수는 없기 때문이다. 따라서 성공적인 혁신은 반드시 중요한 고객의 요구에 대해서 기존보다 더 낫거나 차별화된 솔루션을 제공하고자 한다. 핵심은 "누가 보기에 중요한가?"에 있다. 때로 우리는 현재나 미래 고객들에게 중요한 요구가 아닌, 뭔가 다른 중요하다고 보이는 요구를 기회로 삼아서 더 나은 솔루션을 개발하기도 한다.

알파Alpha사는 두 가지의 중요한 고객 요구들을 대상으로 새로운 컴퓨터를 개발하였다. 이 요구들은, 더 빠른 프로세서Prosessor와 더 빠른 데이터처리였다. CPU의 처리 속도와 데이터를 읽고 쓰는 속도가 컴퓨터의 성능을 좌우하는 핵심이기 때문이다. 또한, 전통적으로 이 두 가지 요구들이 고객들이 이야기하는 것들이었다. 높은 기대로 출시한 신제품의 성공으로 경쟁사로부터 고객들을 빼앗을 것을 기대했으나, 결과는 그 반대로 나타났다. 경쟁사의 고객들이 이동하는 대신에, 알파의 시장 점유율이 더 떨어지는 것이었다. 딩황한 알파사는 급히 60개의 고객사들을 일일이 면담하였고, 그 결과 매우 충격적인 사실을 알게 되었다.[2]

고객들은 여전히 이 두 가지 요구들이 중요하다고 이야기하고 있었지만, 실제는 그보다 더 중요한 요구들이 있었다. 컴퓨터 간의 호환성, 공급사의 지원, 매뉴얼 구비 등이 더 우선순위가 높은 것들이었고, 심지어 데이터처리 속도는 6개의 핵심 요구들 중에서 가장 중요도가 낮은 것이었다. 그 이유는, 모든 제품들의 프로세서와 데이터처리 속도는 고객 요구에 비해서 이미 초과만족된 상태로, 중요하지만 더 이상 높여도 차별성이 없게 된 것이었다. 오랜 가치증진 혁신의 결과로, 과거에 중요했던 가치의 기준들이 어느새 다른 것들로 교체되었고, 이러한 변화를 간과한 알파의 신제품은 큰 가치를 인정받지 못한 것이다. 6개월 뒤 절치부심한 새로운 제품을 재출시해서야 알파는 점유율을 회복할 수 있었다.

제이 팝Jay Paap과 랄프 카츠Ralph Katz는 최우수논문상을 받은 그들의 연구에서 신기술이 기존 기술을 대체하는 3가지 형태 중 하나를 이렇게 설명한다. "기술 교체의 한 형태는, 시장에서 가치를 결정하는 주도적 드라이버들Dominant Drivers이 성숙해지고, 고객의 관심이 더 낮은 위치에 있던 드라이버로 이동할 때 나타난다."3 낮은 관심을 받던 가치 드라이버가 새롭게 중요한 위치로 부상하고, 기존 기술이 이를 제대로 대응하기 어려우면, 새로운 기술로 대체가 된다는 것이다.

예를 들어서, 자동차의 주행 성능과 품질이 주도적 드라이버로 오랫동안 진화해 오다가, 최근에 연비와 친환경이라는 새로운 드라이버들이 중요하게 부상하면서, 차체의 경량화기술과 친환경 관련 기술들이 더 큰 관심과 투자를 받고 있다.

고객의 중요한 요구들이 변화하고, 이를 반영한 가치 드라이버들의 우선순위가 바뀌게 되면, 혁신의 기회도 따라서 새로운 곳으로 이동하게 된다.

그와 반대로, 고객의 중요한 요구가 여전히 낮은 만족 수준에 있을 때는, 기존의 주도적인 가치 드라이버들에 집중해서 가치증진 혁신을 하는 것이 옳은 방향이다. 혁신이라고 해서 무조건 새로운 고객의 요구를 찾고 그것에서 기회를 찾아야만 하는 것은 아니다. 현재의 중요한 요구에 대해서 충분히 만족스럽지 못한 제품의 기능이나 품질이 있다면, 우선적으로 그것을 높이는 곳에 큰 혁신의 기회가 존재한다.

스타벅스가 여전히 높은 성장을 보이는 비결은, 더 높아지기를 기대하는 고객의 중요한 요구에 대해서 지속적으로 더 나은 가치의 제품과 서비스를 제공하기 때문이다. 그것은 "맛있는 음료와 스낵을 좋은 분위기에서 즐긴다."라는, 기대치가 지속적으로 올라가는 중요한 요구이다. 따라서, 혁신의 기회를 제대로 발견하려면, 중요한 고객의 요구와 더불어서 그 요구에 대한 만족도가 어떠한지를 동시에 파악할 필요가 있다.

혁신의 기회는 타깃 고객의 중요한 요구를 대상으로 할 때 커지고, 이를 정확히 알기 위해서는 기존에 가지고 있던 가정들과 현재 고객 요구들의 실제 상황을 알아야 한다.

4. 만족 수준이란

고객의 요구에 대한 만족 수준이 낮을수록 기회가 커진다.

혁신의 기회를 좌우하는 2번째의 요소는, 요구 수준에 대해서 고객이 실제 느끼고 있는 〈만족 수준〉이다. 고객에게 두 가지의 중요한 요구들이 있다고 해보자. 한 요구에 대해서는 만족도가 높고, 다른 요구의 만족도는 낮다면, 당연히 두 번째 요구를 더 잘 만족시키는 제품을 고객은 반길 것이다. 이미 만족도가 충분히 높은 요구는, 알파사의 CPU 속도와 같이, 더 높여줘도 고객에게 큰 혜택으로 느껴지지 않는다. 따라서 혁신의 기회는 고객이 가진 중요한 요구와 그에 대한 만족 수준이 어떠한가에 따라서 결정된다고 할 수 있다.

크리스텐슨 교수는 '성장과 혁신'The Innovator's Solution에서 고객 요구와 만족 수준의 관계에 대해서 이렇게 설명한다. "초과만족Overshooting이란 고객이 더 이상 향상에 대해서 지불하지 않는다는 것은 아니다. 다만, 지불할 의사가 있는 향상의 타입이 바뀐다는 것을 의미한다. 고객의 기능과 신뢰도에 대한 요구Requirements가 만족되면, 여전히 만족되지 못한 요구가 새롭게 정의된다. 만족되지 못한 요구란, 고객이 여전히 원하는 것을 원하는 시점에 가장 편리한 방식으로 얻지 못하는 것이다."[4]

고객 요구에 대해서 만족하는 수준이 여전히 미흡하거나 솔루션이 존재하지 않는 경우가 바로 혁신에서 큰 기회를 가져오는 것임을 알 수 있다.

피처폰이 성숙기에 들어 섰던 시점에는 통화, 메시지, 카메라, 음악 감상 등의 기능면에서 만족도가 상대적으로 높은 수준이었다. 그러나 여전히 무선인터넷과 그를 통한 다양한 콘텐츠들을 즐기기에는 미흡했는데, 노트북에서 할 수 있는 웹브라우징과 동영상 스트리밍 등의 중요한 요구들은 피처폰에서 만족도가 매우 낮았다. 이를 해결하려고 소위 'PDA폰'들이 등장했지만, 이들이 제공하는 수준은 고객의 기대치에 미치지 못하였다. 점점 더 중요해지는 새로운 요구들에 대해서 누군가가 더 높은 수준의 만족도를 가진 혁신 솔루션을 제공해주기를 바라게 되었고, 이 기회를 대상으로 한 것이 아이폰이다.

타깃 고객의 요구가 중요도에서 상대적으로 높고, 그에 대한 현재나 향후의 만족도가 낮으면 혁신의 기회는 커지며, 이 두 가지 요소들을 체계적으로 파악하고 분석하면 어떤 기회에 집중할 것인지를 잘 결정할 수 있다. 코카콜라가 1985년 실험했던 '뉴 코크'New Coke의 출시와 실패는 만족 수준이 높은 경우에 그것을 타깃으로 하는 혁신의 위험성을 잘 보여준다. 사전 고객 테스트에서 이미 부정적인 반응이 있었음에도, 경쟁자인 펩시의 위협에 대한 두려움으로 무리하게 새로운 맛을 시도했으나, 고객의 반응은 냉정했다.[5]

그와 반대로, 다이어트 음료에 대한 고객의 요구는 중요도가 커졌고, 이를 만족할 만한 맛과 칼로리의 음료에 대한 만족도는 낮은 수준이므로, '다이어트 코크'Diet Coke는 큰 성공을 거둘 수 있었다.

가치증진 혁신이 큰 기회를 대상으로 하는 경우는, 주로 이미 잘 알려진 고객 요구들이 있고, 그 중에서 고객이 중요하게 생각하는 것들에 대한 만족 수준이 낮을 때이다. '건강한 웰빙 먹거리'라는 요구는 지속적으로 중요도가 커져온 잘 알려진 것이다. 이에 대해서 출시된 다양한 제품들이 있지만, 맛이나 취향에서 크게 만족스러운 것은 쉽게 발견하기 어렵다. 만약 우리가 고객이 필요한 재료와 맛으로 웰빙 식사를 더 쉽고 간편하게 해결하는 데 초점을 둔다면, 현재보다 더 큰 혁신의 기회들을 발견할 수 있을 것이다.

최근 높은 성장세를 보이는 가정간편식HRM 시장은 2010년 7천억 원대에서 2018년 3조원에 달할 것으로 전망되고 있다. 외식에 지친 사람들이 집에서 쉽고 빠르게 안심하고 먹을 수 있는 음식을 원하는 것이다. 여전히 만족스럽지 못한 고객의 중요한 요구에는 늘 혁신의 기회가 존재한다.

혁신의 기회가 커지도록 만드는 두 번째 요소는 요구에 대해서 타깃 고객이 느끼는 만족 수준이며, 중요한 요구에 대해서 고객의 만족도가 낮을수록 혁신의 기회는 커진다.

5. 혁신 기회의 법칙이란

> 혁신 기회는 고객 요구와 만족 수준의 결합으로 좌우된다.

혁신 가치를 결정하는 첫 번째 요소로서 혁신의 기회를 선정하였고, '2가지 룰'에 따라서 혁신의 기회가 고객 요구의 중요한 정도와 그에 대한 만족 수준으로 결정됨을 이해하였다. 이 관계를 다음의 법칙으로 요약할 수 있다.

혁신 기회의 법칙: 혁신 기회는 고객의 요구 수준이 높고, 기존 제공되는 솔루션의 만족 수준이 낮을수록 커진다.

이 관계를 나타낸 것이 〈그림 2-1〉이다. 이 법칙을 잘 활용하면 고객의 요구가 가지고 있는 기회의 정도를 실질적으로 파악할 수 있다.

그림 2-1 혁신 기회와 혁신 가치의 인과관계

다양한 고객의 요구들에 대해서 객관적으로 평가된 중요도와 만족도를 비교해 보면서, 어디에서 어떠한 기회를 타깃으로 할 것인가

를 찾아 내면, 그 이후에 아이디어를 찾는 과정도 매우 신속하고 효과적이 된다. 혁신 솔루션의 도출이 어렵게 느껴지는 한 가지 이유는, 이러한 타깃 기회를 찾기도 전에 아이디어를 먼저 찾고자 하기 때문이다.

오랜 시간 가치증진 혁신의 패러다임 속에서 진화해온 제품과 서비스는 새로운 요구들에 대해서 중요도가 커지고, 이들에 대한 만족도는 낮은 수준이 된다. 첨단 IT제품들의 혁신 경로는 이러한 새로운 요구들과 낮은 만족 수준의 기회들을 향하고 있음을 알 수 있다.

최근 가전제품 최대의 박람회인 CES에서 관심을 끄는 혁신들은 이러한 가치창조 기회들을 타깃으로 하고 있다.

2018년 혁신상을 받은 제품들을 살펴 보면, 스마트 자동차, 당뇨를 측정하는 양말, 자율 진열대, AI 보안 카메라, 반려 로봇 등 다양한 새로운 고객 요구들과 그들에 대한 만족 수준을 높이기 위한 혁신 기회들을 대상으로 하고 있다. IT기술들이 삶의 더 넓고 다양한 분야들로 확산해서 고객에게 더 큰 가치를 제공할 새로운 기회들을 찾고 있다.[6]

가치창조 혁신이 성공적으로 시장에서 자리를 잡게 되면, 그 이후의 패턴은 가치증진으로 변화하게 된다. 시장에서 자리를 잡은 고객 가치의 축에서 중요한 요구들에 대한 고객의 만족도가 낮은 것을 누가 더 빨리 향상시키는가에 따라서 성패가 갈리게 된다.

스마트폰의 경쟁구도가 아이폰과 안드로이드폰의 양대 산맥으로 자리잡고 나서, 이후부터 현재까지의 혁신은 가치증진의 패턴을 이어오고 있다. 스피드, 화면 크기와 화질, 디자인, 메모리와 배터리 용량, 앱의 다양성과 사용성 등, 가치를 구성하는 주요 특성에서 더 향상된 제품들이 경쟁하고 있다.

혁신의 기회가 더 큰 곳에서 더 높은 가치를 인정받게 되고, 더 큰 리턴을 얻을 수 있기 때문이다.

이제까지 우리는 혁신의 가치를 결정하는 첫 번째 요소인 혁신 기회에 대해서 알아 보았다. 그리고 혁신 기회를 좌우하는 두 가지 요소들은 고객의 요구가 가지는 중요도와 그에 대한 만족도임을 알게 되었다. 다음 절에서 혁신 가치에 영향을 주는 두 번째 요소에 대해서 살펴 보자.

6. 가치우위란

> 가치우위가 있는 솔루션이 혁신의 가치를 높인다.

혁신의 가치를 높이는 두 번째의 요소는, 제공되는 제품과 서비스의 가치가 다른 경쟁자들에 비해서 얼마나 우위가 있는가를 나타내는 것, 즉 혁신 솔루션의 〈가치우위〉Value Advantage이다. 매우 큰 혁신의 기회를 발견해서 거기에 맞는 솔루션을 제공한다고 해도, 고객이 볼 때 다른 대안들에 비해서 높은 가치우위가 없다면 성공하기 어려울 것이다. 앞의 예에서, 알파사가 애초에 출시한 컴퓨터는 경쟁자들에 비해서 실질적인 가치우위가 낮은 것이 실패의 원인이었는데, 이 경우를 두 가지 '가치 맵'Value Map들로 표현해 보자. 가치맵은 X-축에 고객이 인지하는 혜택을, Y-축에는 가격을 두고, 각 제품의 상대적인 위치를 표현한 것이다.[2]

📊 그림 2-2 알파의 2가지 가치 맵

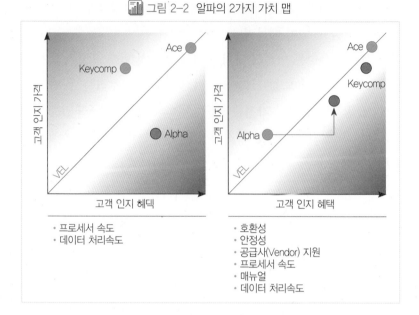

〈그림 2-2〉의 첫 번째 가치 맵에서 알파의 신제품은 혜택은 높고 가격은 낮은, 다시 말해서, 가치우위가 높은 곳에 위치하는 것으로 보인다. 따라서 당연히 키컴프Keycomp라는 경쟁사의 고객들이 알파로 이동해 올 것으로 기대했다. 그러나 실제 고객들이 혜택을 인지하는 잣대들은 두 번째 가치 맵의 X-축에 표시된 것들이었다. 따라서, 이 혜택 축에서 알파의 신제품이 실제로 위치한 곳은 왼쪽의 파란색 점에 해당하는데, 실제로는 혜택은 낮고 가격만 싼, 가치우위가 없는 제품이었던 것이다. 이를 깨달은 알파가 두 번째로 출시한 신제품이 화살표로 표시된 오른쪽의 점에 해당하는데, 비로소 가격 대비 혜택이 괜찮은, 즉 가성비가 좋은 제품이 된 것이다. 물론 여전히 경쟁자들에 비해서 혜택은 낮은 편이지만, 그것을 낮은 가격으로 보충하여, 가치면에서는 경쟁력이 있는 제품이 된 것이다.

이와 같이, 혁신을 통해서 제공하는 솔루션이 가치 맵상에서 객관적이고 현실적으로 우위가 있는 영역에 들어가야만 비로소 가치가 있는 것으로 평가된다.

이는 매우 평범한 사실이지만, 때로 알파의 사례처럼 간과되기 쉽다. 가치 맵에서의 X-축을 무엇으로 판단하는가가 제일 중요한데, 알파처럼 자신들이 이전에 믿고 있던 기준들을 그대로 사용하기 때문이다. 그러나 시장과 고객은 항상 같은 기준들로 혜택을 판단하지 않으며, 경쟁자들이 혜택과 가격을 바꾸는 데 따라서 나의 가치우위도 달라진다. 특히, 신제품을 개발하고 출시하는 과정에서 제대로 된 가치우위를 판단하지 못하면, 그 결과는 대개 실패작으로 끝나게 된다. 실패하는 것들은 모두 가치우위라는 '날개'가 없었기 때문이다.

혁신 가치의 첫 번째 요소인 혁신 기회가 커야 하고, 두 번째로 이 기회에 대해서 제공되는 혁신의 솔루션이 다른 경쟁자들이나 대체품들에 비해서 높은 가치우위를 가져야 비로소 혁신의 가치가 높아진다. 가치우위는 중력의 법칙에서 서로에게 영향을 미치는 두 물체들 중의 또 다른 하나에 해당한다고 볼 수 있다. 혁신 기회가 첫 번째의 물체이고, 가치우위가 두 번째의 물체로 본다면, 두 물체의 질량이 커질수록 서로 간의 중력이 커지듯이, 혁신의 가치도 두 핵심 요소들의 크기에 따라서 커진다고 할 수 있다. 따라서, 가장 이상적인 상황은 두 요소들의 값이 동시에 최대화되는 것이다. 다음 절에서 어떻게 가치우위가 결정되는지 알아 보자.

혁신의 가치를 좌우하는 두 번째 요소는 혁신이 제공하는 솔루션의 가치우위이며, 고객이 인지하는 가격대비 혜택이 클수록 우위가 높아진다.

7. 고객 혜택이란

> 가치우위는 고객 혜택이 클수록 커진다.

앞에서 본 가치 맵에서 X-축에는 고객이 인지하는 혜택이, 그리고 Y-축에는 고객이 인지하는 가격이 표시되어 있다. 이 두 가지 축에서 오른쪽으로 갈수록 혜택이 커지고, 가치우위가 커지게 된다. 따라서, 가치우위를 결정하는 두 개의 요소들 중에 한 가지는 바로 고객이 느끼는 혜택이다. 〈고객 혜택〉이란, 제품과 서비스가 제공하는 다양한 특성들Features로부터 고객이 체험하고 느끼는 것들을 의미한다. 고객 혜택이 클수록 솔루션은 가치가 큰 것으로 인식되고, 따라서 혜택을 높일 수 있는 길을 찾는 것은 혁신의 기본 요건이다.

삼성전자가 2010년에 출시했던 친환경 피처폰인 '블루어스 폰'Blue Earth Phone은 당시로서 파격적인 기술을 탑재하고 있었다. 태양광 충전이 가능한 솔라셀Solar Cell이 폰의 후면에 장착되어서, 전기가 없는 곳에서도 배터리 충전이 가능하다. 삼성전자 뉴스룸의 관련 기사는 "창가에 화분 대신 핸드폰들이 줄줄이 올라가 있는 풍경이 멀지 않은 듯 합니다."라고 소개하고 있다.[7]

그러나 안타깝게도 이 혁신 제품은 실패로 끝나고, 어떤 창가에서도 보기 힘들었는데, 그 원인은 낮은 고객 혜택에 있었다. 1시간 동안을 태양에 90도 각도로 맞추어 놓으면 5분 통화가 가능했는데, 실제 사용해본 결과, 1시간을 그렇게 참고 기다릴 만한 인내력이 없을 뿐 아니라, 5분 통화를 위해서 굳이 어렵게 태양에 90도로 각맞추기를 할 의지도 낮았다. 혜택에 비해서 들이는 수고고객이 인지하는 비용의 하나가 높으면 아무리 기술적으로 뛰어난 기능이라도 높은 가치로 연결되기 어렵다.

혜택을 결정하는 요소들을 흔히 제품이나 서비스의 특성Features 이라고 하는데, 이들을 다음의 3가지 그룹들로 정리할 수 있다.

① 기술적 성능Technological Performance : 알파사의 경우에서 프로세서 속도, 데이터 처리 속도와 같이 기술적으로 제공되는 성능들이 혜택의 판단 기준들이다. 솔루션의 가치가 얼마나 더 높은 기술적 성능을 제공하는가에 따라서 결정되는데, 예를 들어서, 모니터의 화면 해상도, 스마트폰의 반응 속도, 배터리의 용량, 자동차의 엔진 파워 및 가속 능력 등이다.

② 사용자 경험User Experience : 사용자의 경험에서 더 높은 만족감을 느끼면 고객은 혜택이 크다고 판단한다. 디자인이 멋있을수록, 사용하기에 더 편리하고 안전할수록, 그리고 개인에게 맞춤화가 될수록, 고객은 더 혜택을 크게 느낀다. 기술적 성능이 높아도, 사용자 경험에서 만족도가 낮으면 종합적인 혜택에서 낮은 점수를 받게 되는데, 점차 기술적 성능에서 만족도가 높아지게 되면, 혜택을 좌우하는 특성들이 사용자 경험으로 이동한다.

③ 네트워크 효과Network Effect : '메트칼프의 법칙'Metcalf's Law - 네트워크의 가치는 연결된 사람들 수의 제곱에 비례한다과 유사하게 더 많은 사람들이 제품과 서비스를 이용할수록 그 가치가 증가한다는 것은 잘 알려져 있다: 사용자 기반User Base 이 크면 클수록 그 제품에 대한 인식이 높아지고, 더불어서 제품에 대해서 추가적 혜택을 제공하는 보완재Supplementary Goods도 풍부해져서, 고객이 더 큰 혜택을 느끼게 된다. 일상 제품이나 서비스의 브랜드 파워, 소셜네트워크나 온라인에서의 솔루션들이 가지는 장점은 주로 여기에서 나온다.

LG전자가 2016년 출시했던 스마트폰 G5는 하나의 폰에 다양한 모듈들을 교체하여 사용함으로써 기존의 스마트폰에 비해서 높은 혜택을 제공하고자 하였다. 베이직 모듈을 빼내고, 대신에 카메라 기능이나 음악 플레이어 기능 등 고급화된 기능의 모듈로 갈아 끼움으로써 사용자들이 더 큰 가치를 느끼도록 하였다. 그러나 이러한 혁신은 실패로 돌아가고 말았는데, 가치 맵상에서 확실한 가치우위의 영역에 들지 못한 것이 그 원인이다.

혜택의 축상에서 다양한 기능을 누릴 수 있다는 장점보다는, 교체에 드는 수고와 불편이 마이너스로 작용하였다. 게다가 교체 모듈도 그다지 다양하지 않았는데, 더 우위를 낮게 만든 요소는 높아진 총비용이다. Y-축고객이 인지하는 가격상에서 기존보다 부담하는 총 가격이 높아진 것에 비해서, X-축고객이 인지하는 혜택은 그다지 높지 않은 것이다. 결국 확실한 가치우위를 얻지 못한 혁신 솔루션의 가치는 낮아지고, 그 리딘도 낮을 수밖에 없다. 따라서, 혜택과 더불어서 두 번째 요소로서 가치우위에 영향을 주는 가격 경쟁력에 대해서 다음 절에서 살펴 보자.

고객이 인지하는 혜택이 가치우위를 좌우하는 첫 번째 요소이며, 고객 혜택에 영향을 주는 세 가지의 특성들은, 기술적 성능, 사용자 경험, 그리고 네트워크 효과이다.

8. 가격 경쟁력이란

가격 경쟁력은 가치우위를 높이는 지렛대이다.

가치 맵에서 X-축의 혜택이 증가하는 것에 비해서, 상대적으로 Y-축의 가격이 덜 증가하거나 혹은 내려 가면, 가치우위는 높아진다. 따라서, 가치우위는 혜택과 가격의 조합이라고 할 수 있는데, 앞에서 본 것처럼 절대적인 값이 아니라, 항상 경쟁 구도와 고객이 처한 상황에 따라서 동적으로 변화하는 값이다. 일반적으로, 고객의 혜택을 이전에 비하여 월등히 높이면서 또한 가격도 적절히 올릴 수 있다면 바람직한 길이다. 또는 혜택은 높지만 기존과 같은 가격으로, 혹은 더 낮은 가격을 제시한다면, 고객이 보는 관점에서는 가치의 증가를 더욱 크게 느낄 것이다.

스마트폰 시장에서는 중국의 기업들이 점차적으로 가치우위를 높이고 있다. 저가 스마트폰 경쟁에서 초기 선두로 나섰던 샤오미는 낮은 가격에 비해서 아이폰을 닮은 디자인과 사용자 인터페이스로 큰 관심을 끌어서, 2014년과 2015년 중국 시장에서 판매량 1위에 올랐다. 2016년이 되자 화웨이, 오포, 비보 등 저가이지만 오프라인에서 판매와 높은 사양 등을 앞세운 추격자들이 샤오미를 추월하게 되었다. 결국 삼성을 밀어내고 중국 스마트폰 시장의 선두는 4대 중국 기업들이 각축을 벌이게 되었다.[8]

고객 혜택에서 큰 차이를 내기 힘든 상황에서 〈가격 경쟁력〉은 매우 중요한 가치우위의 요소가 된다.

그렇다면 언제 이러한 가격에서의 차이가 결정적인 가치우위를 가져오는 것일까? 단순히 가격이 싸다고 고객이 어떤 솔루션을 선택하는 것은 결코 아니다. 가격이 중요한 가치우위의 변수가 되는 것은 바로 '지배적 디자인'Dominant Design이 시장에서 확실하게 인정된 이후이다. 지배적 디자인의 개념은 애버네시William Abernathy와 어터백James Utterback이 제안한 기술 혁신의 사이클에서 소개된 것인데, 혁신 초기에 나타나는 제품들의 다양한 디자인 경쟁은 궁극적으로 지배적 디자인을 결정하고, 그 이후는 더 낮은 비용을 목표로 하는 프로세스 혁신 단계로 진행된다고 설명하였다.9, 10

버클리 하스경영대학의 데이비드 티스David J. Teece교수는 지배적 디자인 개념을 기반으로 기술혁신의 리턴에 대해서 이렇게 설명하였다. "시장에서의 충분한 시행착오가 일어나고, 특정한 시점이 되면, 하나의 혹은 좁은 범위의 디자인이 더 유망한 것으로 등장하게 된다. 이러한 디자인은 상대적으로 완전하게 사용자의 니즈 전체를 만족시켜야 한다. 포드의 모델T, IBM 360초기의 비즈니스 컴퓨터 성공작, 그리고 더글러스 DC-3 등이 자동차, 컴퓨터, 그리고 항공기 산업에서의 지배적 디자인들이다. 이러한 지배적 디자인이 등장하면, 경쟁은 디자인으로부터 가격으로 빠르게 이동Shift한다."11

또한, 티스 교수의 다음 설명에서 애플, 삼성과 샤오미, 그리고 이후 추격자들의 등장 과정에 대한 통찰을 발견할 수 있다.

"혁신가최초 디자인을 제시한가 기본적인 과학적 돌파구Breakthroughs와 더불어서 기본 디자인을 제안하게 된다. 그러나 만약 모방이 상대적으로 쉬운 경우라면, 추격자들이 시장에 뛰어 들어서 혁신가의 기본 디자인을 활용하되, 거기에 중요한 변형을 하게 된다. 이러한 '의자에 먼저 앉기 게임'Game of musical chairs이 끝나고 지배적 디자인이 등장하면, 혁신가는 추격자에 비해서 열세의 위치에 처하게 되기도 한다."

LCD기술 기반의 평면 TV가 등장한 초기에는 기술적 우위와 더 나은 사용자 경험에서 경쟁이 치열했다. LCD TV에서 지배적 디자인과 기술적 표준들이 정착된 이후, 티스 교수가 말한 '의자에 먼저 앉기 게임'Game of Musical Chairs이 끝나고 다음 단계로 넘어가는 것처럼, 두 번째의 단계인 가격 경쟁력을 중심으로 한 가치우위의 경쟁이 치열해지고 있다. 최근에 삼성과 LG가 LCD기술 투자를 축소하는 것은, 이러한 단순 혁신 경쟁에서 벗어나려는 결정이다. 결국 가치우위를 결정하는 고객 혜택과 가격 경쟁력도 고정된 것들이 아니라, 혁신 경쟁의 동적인 흐름 속에서 지속적으로 변화함을 알 수 있다.

가치우위를 결정하는 두 번째 요소는 가격 경쟁력으로, 지배적 디자인의 안정화로 고객 혜택의 성장이 둔화되고 제품 간의 차별화가 어려워지게 되면, 경쟁의 구도는 가격 경쟁력의 축으로 이동한다.

9. 가치우위의 법칙이란

가치우위는 고객 혜택과 가격 경쟁력이 높을수록 커진다.

가치우위가 높은 제품과 서비스를 제공하기 위해서는 고객 혜택과 가격 경쟁력의 두 가지 측면에서 모두 높아야만 한다. 어느 한 축에서 경쟁자들에 비해서 열세라면 다른 축에서 압도적으로 그들보다 우세를 보여야만 한다. 혜택이 상대적으로 부족하면, 가격이 낮아야 할 것이고, 가격을 높이려면 혜택에서 뭔가 높은 차별성이 있어야 한다.

대부분의 혁신 실패 사례들은 이러한 조건에 부합되지 못해서 발생한다. 두 가지 모두가 열세이거나, 한 면에서의 열세를 다른 면에서의 우세로 극복하지 못한 것이다.

인도의 타타Tata 자동차사는 2009년 세계에서 가장 싼 자동차인 나노Nano를 출시했는데, 이 혁신 제품은 미래의 자동차 시장을 크게 바꿀 위협적인 존재로 보였다. 2,000달러라는 초저가의 자동차로, 인도의 중산층 이하를 타깃 고객으로 하여, 잠재적인 수요가 클 것으로 예상했다. 만약 이 자동차를 해외로 수출까지 하게 된다면, 전 세계 자동차 시장에 큰 지각변동도 가능하리라 보였다. 그러나 4억 달러의 개발비와 월 2만대의 생산 능력을 가진 공장 운영을 통해서 실제 올린 판매량은 월 2,500대 수준이었다. '싼 차'라는 이미지가 저가를 원하는 고객들조차도 구매를 꺼리게 만든 것이다. 누가 보아도 나노의 가치우위는 없었던 것이다.**12**

타타의 숨겨진 실수는, 나노의 경쟁상대가 다른 기업들의 가장 싼 경차라고 믿었다는 점이다. 다른 신차들에 비해서 제공되는 기능과 성능에서는 떨어져도 가격에서 매우 큰 격차가 나면, 이를 통해서 높은 가치우위가 있을 것이라고 판단한 것이다. 그러나 현실에서 나노의 강력한 경쟁자는 다른 신차들이 아니라, 비슷한 가격대의 중고차들이었다.

고객이 인지하는 가치 맵상에서 나노와 함께 다른 중고차들을 배치해 본다면 어떤 결과가 나올 것인가? 고객에 따라서 편차가 있겠지만, 일반적으로는 나노의 위치는 같은 가격의 선상의 중고차들에 비해서 매우 열세의 위치에 놓일 것이다. 애초의 나노는 원가절감을 위해서 '달리는 기능' 외에 모든 기능을 포기했기 때문이다. 가장 싼 것이 핵심 경쟁력이라고 믿었으나, 이미 시장에는 같거나 비슷한 가격대에 더 나은 혜택을 제공할 수 있는 수많은 중고차들이 존재했다. 나노는 품질, 사양, 성능, 편의, 브랜드 등 어느 면에서도 중고차 대비 더 나은 혜택을 제공하지 못한 것이다.[13]

따라서, 가치우위는 혜택과 가격의 조합이라고 할 수 있지만, 앞에서 본 것처럼 절대적인 값이 아니라 경쟁 구도와 고객이 처한 상황에 따라서 동적으로 변화하는 값이다. 일반적으로, 고객의 혜택을 이전에 비하여 월등히 높이면서 또한 가격도 올릴 수 있다면 매우 바람직한 길이다. 또는 혜택은 높지만 기존과 같은 가격으로, 혹은 더 낮은 가격을 제시한다면, 고객이 보는 관점에서는 가치의 증가를 더욱 크게 느낄 것이다. 이러한 관계를 다음의 법칙으로 표현해 보자.

가치우위의 법칙: 가치우위는 고객 혜택과 가격 경쟁력이 경쟁자들에 비해서 높을 때 높아진다.

이 관계를 표현한 것이 〈그림 2-3〉이다. 다음 절에서 혁신 가치에 대하여 종합적으로 인과관계들을 살펴 보자.

그림 2-3 가치우위의 인과관계

10. 가치가 높은 혁신이란

> ❝ 혁신의 가치는 혁신 기회와 가치우위의 곱으로 생각할 수 있다. ❞

이제 우리는 혁신의 가치에 대한 결론을 짓는 단계에 도달했다. 애초에 혁신의 가치가 어떻게 결정되며, 이를 통해서 가치가 높은 혁신이란 무엇인가를 알아 보고자 하였다. 그를 위해서 다음의 법칙을 도출할 수 있었다.

혁신 가치의 법칙: 혁신 기회가 크고, 이에 대한 솔루션의 가치우위가 높을 때 혁신의 가치가 높아진다.

이를 단순한 개념적 공식으로 표현한다면,

$$\langle 혁신\ 가치 \rangle = \langle 혁신\ 기회 \rangle \times \langle 가치우위 \rangle$$

마치 중력의 법칙에서 두 물체의 질량의 곱에 비례하여 중력이 커지는 것과 유사하게, 혁신의 가치도 혁신 기회의 크기와 솔루션이 가지는 가치우위의 곱에 따라서 커질 수 있다. 만약에 어느 한 요소가 0이거나 부정적이라면, 그 결과값인 가치도 0이 되거나 마이너스가 될 수도 있다. 물론 이 공식에 수치를 대입해서 어떤 정량적 결과치를 얻을 수는 없지만, 혁신 기회와 가치우위가 서로 시너지효과를 내도록 작용할 것임을 의미한다.

'2가지 룰'을 적용하여, 혁신 기회와 가치우위가 결합하여 혁신의 가치가 결정되고, 다시 이들에 대해서 각각 2가지의 요소들이 영향을 미치는 것으로 전체의 복잡한 구조를 단순화하였다. 이 종합적인 혁신 가치의 인과관계를 〈그림 2-4〉로 요약해 보았다.

그림 2-4 혁신 가치의 인과관계

어떤 경우에 가치가 높은 혁신이 될 것인가? 이 질문에 수많은 답변들이 가능하겠지만, 위의 혁신 가치의 법칙과 이제까지의 설명들을 한 마디로 압축한다면 다음과 같이 답할 수 있다.

고객의 '불충족 요구'에 대한 높은 가치우위의 솔루션을 제공하는 것이 가치가 높은 혁신이다.

불충족 요구란, 고객이 중요하게 생각하지만, 현재의 솔루션들로부터 충분히 만족하지 못하고 있는 요구를 말한다. 불충족의 의미는 현재 사용하고 있는 제품과 서비스에 대한 불편, 불만, 그리고 부족함 등을 의미한다. 이러한 요구들의 대부분은 중요도는 높고, 만족도는 낮은 경우이다. 이러한 요구들은 고객의 '딥 니즈'Deep Needs라고도 할 수 있다. 이미 잘 알려진 니즈들에 대해서는 많은 혁신 솔루션들이 나와 있거나, 제공해도 크게 혜택을 느끼지 못하게 된다. 고객이 가진 딥 니즈에 대해서 분명한 가치우위를 가진 솔루션을 제시하는 것이 가치가 높은 혁신의 비결이다.

예를 들어서, 스마트워치가 크게 성장하지 못하는 이유 중의 하나는, 그것이 현재로서는 고객의 불충족 요구를 위한 것이 아니기 때문이다. 스마트워치는 이미 스마트폰을 즐겨 사용하는 고객들에게 일종의 "있으면 편하지만 꼭 필요하지는 않은 것", 즉 중요도가 낮은 요구에 대한 솔루션이다. 더 절실한 요구를 위한 높은 혜택이 필요한데, 그것이 무엇인지는 아직 알려지지 않고 있다. 고객의 딥 니즈는 고객 설문Survey이나 VOCVoice Of Customers로 쉽게 발견되지 않기 때문이다. 마치 인공지능에서 최근의 새로운 기법을 '딥 러닝'Deep Learning이라고 하듯이, 고객의 딥 니즈를 발굴할 수 있는 새로운 방법이 필요하다. 5장과 6장에서 이에 필요한 전략과 방법들을 소개할 것이다.

혁신 가치의 법칙과 그 내부의 인과관계를 통해서 우리는 언제 혁신의 가치가 높아질 수 있는가를 알아 보았다. 다음 장에서는 가치와 더불어서 혁신의 리턴을 결정하는 두 번째의 핵심 요소에 대해서 알아 본다.

참고문헌

1. 클레이튼 크리스텐슨, "혁신기업의 딜레마," 이진원 역, 세종서적, 2009

2. McKinsey Quarterly, "Setting Value Not Price," Feb. 1997, http://www.mckinsey.com/insights/marketing_sales/setting_value_not_price

3. Jay Paap and Ralph Karz, "Anticipating Disruptive Innovation," Research Technology Management, September-October, 2004

4. 클레이튼 크리스텐슨, 마이클 레이너, "성장과 혁신," 딜로이트 코리아 역, 세종서적, 2005 (Clayton M. Christensen and Michael E. Raynor, "The Innovator's Solution," Harvard Business School Press, 2003)

5. http://www.businessinsider.com/new-coke-the-30th-anniversary-of-coca-colas-biggest-mistake-2015-4

6. https://www.ces.tech/Events-Experiences/Innovation-Awards-Program/Honorees.aspx#inline_

7. https://news.samsung.com/kr/6

8. http://news.joins.com/article/22338247

9. James M. Utterback and William J. Abernathy, "A Dynamic Model of Product and Process Innovation," Omega 3(6) (1975) 639-656

10. William J. Abernathy & James M. Utterback, "Patterns of Industrial Innovation," Technology Review, June/July 1978

11. David J. Teece, "Profiting from Technological Innovation: Implications for integration, collaboration, licensing and public policy," Research Policy. Elsevier. 15 (6): 28-305, December 1986

12. http://www.etoday.co.kr/news/section/newsview.php?idxno=805581

13. http://biz.chosun.com/site/data/html_dir/2016/11/14/2016111401792.html?rsMobile=false

혁신 다이내믹스

Innovation Dynamics

CHAPTER 03

혁신의 리스크

지속 성장을 위한 혁신의 원리와 길

CHAPTER 03
혁신의 리스크

1. 혁신의 리스크란

> 혁신의 리스크Risk 가 클수록 혁신의 기대 리턴이 낮아진다.

앞 장에서 우리는 혁신의 가치에 대해서 알아 보았다. 혁신 가치가 높아질수록 리턴이 증가할 수 있지만, 이 한 가지로만 리턴이 설명되기에는 아직 미흡한 점이 있다. 혁신 리턴에 영향을 주는 2번째의 핵심 요소들을 찾기 위해서 다음의 사례를 참고해 본다. 2016년 삼성전자는 갤럭시 7S의 성공 여세를 몰아서 하반기에 출시된 갤럭시 노트7을 통하여 바야흐로 최대의 실적을 기대했다. 그러나 의외의 변수인 배터리 결함으로 출시한지 2달 만에 노트7은 단종되고 말았다. 또 다른 사례를 보자. 테슬라는 2017년 말부터 보급형 전기차 모델 3를 양산하여 본격적인 전기차의 대중화시대를 2018년부터 열고자 하였다. 그러나 안정적인 양산 체제의 구축이 늦어지고, 예약 고객들의 기다림은 갈수록 길어지고 있다. 두 사례 모두 제품의 가치 측면에서는 문제가 없지만, 혁신의 리턴은 매우 낮거나, 기대 이하의 수준을 보였다.

이러한 결과를 가져온 원인은 무엇인가? 가치가 높아도 때로 혁신 리턴을 낮게 만드는 요소는 바로 〈혁신 리스크〉이다. 혁신 리스크는 한 마디로, "기대보다 리턴이 낮아질 확률"이라고 할 수 있다. 리스크가 커질수록 결과적으로 얻어질 리턴의 기대치Expected Return는 낮아진다. 동전에 앞면과 뒷면이 있고, 두 면을 모두 알아야 전체를 알 수 있듯이, 혁신의 리턴도 앞면인 가치와 더불어서 뒷면의 리스크를 이해해야 한다. 많은 혁신의 실패들이 혁신의 가치 측면에서 올바른 판단과 실행을 했더라도, 리스크의 숨은 힘에 대해서 제대로 판단하거나 대응하지 못했던 경우들이다. 〈그림 3-1〉은 2장에서 소개했던 혁신 사이클에 리스크를 추가함으로써, 완전한 모습을 나타내고 있다.

그림 3-1 완성된 혁신 사이클

기술과 기회혹은 시장가 기존과 크게 다르거나 불확실할수록 리스크는 증가하며, 리스크가 커질수록 리턴의 기대치는 낮아지게 된다. 경험이 부족한 혁신적 기술을 기반으로 기존과 특성이 다른 신시장으로 진입하는 경우에는 상대적으로 큰 리스크가 존재한다.

가치가 높은 솔루션을 제공하더라도, 그와 더불어서 고려해야 할 리스크를 적절히 관리하지 못하면, 리턴에서 예상하지 못한 손해를 보게 된다. 따라서 어떤 경우에 리스크가 커지며, 또한 리스크에 대하여 적절히 대처하기 위해서 어떤 일들이 필요한가를 이해할 필요가 있다.

때로 우리가 높은 가치를 제공하는 데에 집중한 나머지, 그 이면에 숨은 리스크를 소홀히 해서 기대에 미치지 못하는 리턴을 얻게 된다. 앞에서 예를 든 삼성의 갤럭시 노트7은 최초로 인간의 홍채를 인식하여 잠금 해제와 인증 서비스가 가능하게 하였고, 방수 기능과 향상된 S펜 기능 등 다양한 신기술로 고객 가치를 높인 제품이었다. 배터리 결함이라는 기술적 리스크에 대해서 미국의 포브스Forbes는 '대단히 공격적인 설계'가 위험하다는 것을 삼성도 어느 정도 알았지만, 혁신을 통해 경쟁력을 높이는 데 너무 열중한 나머지 출시까지 진행한 것으로 보인다고 보도했다. 이 혁신 실패로 삼성이 입은 손실은 모두 7조원 이상일 것으로 예상되었다.[1, 2]

물론, 이러한 실패의 경험으로 이후의 리스크 관리가 업그레이드되어, 미래의 기대 리턴을 높이는 역할을 하기도 하였다. 우리는 이 장에서 혁신 리스크가 언제 어떻게 발생하며, 어떤 구조로 리턴과 연계되는가를 알아 본다.

혁신의 리스크는 혁신 가치와 더불어서 리턴을 결정하는 핵심 요소이며, 이에 대한 이해와 적절한 관리가 매우 중요하다.

2. 프로젝트 리스크란

> 프로젝트 리스크Project Risk가 클수록 혁신의 리스크도 커진다

혁신 리스크에 직접 영향을 주는 첫 번째 요소는 혁신 과제가 안고 있는 리스크, 즉 〈프로젝트 리스크〉이다. 모든 프로젝트에는 반드시 어느 정도의 불확실한 요소들이 포함되는데, 이들에 대해서 적절한 예측과 대응을 하지 못하면, 납기 지연, 품질 불량, 또는 원가 상승 등으로 프로젝트에 손실을 미치게 된다. 일반적으로 프로젝트가 겪는 다양한 불확실성들 중에서 리스크에 가장 큰 영향을 주는 2가지를 꼽는다면, 시장과 기술의 불확실성을 선택할 수 있다. 대부분의 리스크 관련 연구들에서 이 두 가지를 기준으로 프로젝트의 리스크를 다루고 있다.

펜실베니아대학 와튼경영대학원의 조지 데이George Day 교수는 수백 개의 실제 혁신 과제들을 분석한 실증적 연구를 통하여 혁신 프로젝트의 리스크, 즉 실패할 확률에 대한 분석 도구를 제시하였다. 이를 '리스크 매트릭스'Risk Matrix라고 명명하였는데, X-축에는 시장의 새로움Newness, 즉 시장의 불확실성을, 그리고 Y-축에는 기술의 새로움, 즉 기술의 불확실성을 나타냈다.

〈그림 3-2〉에 표현된 리스크 매트릭스에서 우리는 혁신 과제들의 일반적인 리스크가 시장과 기술의 새로움이 커질수록 높아짐을 확인할 수 있다. 간단한 설문에 대한 정량적 답변을 통해서 X-축과 Y-축의 좌표 값을 산정하면, 매트릭스상에서 해당하는 점의 위치에 대

응하는 혁신 리스크를 실패 확률%로 추정해 볼 수 있는 유용한 도구이다.3

그림 3-2 리스크 매트릭스

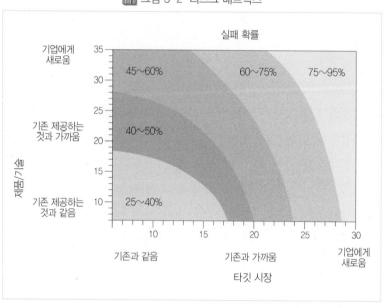

위의 리스크 매트릭스에서 한 가지 특징을 발견할 수 있는데, 그것은 시장의 불확실성이 커질수록 기술의 불확실성에 비해서 더 빠르게 리스크가 커진다는 점이다. 또한, 시장의 축에서 최대치가 95%인데 비해서, 기술의 축에서는 최대 리스크가 60%임을 알 수 있다. 그이유는 우리의 상식적인 판단과 일치하는데, 일반적으로 기술이 새로울 때의 리스크보다 기존과 다른 시장으로 진출할 때의 리스크가 커짐을 예상할 수 있다.

기술적인 어려움이나 지식의 부족은 상대적으로 해결책이 다양한 반면에, 새로운 시장과 고객이 원하는 것들이 무엇이고, 어떤 가치를 제공했을 때 경쟁자들보다 우위를 가질지 판단이 어려울 때 더 큰 리스크가 있을 것이다.

기업이 혁신과정에서 겪는 불확실성에 대해서 여러 가지 연구가 이루어져 왔는데, 앤더슨Philip Anderson과 투쉬만Michael L. Tushman은 '불확실성과 기업 퇴출 간의 상관관계'에 대한 연구를 통해서, "불확실성이 커질수록, 기업의 퇴출 비율도 높아진다."는 사실을 발견하였다. 미국의 시멘트산업과 미니컴퓨터 산업을 분석한 결과, 기업의 퇴출 속도가 산업의 불확실성이 커질수록 빨라지는 것을 발견하였다. 그들의 연구는 두 가지 유형의 불확실성을 기반으로 했는데, 수요의 불확실성과 기술적 변화를 통한 불확실성이다. 결론적으로 기업이 불확실성에 대하여 얼마나 잘 대응하는가가 시장에서 살아남는 데 결정적인 요소임을 밝혔다.[4]

혁신 리스크의 첫 번째 요소는 프로젝트가 가지고 있는 리스크로, 프로젝트 리스크는 시장과 기술의 불확실성에 주로 영향을 받는다.

3. 시장의 불확실성이란

> " 시장의 불확실성이 클수록 프로젝트 리스크도 커진다. "

프로젝트 리스크를 이해하기 위해서 먼저 시장의 불확실성에 대해서 알아 본다. 시장의 불확실성은 세 가지의 영역에서 나타나게 되는데, 첫째는 고객이 원하는 것과 행동 방식, 둘째는 경쟁자들의 움직임, 그리고 셋째는 상대적으로 영향력이 낮은 원자재와 경쟁 제품들의 가격 변화이다. 고객이 미래에 원할 것을 예측하기가 점점 더 어려워지고 있는데, 기술과 제품의 수명주기가 짧아질수록, 그리고 경쟁하는 제품과 기업들이 많아지고 다양해질수록, 고객의 요구가 언제 어디로 어떻게 변화할지를 사전에 알기가 쉽지 않다. 특히, 기존 시장이 아닌 새로운 시장으로 진입하는 경우에 고객 요구의 불확실성은 더욱 커진다. 이제까지 축적해온 고객 정보로부터 얻을 수 있는 것이 줄어들기 때문이다.[3]

고객의 선택 기준과 행동 방식도 기존과 다른 시장에서는 예측이 어려워진다. 아날로그 시대의 제품을 선택하고 사용하던 고객들이 디지털 시대에도 같은 패턴으로 움직이지는 않았다. 음향 기기들이 디지털화되면서, 가장 큰 변화는 음질에 대한 요구 수준이다. 아날로그 음향기기의 시대에서는 소위 '명품 앰프'들이 각광을 받았다. 누가 더 고음질로 고객이 듣기에 좋은 소리를 재생하는가에 혁신의 초점이 있었고, 고가의 앰프를 가지는 것이 음악 애호가들의 니즈이며 꿈이었다. 그러나 디지털시대의 음향기기는 전혀 다른 고객의 요구와 행동 방식에 맞추어서 혁신을 해오고 있다. MP3 포맷으로 듣는 음질은 과거 아날로그에 비하면 매우 '저급한' 것이다. 그러나 간편하게 소유하고 관리하고 이동 중에 즐길 수 있는 편리함에 고객 요구의 초점이 맞추어지면서, 과거 명품 앰프 제작사들은 거의 사라지거나 유명무실하게 되었고, 그 자리를 디지털 기술력과 새로운 서비스로 무장한 신생기업들이 차지하게 되었다.

경쟁자들에 대한 정보의 부족과 그에 따른 불확실성도 또 다른 요소이다. 시장이 급격하게 변화하는 상황에서는 누가 자신의 경쟁자가 될 것인가 조차도 쉽게 예측하기가 어려워진다. 인텔Intel이 자신

의 가장 큰 경쟁자로 여겨온 기업은 또 다른 PC용 마이크로프로세
서Microprocessor를 만드는 AMD였다. 그러나 인텔의 마이크로프로세
서 시장을 가장 크게 위협하는 것은 모바일 프로세서를 만드는 퀄컴
Qualcomm과 삼성이다. 그 여파와 메모리 반도체의 호황으로 인텔이
23년간 지켜온 반도체 1등 자리를 2017년에 삼성에게 내주게 되었
다.5 시장에서 경쟁자들이 늘 같거나 동등한 기업들이 아님을 기억
해야 한다.

　새로운 경쟁자의 출현만이 아니라, 때로는 기존 경쟁자들의 행동
방식도 과거와 급격하게 달라지기도 한다. 전통적인 굴뚝산업의 대
명사로 알려진 GE는 최근에 산업인터넷Industrial Internet이라는 소프
트웨어 기술과 비즈니스를 앞세워 산업분야에서 사물인터넷Internet
of Things의 선두주자로 나서고 있다. GE가 제공하는 다양한 제품들
에 센서를 장착하고 이들로부터 실시간으로 입수한 정보들을 바탕
으로 운전 상태와 고장 등에 대한 모니터링, 그리고 최적 운전을 위
한 피드백을 제공함으로써 고객에게 새로운 가치와 경험을 서비스
하고 있다. 전통적인 하드웨어 중심의 제조업에서 제조와 소프트웨
어를 결합한 제조-서비스형 기업으로 바뀌고 있는 것이다.6

　고객의 행동 방식, 기업과 고객 간의 관계가 어떻게 변할 것인가와
어떻게 새롭게 형성될 것인가에 대한 불확실성, 그리고 기존 시장이
나 신시장에서 어떤 경쟁자들이 새롭게 나타나서 경쟁 구도를 바꿀
것인가의 불확실성, 크게 이 두 가지가 시장의 불확실성에 영향을 미
치는 주요 요소들이라고 할 수 있다.

　프로젝트 리스크의 첫 번째 요소는 시장이 가지고 있는 불확실성
으로, 시장의 불확실성은 크게 고객 행동과 관계의 불확실성, 그리
고 경쟁자들의 불확실성에서 온다.

4. 기술의 불확실성이란

> 기술의 불확실성이 클수록 프로젝트 리스크도 커진다.

기술은 혁신의 매우 중요한 핵심 요소들 중 하나이다. 새로운 아이디어를 찾는 길이 여러 가지라면, 그 중에서 가장 흔히 선택되는 길이 바로 새로운 기술을 적용하여 새로운 솔루션을 만들어 내는 것이기 때문이다.

대부분의 기술혁신이 따르는 경로가 이러한 것이라고 할 수 있다. 따라서 많은 경우에 기존과 다른 기술을 채택하고 활용해서 새로운 가치를 만들어 내고자 하는 '기술주도 혁신'이 주를 이룬다. 디지털 IT기술을 기반으로 하여 새롭게 등장한 모바일과 가전 제품들이 대표적 사례이다. 신기술이 새로운 가치를 탄생시키는 요소이지만, 또한 이러한 신기술로 인해서 등장하는 불확실성이 혁신 프로젝트의 리스크를 가져온다.

기술적 측면에서 발생하는 불확실성은 크게 두 가지 측면에서 나타나는데, 첫째는 기술적 가능성, 즉 기술을 통하여 제공할 수 있는 것들에 대한 것이고, 둘째는 그러한 가능성의 구현에 필요한 자원, 프로세스와 역량에 대한 것이다.[3]

새로운 기술을 활용하여 어떤 새로운 솔루션이 구체적으로 제공 가능한지를 판단하고 예측하는 것이 불확실할 수 있다. 또한, 어떤 제품과 서비스가 가능한지를 알더라도, 이를 어떻게 구현해야 할지에 대한 불확실성도 클 수 있다.

예를 들어서, 초기의 반도체기술을 활용한 디지털 제품들을 생각해 보자. TV에 최초로 반도체기술을 적용해서 평면 디스플레이에 화면을 구현하고자 했을 때, 누구도 정확하게 기술적으로 가능한 것들이 무엇인지, 얼마나 좋은 화질이 구현 가능할지 예측하기 불가능했다. 거기에 어느 정도 기술적인 가능성들에 대한 이해가 얻어지더라도, 실제 대량생산을 위해서 어떤 제조 프로세스가 필요하고, 이를 지원하는 자원과 역량이 언제 어떤 수준으로 가능할지를 초기에 예측하는 것은 매우 어려웠을 것이다. 거기에 더해서, 제조에 필요한 장비를 개발하는 업체들의 수준과 역량도 불확실성을 키웠을 것이다.

따라서, 우리는 크게 기술적 불확실성이 두 가지 요인들, 즉 기술적 가능성과 이의 구현에 필요한 자원과 역량에 대한 것에서 온다고 할 수 있다.

기술의 불확실성과 그에 따른 리스크는 기대하는 리턴이 얻어지는 시점을 늦추기도 한다. 요즘 각광받고 있는 3-D 프린팅도 여전히 이러한 기술적 불확실성이 상대적으로 높은 기술이라고 할 수 있다. 여러 가지의 활용 사례들이 뉴스에 등장하고 있고, 이미 저가의 상용화된 3-D 프린터들이 있지만, 여전히 기존의 제조업체에서는 이것을 어디에 어떻게 활용할 것인가에 대해서 명확한 답을 찾지 못하고 있다.

3-D 프린터로 무엇을 할 것인가도 불확실하지만, 더불어서 어떤 새로운 공정과 그에 따른 프로세스 역량을 갖출 것인가도 여전히 불확실한 상태이다. 물론 미국의 GE나 Boeing과 같은 기술적으로 앞선 기업에서는 이미 적극적으로 채택하여 다양한 부품들의 생산에 적용을 하고 있기도 하다. 그러나 여전히 대량 생산이나 적극 활용

에 필요한 노하우와 경험이 더 필요한 불확실성이 큰 기술인 것은 사실이다.

오리아니Raffaele Oriani와 소브레로Maurizio Sobrero는 290개 영국 상장 기업들의 데이터를 조사하여, 불확실성에 따라서 혁신 투자의 시장가치Market Valuation가 어떻게 변화하는가를 연구하였다. 이들의 연구는 기술적 불확실성이 낮은 수준에서 어느 정도 높아질 때까지는 투자의 가치가 높아지지만, 일정 수준을 넘어서면 그 가치가 낮아지는 것을 발견하였다. 이러한 변곡점은 하이테크산업에서 상대적으로 더 높은 불확실성에서 나타났다. 기업의 혁신이 기존과 크게 다른 기술을 도입하려고 할 때의 리스크에 대해서 투자자들도 잘 알고 있는 것이다.[7]

앞에서 본 앤더슨과 투쉬만의 연구에서도 기업의 퇴출 속도가 기술의 불확실성이 높은 시기에 빨라지는 것을 발견하였는데, 이러한 시기를 기술적 '숙성기'Era of Ferment로 표현하였다.

지배적 디자인이 나타나기 전인 기술의 숙성기에는 다양한 기술들이 치열한 경쟁을 통해서 우열을 가리는데, 현재 진행 중인 전기자동차나 자율주행차가 좋은 예이다. 본격적인 표준 경쟁이 시작되면, 과거에 있었던 사례들과 마찬가지로 시장에서 치열한 적자생존의 게임이 본격화될 것이다. 이 시기에는 누가 더 기술적으로 앞섰는가보다도, 누가 더 기술의 불확실성에서 오는 리스크를 잘 관리했는가, 그리고 그를 통해서 지배적 기술과 디자인을 주도하는가에 따라서 성패가 갈리게 될 것이다.

프로젝트 리스크의 두 번째 요소는 기술이 가지고 있는 불확실성으로, 기술의 불확실성은 크게 기술의 가능성에 대한 불확실성, 그리고 그를 구현하는 데 필요한 자원과 역량의 불확실성에서 온다.

5. 프로젝트 리스크의 법칙이란

> ❝
> 새로운 시장과 새로운 기술이 결합될수록 프로젝트
> 리스크가 커진다.
> ❞

앞에서 본 바와 같이, 시장과 기술의 불확실성이 커지면 혁신 프로젝트의 리스크가 높아지고, 이는 직접적으로 혁신의 리스크를 높이게 된다. 기존과 다른 시장으로 갈수록, 또한 새로운 기술을 기반으로 혁신 솔루션을 제공할수록, 이를 통해서 얻어질 기대 리턴은 낮아지게 된다. 물론, '하이리스크 하이리턴'High Risk, High Return이라는 말이 있지만, 이 경우에 리턴은 소위 '가능성이 있는 리턴'이지, 실제로 얻을 수 있는 것은 아니다. 따라서, 기대 리턴은 항상 혁신의 성공 확률과 얻고자 하는 리턴의 곱으로 나타나며, 성공 확률이 낮을수록 기대값은 낮아진다. 이러한 관계를 다음의 법칙으로 정리해 보자.

프로젝트 리스크의 법칙: 시장과 기술의 불확실성이 클수록 프로젝트 리스크가 커지고, 따라서 혁신의 리스크도 증가한다.

이러한 관계를 나타낸 것이 〈그림 3-3〉이다. 이 법칙을 통하여 시장과 기술의 불확실성이 큰 경우에 그것이 어떤 결과를 가져오는가를 이해할 수 있다.

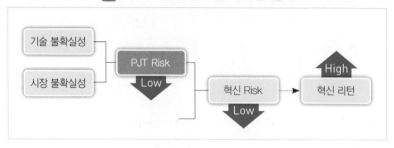

📊 그림 3-3 프로젝트 리스크의 인과관계

코닥Kodak사는 1984년에 세계 최초로 개인용 8밀리 캠코더 Camcorder를 출시했다. 당시로서는 파격적으로 작은 사이즈지금 기준으로는 매우 크고 무거운에 자동 포커스와 같은 혁신 기술로 개인이 동영상을 촬영할 수 있었다. 그러나 복잡한 사용법과 비싼 가격, 동영상을 재생하거나 공유하기 어려움 등, 시장의 요구들에 대한 미흡한 성능으로 실패하고 말았다. 당시로서는 첨단 기술들로 무장하기는 했지만, 기존의 일반 카메라 시장과는 특성이 매우 다른 신시장과 신기술의 불확실성을 제대로 극복하지 못했던 것이다.[8]

보잉Boeing사의 첨단 항공기인 787 드림라이너는 2013년 첫 취항을 하였는데, 연속적인 배터리 문제로 인하여 모든 787 기종이 수개월간 운행 중단을 맞게 되었다.

항공기에 최초로 적용된 리튬이온 배터리가 고열에서 발화한 것이다. 이에 대한 조사보고서에서 문제의 여러 가지 원인들이 도출되었는데, 그 중 하나는 보잉 엔지니어들이 최악의 상황에서 배터리 고장을 적절히 고려하거나 테스트하지 않았던 것이다. 새로운 기술을 적용하면서, 그에 따른 불확실성이나 위험에 대해서 충분한 사전 검토와 대응이 없이, 계획보다 늦어진 출시로 인한 압박 속에서 프로젝트의 리스크가 커졌던 것이다.[9]

프로젝트 관리의 대표적 기관인 PMI Project Management Institute는 '종합적 프로젝트 리스크'Overall Project Risk를 "전체적으로 불확실성이 프로젝트에 미치는 영향"으로 정의한다. 이러한 종합적인 리스크는 개별적인 리스크들의 영향을 합친 것보다 커지게 되는데, 대개 기업들이 개별적인 리스크에는 대비를 하지만, 종합적인 측면에서는 리스크 관리가 부족함이 지적되고 있다.10 혁신 프로젝트는 더욱 이러한 종합적 측면에서의 리스크를 파악하고 분석하고 대비하는 것이 중요한데, 특히 시장과 기술의 두 가지 측면에서 동시에 위험 요소들을 분석하고 대응하는 것이 필요하다. 불완전하거나 충분한 테스트가 없는 새로운 기술을 기반으로, 기존의 고객과 특성이 다른 신시장을 대상으로 한 혁신 솔루션을 개발한다면 그 종합적 프로젝트 리스크는 예상보다 더 커지기 때문이다.

6. 혁신 경쟁우위란

혁신 경쟁우위가 높으면 혁신 리스크가 낮아질 수 있다.

이제 혁신 리스크에 영향을 미치는 두 번째의 요소에 대해서 알아보자. 만약 프로젝트 리스크가 같은 두 가지의 혁신 과제들이 있을 때, 한 과제의 혁신 리스크는 더 높아서 리턴이 낮아지고, 다른 과제의 혁신 리스크는 더 낮아서 리턴이 높아진다면, 그 상황을 만들어내는 요소는 무엇일까? 우리는 2010년부터 지금까지 이어져 오는 국내의 두 전자 기업들 간의 엇갈린 운명을 참고로 하여 이에 대한 답을 구해보려고 한다. 바로 삼성전자와 LG전자의 스마트폰 시리즈들이다.

삼성의 갤럭시 S4와 LG의 G2는 2013년 비슷한 시기에 출시된 스마트폰들이다. 두 제품들 사이의 제공 가치를 비교한다면, 기술적 사양과 성능, 사용성, 디자인 등 거의 모든 면에서 큰 차이를 발견하기 어렵다. 국내 유명 검색 사이트에서 사용자들이 실제 경험을 바탕으로 올리는 제품 리뷰의 점수에서도 두 제품 모두 5점 만점에 4.7점으로 동일하였다. 만약 제품 자체의 객관적인 가치와 프로젝트 리스크라는 측면에서 비교한다면 거의 차이가 나지 않는 혁신 제품들이라고 할 수 있다. 그러나 삼성의 갤럭시 S4가 월 평균 1,000만대의 판매를 기록한 것에 비해서, LG의 G2는 월 평균 100만대 수준으로, 두 제품 사이의 판매량은 10배의 차이를 보였다. 가치와 프로젝트 리스크의 측면에서 큰 차이가 없었던 두 혁신 사이에 뭔가 다른 결정적인 요소가 리턴에 매우 큰 영향을 준 것이다.

프로젝트 리스크는 차이가 없어도, 혁신의 리스크를 높이거나 낮추는 또 하나의 요소를 우리는 '혁신 경쟁우위'Competitive Advantage of Innovation 라고 부른다. 혁신 경쟁우위란, 혁신이 제공하는 솔루션의 가치 외에, 다른 전략적인 선택들과 실행이 만들어 내는 우위를 말한다.

그 대표적인 변수들로는, 혁신이 타깃Target으로 하는 고객이 누구인지, 시장의 진입 시점Timing이 언제인지, 혁신을 수행하는 프로세스가 적절한지, 그리고 비즈니스 모델Business Model이 경쟁력이 있는지 등이다. 이러한 종합적인 전략적 선택들과 이들에 대한 우수한 실행력이 합쳐져서, 마지막 4번째 핵심 요소인 〈경쟁우위〉를 결정하게 된다. 삼성의 갤럭시와 LG의 G시리즈가 실적에서 큰 차이를 보이는 이유도 바로 여기에 있다고 할 수 있다.

경쟁우위를 높이는 것은 혁신 리스크를 낮추거나 혹은 적절하게 밸런스를 유지하는 또 하나의 길이다. 프로젝트 리스크가 매우 큰 혁신을 하더라도, 만약 솔루션이 타깃으로 하는 시장에서는 다른 기업들에 비하여 높은 경쟁우위를 가질 수 있다면, 결과적으로 종합적인 리스크의 수준은 상대적으로 낮아지기 때문이다.

가치증진 혁신의 경우에서 타깃 시장에서 이미 높은 브랜드 인지도와 혁신성에 대한 좋은 평판을 가진 기업일수록 성공할 가능성이 상대적으로 더 높은 경우가 그것이다. 그러나 이전 시장에서의 경쟁우위가 연속적으로 이어지지 않는 가치창조 혁신의 경우에는, 기존의 성공 기업들에게 반드시 경쟁우위의 프리미엄Premium이 존재한다고 할 수가 없다. 이것이 기존의 성공 기업들이 파괴적 혁신 게임에서 신생 기업들에 비하여 크게 유리하지 않은 이유이기도 하다.

코닥Kodak의 디지털 카메라가 시장에서 고전한 것처럼, 때로는 기존 시장에서의 높은 경쟁우위가 새로운 시장에서의 경쟁우위를 방해하는 원인이 되기도 한다.

특히, 프로젝트 리스크가 높은 혁신일수록 이러한 경쟁우위가 중요한 역할을 하게 된다. 시장과 기술의 불확실성이 클수록, 경쟁자들에 비해서 전략적인 선택과 실행을 통한 우위를 얻게 되면, 상대적으로 혁신의 리스크를 낮출 수 있다.

반대로 프로젝트 리스크가 큰 경우에 경쟁우위까지도 적절히 얻지 못하면, 결국 혁신 리스크가 리턴의 발목을 잡게 된다. 이것이 2009년에서 2010년 사이 국내 스마트폰 시장의 초창기에 삼성전자와 LG전자의 운명을 가른 주요한 원인이라고 할 수 있다. 경쟁우위

를 위해서 어떤 전략적 고려와 선택이 필요한지 다음 절에서 알아
보자.

혁신의 경쟁우위를 높이면 상대적으로 혁신 리스크를 낮출 수 있
는데, 경쟁우위는 전략적 선택들과 이들의 실행에 필요한 핵심역량
에 따라서 좌우된다.

7. 전략적 선택이란

> 다양한 전략적 선택으로 혁신 경쟁우위를 높일 수 있다.

혁신 경쟁우위가 높고 낮은 것을 좌우하는 주요 요소들은 다음의
두 가지라고 할 수 있다.

첫째는, 혁신을 통하여 달성하고자 하는 목적과 수단들이 경쟁자
들에 비해서 차별화되어 있는가이고, 둘째는 그러한 선택을 실제 충
분히 실행하는 데 필요한 핵심자원과 역량이 얼마나 잘 갖추어져 있
는가이다.

첫 번째 요소를 혁신의 〈전략적 선택〉 Strategic Choices이라고 하고,
두 번째를 혁신의 〈핵심역량〉 Core Competencies이라고 하자. 결국 전
략적 선택에서의 차별화와 그에 필요한 핵심역량의 우수성이 결합
되면 혁신의 경쟁우위가 높아진다고 할 수 있다. 결국 같은 프로젝
트 리스크라도 경쟁우위가 높을수록 최종적으로 더 낮은 혁신 리스
크가 나타난다고 할 수 있다.

어떠한 전략적 선택들이 혁신 경쟁우위에 영향을 줄 수 있을까? 혁신에 필요한 전략적 선택들은 기업 전략만큼이나 다양한데, 우리는 다음의 4가지를 중점으로 살펴 보려 한다.

- 타기팅Targeting 전략: 혁신이 주요 대상으로 하는 고객들의 선택
- 타이밍Timing 전략: 혁신 솔루션을 출시하는 시점에 대한 선택
- 프로세스Process 전략: 혁신을 진행하는 과정에 대한 선택
- 비즈니스 모델Business Model 전략: 혁신 솔루션과 결합된 수익 모델의 선택

테슬라의 전기자동차는 애초에 주류시장의 일반 고객들을 타깃으로 하는 대신에, 자신의 이미지를 높이고 싶어 하는 소수의 고객들을 대상으로 삼았다.

이 타깃 시장을 통해서 높은 매출과 이익을 얻기는 어렵지만, 훗날 대중에게 어필하기 위해서는 먼저 유명인사가 타는 차라는 이미지와 고급 브랜드라는 인식을 심어주고자 하였다. 자신이 환경을 생각하고, 첨단 기술을 먼저 누릴 수 있는 '얼리 어답터'Early Adopter 임을 알리고 싶은 사람들의 자부심을 타기팅한 것이다. 이 작지만 임팩트가 큰 시장에서의 성공을 기반으로 대중이 원하는 수준의 솔루션으로 나가는 전략을 선택하였다.

혁신의 초기 경쟁이 빠르게 전개되는 시점에서 '언제 출시할 것인가'는 때로 결정적인 성패의 요인이 되기도 한다. 경쟁자들보다 한 발 빠르게 진출해서 얻을 수 있는 우위를 '퍼스트 무버 이점'First Mover Advantage이라고 하는데, 시장에서의 브랜드 파워를 높이고, 고객들을 선점하여 후에 이동하기 어렵게 만들며, 또한 자원과 지적재산권의 선점으로 경쟁자들이 쉽게 들어오지 못하게 만드는 효과가 있다. 그러나 후발주자인 '패스트 팔로워'Fast Follower에게도 이점이 있는데, 불확실성이 낮은 상황에서 오는 리스크 감소, 적은 자원으로

빠르게 출발이 가능한 것, 그리고 시장을 개척하는 비용과 노력의 절감 등이 그것이다.

따라서, 어떤 상황에서 먼저 스타트할 것인지, 혹은 후발 주자로 따라 잡을 것인지의 선택이 중요하다. 처음 출발한 주자가 시장에서 늘 오래 살아 남지는 않기 때문이다.

혁신의 리스크는 어떤 프로세스를 통하여 추진하는가에도 영향을 받는데, 특히 프로젝트 리스크가 클수록 그 영향력도 커지게 된다. 예를 들어서, 과거에 경험이 없는 시장과 기술의 조합인 경우에 기존 제품의 개선에 쓰이는 프로세스를 그대로 활용하는 것은 부적절하다. 가치증진 혁신의 경우에는 이미 잘 활용해온 방식대로 일을 하면 되지만, 가치창조 혁신에도 이를 똑같이 적용하면 도리어 실패의 확률이 커지게 된다. 따라서, 상황에 맞게 적절한 프로세스를 선택하는 것도 경쟁우위를 높일 수 있는 한 방법이다.

끝으로, 21세기의 혁신에서 중요한 주제로 삼고 있는 비즈니스 모델에 대한 선택이 있다. 혁신 솔루션의 가치가 높고, 프로젝트 리스크가 낮아도, 때로 경쟁자들에 비해서 비즈니스 모델이 경쟁우위가 없으면, 리턴에서 손해를 보기도 한다. 더 멋지고 가성비가 높은 호텔을 지어도, 숙박공유서비스에 고객을 빼앗기게 되고, 더 디자인과 성능이 좋은 자동차를 개발해도, 차량공유서비스가 리턴을 더 많이 가져갈 수도 있다. 단순히 더 나은 혁신 제품과 서비스만을 고집하는 대신에, 어떤 비즈니스 모델을 통해서 더 큰 리턴을 얻을 것인가 또한 깊이 고민해야만 한다.

혁신의 경쟁우위를 높이려면 다양한 측면에서 전략적 선택을 해야 하는데, 혁신 리스크를 낮추기 위해서 4가지 핵심전략들을 고려해 볼 수 있다.

8. 혁신 핵심역량이란

> ❝ 혁신의 핵심역량을 높여야 혁신 경쟁우위를 높일 수 있다. ❞

전략적 선택과 더불어서 혁신의 경쟁우위를 결정하는 요소는 혁신 전략을 실행할 역량이 충분한가, 즉 얼마나 충분한 자원과 역량을 갖추고 있거나 준비를 하는가이다. 우수한 전략적 선택을 하더라도, 그에 필요한 자원과 역량이 결핍되거나 제대로 구축을 하지 못하면 전략을 실행하기가 불가능하다. 따라서, 혁신의 경쟁우위는 좋은 전략적 선택과 더불어서 충분한 핵심역량이 뒷받침될 때에만 높아질 수 있다. 예를 들어서, 경쟁자들에 비해서 더 빠른 시간 내에 신제품을 출시하고자 하는 개발과 생산의 계획을 세웠더라도, 그에 필요한 적절한 개발 역량과 스피드, 공급망, 그리고 유통채널을 갖추지 못했다면, 전략적 선택의 의미가 없게 된다.

삼성이 스마트폰과 디지털 TV 시장에서 놀라운 성과를 내게 된 또 다른 이면에는 바로 이러한 신제품을 적기에 대량으로 공급하면서 또한 적절한 재고를 유지할 수 있었던 탁월한 공급망관리Supply Chain Management의 역량과 인프라가 있었기 때문이다. 삼성은 지난 20년 이상을 최첨단의 공급망관리 시스템 구축과 그에 필요한 역량의 구축에 투자해왔다. 90년대 후반부터 시작된 이에 대한 혁신 투자와 노력은 윤종용 부회장 시절의 '사시미 이론'으로도 유명하다. 일본의 슈퍼마켓에서 저녁시간이 되면 급하게 당일의 횟감 재고들을 떨이로 파는 것을 예로 들었던 이 이론은, 한 마디로 '전자제품도

생선회를 만들고 팔듯이 신속하게 만들어서 최소의 재고로 제때에 판매하자'는 주문이다. 글로벌 운영센터 Global Operation Center 라는 컨트롤타워를 통하여 전 세계의 공급망을 실시간으로 모니터링하고, 매일 2차례 재계획하는 삼성의 글로벌 공급망관리 시스템과 역량은 스마트폰, 가전, 반도체 등 여러 제품들이 1등 경쟁력을 가질 수 있었던 숨은 핵심역량의 하나라고 할 수 있다.[11]

좋은 혁신 전략을 세우고도, 그를 제대로 실행하지 못해서 어려움을 겪는 경우가 많다. 테슬라는 2017년 말부터 보급형 전기차인 모델3를 양산하여 본격적인 전기차의 대중화 시대를 열고자 하였다. 2016년부터 사전예약을 통해서 수십만 명의 예약 고객을 확보하였고, 기가 팩토리로 불리는 배터리 양산 체제도 완성했으나, 2018년 초까지도 목표한 생산량을 달성하지 못하고 있다. 많은 예약 고객들은 예상보다 훨씬 더 오래 기다려야만 모델3를 인도받을 수 있을 것이다. CEO인 일론 머스크 Elon Musk 의 전략은 탁월했지만, 그를 실행하기 위한 기업의 핵심역량이 충분히 갖추어지지 못한 것이다.[12]

기업의 경쟁우위는 경쟁하는 시장에서 어떤 포지션에 어떤 핵심역량으로 자리매김을 하는가에 따라서 좌우가 된다. 그러나 단순히 기업이 현재의 시장에서 우위가 있는 위치를 점유하고 있다고 해서, 현재의 혁신 프로젝트도 그만큼의 동일한 경쟁우위를 가진다고 장담할 수는 없다. 많은 성공 기업들이 놀라운 혁신제품을 내놓고도 별다른 성공을 거두지 못하게 되는 이면에는 이러한 기업의 경쟁우위와 혁신 프로젝트의 경쟁우위 간의 불일치를 제대로 파악하지 못한 상태에서 프로젝트를 수행하기 때문이다. 특히, 기존의 성공 기업이 과거와 다른 기술과 시장의 조합으로 만들어지는 영역으로 진입하는 경우에는 더욱 더 그 리스크가 커지게 된다.

LG의 스마트폰들이 겪는 상대적인 경쟁의 열세는 이러한 기업의 경쟁우위와 혁신의 경쟁우위 간의 갭을 잘 보여주고 있다. 다른 전자제품들에서 LG가 보유한 경쟁우위에 비해서, 스마트폰이 시장에서 얻고 있는 위상은 매우 낮은데, 초기 시장이 빠르게 성장하는 시기에 아쉽게도 혁신의 프로젝트 리스크와 경쟁우위를 적절히 관리하고 확보하지 못한 때문이다. 그러한 결과의 원인들을 단순히 혁신의 경쟁우위를 위한 전략적 선택에서만 찾을 것이 아니라, 동시에 어느 부분에서 혁신의 핵심역량이 부족한가를 잘 분석하고 빠르게 높일 필요가 있다. 혁신의 핵심역량이 높아질수록, 더 빠르게 시장의 변화를 인식하고, 이를 신속하게 전략적 선택에 반영하고, 나아가 경쟁자들보다 한 발 앞서서 신제품을 출시할 수 있기 때문이다. 마치 바퀴가 빠진 고성능 스포츠카처럼 핵심역량이 빠진 혁신 전략은 결국 혁신의 리스크를 높이게 된다.

혁신의 경쟁우위를 높이려면 전략적 선택을 제대로 실행에 옮길 수 있는 혁신의 핵심역량이 필수이며, 이에 대한 경영진의 깊은 관심과 지속적인 계발이 중요하다.

9. 혁신 경쟁우위의 법칙이란

> 전략적 선택과 핵심역량이 결합되어 혁신 경쟁우위를 좌우한다.

혁신 리스크에 영향을 주는 두 번째 요소로 혁신 경쟁우위를 선정하였고, 그에 영향을 주는 두 가지 요소들로서, 전략적 선택과 핵심 역량을 소개하였다. 전략적 선택은 다시 4가지 측면에서의 전략들, 즉 타기팅, 타이밍, 프로세스, 비즈니스 모델에 대한 선택들로 구분해 보았다. 이 4가지가 혁신 전략의 모두는 아니지만, 그간의 혁신에 관한 연구들과 사례들에서 자주 언급되어온 중요한 사항들이다. 핵심역량은 이러한 전략적 선택들이 제대로 실행될 수 있는 기반이며, 이 필수 요건이 부족하거나 부적절하면 어떠한 좋은 전략도 무의미해진다. 이러한 혁신 경쟁우위를 위한 법칙을 다음과 같이 정의하여 본다.

경쟁우위의 법칙: 전략적 선택과 혁신의 핵심역량이 결합하여 혁신 경쟁우위를 결정하며, 이를 통해서 혁신 리스크가 좌우된다.

이러한 관계를 〈그림 3-4〉로 표현할 수 있다.

그림 3-4 혁신 경쟁우위의 인과관계

노키아는 아이폰의 등장으로 스마트폰 시장이 급격하게 성장하고 있던 2011년 초에 중대한 전략적 선택을 발표하였다. 자체적으로 개발해서 써오던 심비안 오퍼레이팅시스템os을 버리고, 그 대신에 마

이크로소프트MS의 윈도우폰 OS를 기반으로 스마트폰을 개발하기로 하였다. 노키아의 심비안 포기 발표는 스마트폰 시장에서의 자사 제품 점유율을 급격하게 끌어 내렸는데, 2011년 초에 차지했던 30%대의 점유율이 6개월 후에 3%로 곤두박질쳤다. 한때 모바일폰 시장의 거의 절반을 유지했던 경쟁우위가 1년도 안되어서 사라진 것이다. 이 발표로부터 9개월 후에 루미아800이라는 첫번째 윈도우폰 기반 신제품이 출시되었는데, 시장의 반응은 냉담하였다. 예정보다 늦게 등장한 루미아폰은 이미 시장을 지배하는 아이폰과 안드로이드폰의 2강 체제에 비해서 모든 면에서 열세였다. 안드로이드 대신에 MS를 선택한 것에 대해서, 이 결정을 했던 스티븐 일롭Stephen Elop CEO는 후에 이렇게 설명했다. "가장 중요한 단어 하나는 '차별화'였습니다. 안드로이드 체제에 후발로 참여하면, 차별화하기 어려웠습니다." 결국 이 하나의 전략적 선택은 2013년 말 노키아가 MS에 합병되는 결과를 낳고 말았다.13

혁신 전략을 단순히 경쟁자들에 비해서 뭔가 차별화된 것을 제공하는 것으로 오해하기 쉽다. 경영 전략에서 오랫동안 그것을 강조하고 가르쳐 왔고, 또한 많은 사례들 속에서 그것을 성공 요인으로 소개해왔기 때문이다.

그러나 섣불리 차별화된 것이 혁신의 리스크를 크게 높인다는 사실은 종종 간과되어 왔다. 특히, 혁신의 단계에서 초기의 가치창조 패턴이 지나가고, 경쟁이 가치증진의 패턴으로 바뀌게 되면, 차별화보다 더 중요한 것은 주어진 지배적 디자인 속에서 더 나은 성능과 혜택을 제공하는 것이다. 만약 노키아의 전략적 선택이 안드로이드 OS였고, 더 나은 디자인에 더 큰 화면과 높은 성능, 거기에 가격 경쟁력이었다면, 현재의 애플과 삼성의 2강 체제 대신에 3강 체제의 경쟁 구도가 되었을 수도 있다. 일롭의 '섣부른 차별화' 전략은 한때 세계 최고의 혁신 기업이라고 일컬어졌던 노키아의 역사에서 최악의 실수로 판정되었다.

이러한 실패 사례에 대해서 "당시의 상황에서는 그것이 최선의 선택이 아니었을까?"라고 생각할 수도 있다. 그러나 최선의 선택이 실패를 가져오는 이면에는, 모든 의사결정의 한계인 소위 '인지 편향'Cognitive Bias, 즉 현실을 왜곡해서 보게 되는 것이 자리하고 있다. 현재 일등 기업이라는 자부심이 이러한 현상을 촉진시키고, 특히 변화가 빠른 시장과 기술의 상황에서는 그러한 가능성이 높다. 따라서, 현명한 경영자일수록 자신이 가진 경험과 판단에 의존하기보다는, 있는 그대로의 현실을 먼저 파악하고, 그를 주변의 참모, 전문가, 그리고 고객이 제공하는 통찰과 결합하여, 겸허한 자세로 전략적 선택을 하여야 한다. 그 바탕에 기본적인 혁신의 원리와 길에 대한 깊은 이해와 성찰이 함께 한다면 성공가능성이 더욱 커지게 된다.

10. 리스크가 낮은 혁신이란

> 숨은 불확실성의 대비와 다재한Versatile 전략으로
> 혁신 리스크를 낮춘다.

이제 우리는 혁신의 리스크에 대한 결론을 짓는 단계에 도달했다. 이 장에서 혁신의 리스크가 어떻게 결정되며, 이를 통해서 리스크가

낮은 혁신이란 무엇인가를 알아 보았다. 그를 위해서 다음의 법칙을 도출할 수 있었다.

혁신 리스크의 법칙: 프로젝트 리스크가 낮고, 혁신의 경쟁우위가 높을 때 혁신의 리스크가 낮아진다.

이를 다음의 개념적 공식으로 표현할 수 있다.

$$\langle 혁신\ 리스크 \rangle = \langle 프로젝트\ 리스크 \rangle \div \langle 혁신\ 경쟁우위 \rangle$$

분자인 프로젝트 리스크가 우선적으로 혁신의 리스크에 영향을 주지만, 분모에 자리한 혁신이 가진 경쟁우위에 따라서 최종 혁신 리스크가 결정된다. 이 공식도 가치의 경우와 마찬가지로 수치를 대입에서 정량적 결과치를 얻을 수는 없다. 대신에, 어떤 조합의 혁신을 추진해야 하는가를 개념적으로 알려 주는데, 경쟁우위가 낮은 상황에서 높은 프로젝트 리스크의 혁신을 하는 경우일수록, 혁신 가치를 높이는 것 이상으로 혁신 리스크에 대한 대비와 적절한 전략이 필요함을 알려 준다. 이러한 관계를 〈그림 3-5〉로 표현할 수 있다.

그림 3-5 혁신 리스크의 인과관계

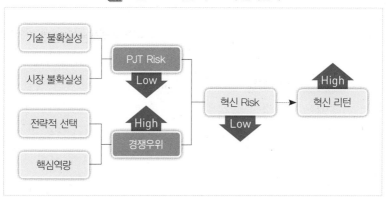

어떤 경우에 리스크가 낮은 혁신이 될 것인가? 위의 혁신 리스크의 법칙과 이제까지의 설명들을 한 마디로 압축한다면 다음과 같이 답할 수 있다.

"시장과 기술의 숨은 불확실성Hidden Uncertainties에 대비하고, 혁신 경쟁우위를 위한 '다재한 전략'Versatile Strategy을 통한 혁신이 리스크가 낮은 혁신이다." 숨은 불확실성이란, 사전에 충분히 그 존재를 파악하기 어렵거나, 혹은 리스크 요인임을 알지만 얼마나 큰 영향을 미칠지를 예측하기 어려운 경우이다.

시장의 경우에 가장 큰 불확실성은, 고객이 가지고는 있지만 쉽게 파악하기 어려운 요구들일 것이다. 따라서 전략적 선택에서 "어떤 고객층을 타깃으로 할 것인가"를 명확히 하고, 이 고객들이 가진 숨은 니즈와 요구를 깊이 있게 파악하는 것이 필요하다. 기술의 경우에는 신기술이 내재하고 있는 위험 요소들에 대해서 충분한 시간과 자원을 들여서 신중하고 정교한 사전 검증을 해야 한다.

다재한 전략이란, 한 마디로, '상황과 필요에 따라서 적절하게 대처하는 전략'을 의미한다. 시장과 기술의 불확실성이 클수록 이러한 전략이 필요하다.

크리스텐슨 교수는 이러한 전략을 '즉흥적 전략'Emergent Strategy이라고 표현하며, 그 필요성을 다음과 같이 설명하였다. "즉흥적 과정은 미래가 불투명한 상황, 올바른 전략이 불분명한 상황에서 강세를 보인다. 기업의 초기 국면이 이에 해당한다. 과거에 효력이 있던 방식이 미래에는 효과적이지 않을 수 있음을 암시하는 상황변화가 발생한다면 그럴 때마다 즉흥적 전략의 필요성이 대두된다."14

즉흥적 전략이란, 고정된 길을 따라 가는 것이 아니라, 상황의 불확실성을 줄여 가면서, 그에 맞는 적절한 길을 찾아 가는 것이다. 즉 홍적이라는 표현이 가져올 수 있는 오해를 줄이기 위해서, 우리는 다재한 전략이라고 부른다.

혁신 리스크의 법칙과 그 내부의 인과관계를 통해서 우리는 언제 혁신의 리스크가 낮아질 수 있는가를 알아 보았다. 다음 장에서 혁신 다이내믹스의 전체를 조망하고, 혁신 리턴을 높이기 위한 7가지 원칙들에 대해서 살펴 본다.

참고문헌

1. http://ko.wikipedia.org/wiki/삼성_갤럭시_노트_7_리콜_사태

2. http://news.naver.com/main/read.nhn?mode=LSD&mid=shm&sid1=105&oid=032&aid=0002747760

3. George S. Day, "Is It Real? Can We Win? Is It Worth Doing?: Managing Risk and Reward in an Innovation Portfolio," Harvard Business Review, December 2007

4. Philip Anderson and Michael L. Tushman, "Organizational Environments and Industry Exit, Industrial and Corporate Change," Vol. 10, 3, August 2001

5. http://www.segye.com/newsView/20180318004732

6. http://www.gereports.kr/tag/industrial-internet/

7. Raffaele Oriani and Maurizio Sobrero, "Uncertainty and the Market Valuation of R&D Within a Real Options Logic," Strategic Management Journal, 29, 2008

8. https://www.upi.com/Archives/1984/01/04/Eastman-Kodak-Co-Wednesday-entered-the-home-video-war/1074442040400/

9. https://en.wikipedia.org/wiki/Boeing_787_Dreamliner_battery_problems

10. Hillson, D., "Managing overall project risk," Paper presented at PMI® Global Congress 2014—EMEA, Dubai, United Arab Emirates. Newtown Square, PA: Project Management Institute, 2014

11. 박성칠, "Supply Chain 프로세스 혁신," 시그마인사이트컴, 2007

12. https://www.wired.com/story/musk-model-3-tesla-production-delays-january/

13. https://en.wikipedia.org/wiki/Stephen_Elop

14. 클레이튼 크리스텐슨, 마이클 레이너, "성장과 혁신," 딜로이트 코리아 역, 세종서적, 2005 (Clayton M. Christensen and Michael E. Raynor, "The Innovator's Solution," Harvard Business School Press, 2003)

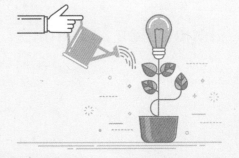

혁신 다이내믹스
Innovation Dynamics

CHAPTER
04

혁신 다이내믹스

지속 성장을 위한 혁신의 원리와 길

CHAPTER 04
혁신 다이내믹스

1. 혁신 다이내믹스란

> 혁신 가치가 높고 혁신 리스크가 낮을 때 혁신 리턴이 커진다.

앞에서 우리는 혁신의 가치와 리스크에 대해서 살펴 보았고, 이를 통해서 혁신의 가치가 높아질수록, 또한 혁신의 리스크가 낮을수록, 리턴이 높아질 수 있음을 알 수 있었다. 또한 혁신 가치와 리스크가 어떠한 주요 요소들로부터 영향을 받는가를 종합적으로 살펴 보았다. 이 장에서는 이러한 전체적인 혁신의 동적인 인과관계, 즉 〈혁신 다이내믹스〉에 대해서 살펴 본다. 먼저, 이러한 혁신 리턴에 관계된 종합적인 인과관계를 〈그림 4-1〉로 나타낼 수 있다.

📊 그림 4-1 혁신 리턴의 인과관계

혁신 다이내믹스의 원리는 다음의 7가지 원칙들을 제시한다.

① 혁신 리턴은 제공하는 솔루션의 가치가 높고, 혁신에 따른 리스크가 상대적으로 낮을 때에 커질 수 있다.
② 혁신 솔루션의 가치는 먼저 혁신의 대상이 되는 기회가 크고, 그에 대해서 제공되는 솔루션의 가치우위가 높은 경우에 커질 수 있다.
③ 혁신 기회는 고객의 중요한 요구들 중에서 아직 만족 수준이 낮은 경우를 대상으로 할 때 커지게 된다.
④ 가치우위를 높이기 위해서는 경쟁자들에 비해서 높은 혜택과 가격 경쟁력을 가진 솔루션을 제공해야 한다.
⑤ 혁신 리스크는 혁신 프로젝트가 안고 있는 리스크가 낮고, 경쟁자들에 비해서 높은 경쟁우위를 확보할수록 낮아질 수 있다.

⑥ 혁신 프로젝트의 리스크는 주로 시장과 기술이 가지고 있는 불확실성이 낮을수록 따라서 낮아진다.
⑦ 혁신 경쟁우위는 우월한 전략적 선택들과 그들을 제대로 실행할 수 있는 핵심역량이 결합되어서 높아지게 된다.

이러한 원칙들을 포괄적으로 아래의 개념적 공식으로 요약할 수 있다.

> 혁신 리턴의 공식:
> 〈혁신 리턴〉 = 〈혁신 가치〉 × {1 − 〈혁신 리스크〉}
> = 〈혁신 기회〉 × 〈가치우위〉 × {1 − 〈프로젝트 리스크〉 ÷ 〈경쟁우위〉}

혁신 기회가 크고, 솔루션의 가치우위가 높고, 프로젝트 리스크를 낮게 관리하고, 더불어서 혁신의 경쟁우위를 높게 되면, 그 결과로 혁신 리턴은 커지게 된다는 의미이다.

이렇게 4가지의 핵심요소들로 혁신의 결과를 설명하고자 하는 것이 혁신 다이내믹스의 원리이다. 이러한 핵심요소들에 대해서 어떤 전략과 방법을 통해서 혁신을 추진해야 하는가를 잘 이해할수록, 리턴이 큰 혁신이 가능하다. 다음 절부터 각각의 요소에 대해서 필요한 전략과 추진 방법에 대해서 살펴 보자.

2. 혁신 기회 발견Discover이란

> " 기회가 큰 곳에 높은 가치의 가능성도 있다. "

혁신의 리턴을 높이는 첫 번째 비결은 바로 "어떻게 큰 혁신 기회를 발견하는가?"의 답을 찾는 것이다. 이를 위해서는 다양한 전략들이 제시되어 왔는데, 혁신의 기회를 찾는 방법들을 크게 기술주도 Technology-Driven 혹은 Technology-Push 전략과 시장주도Demand-Driven 혹은 Market-Pull 전략으로 구분할 수 있다.

두 가지 전략들의 장단점이나 내용들은 여기서 소개하지는 않고, 대신에 우리는 시장주도적 접근의 한 방식인 '고객중심 프로세스'Customer-Centric Process에 초점을 두고자 한다. 앞의 혁신 가치 부분에서 언급한 것과 같이, 혁신 기회에서 가장 중요한 것의 하나가 바로 고객의 요구 사항과 그 수준이기 때문이다. 고객이 무엇을 원하는지, 왜 그것이 필요하고 중요한지, 나아가서 어떤 결과를 달성하기 위해서 그러한 요구가 존재하는지를 알수록 적절한 혁신의 기회를 포착할 수 있다.

고객중심 프로세스의 방법들은 대표적으로 고객의 소리VOC: Voice of Customers 방식, 포커스 그룹Focus Group 방식, 리드 유저 Lead User 방식, 오픈 이노베이션Open Innovation 혹은 크라우드소싱 Crowdsourcing, 그리고 최근의 디자인씽킹Design Thinking 방식들이 있다. 각각이 주어진 상황과 기업의 문화에 맞게 적용되면 장점이 있다. 어느 한 방식이 일반적으로 좋거나 나쁘다고 할 수는 없으나, 대개 직접적인 고객 인터뷰나 행동 관찰 등을 통해서 고객이 필요로 하는 것들을 찾아내어 기회를 찾는 방식들이다. 이러한 접근 방법들은 대개 고객 자신이 필요로 하는 것들을 잘 알고 있고, 이들에 대해서 더 높은 만족도를 원하고 있는 상황, 즉 주로 가치증진 혁신의 상황에서 유용하게 활용되어 왔다.

가장 최근의 디자인씽킹 방법은 미국 스탠포드대학의 캘리David Kelley 교수가 창업한 유명 디자인기업 IDEO가 고안한 것으로, 고객의 체험 과정을 직접 관찰하고 인터뷰함으로써 니즈를 발견하는 공감Empathy의 과정을 출발점으로, 정의-아이디어-프로토타입-테스트의 5가지 단계를 거쳐서 구성된다.[1]

이 방법이 유명해진 배경에는 미국 ABC방송국 인기 시사프로그램인 나이트라인에서 1999년에 방영한 '더 딥 다이브'The Deep Dive라는 프로그램이 있다.

이 프로그램에서 ABC는 IDEO에게 "새로운 쇼핑 카트를 디자인해보라"는 과제를 주고, 1주일 동안에 그를 실제로 수행하는 모습을 보여주었다. 그 첫 과정에서 IDEO의 디자인팀은 슈퍼마켓에 나가서 고객들이 어떻게 실제로 카트를 활용하고 있고 어떤 요구나 문제가 있는가를 조사하였다. 그리고 매우 혁신적이고 매력적인 새로운 디자인의 카트를 개발하였다.[2]

그러나 이 과정에서 우리는 매우 중요한 질문을 던져야 하는데, 그것은 바로 "과연 혁신의 기회가 큰 곳이 '더 나은 카트'인가?"라는 것이다. 우리가 흔히 하는 실수가 "이것을 혁신해 보자"에서 출발하는 것인데, 과연 쇼핑 카트가 우리에게 큰 혁신의 기회가 되는가를 먼저 생각해 보아야 한다. 이것이 모든 혁신의 초기에 반드시 필요한 절차인데, 흔히 간과되고 있다.

만약에 우리가 혁신의 기회를 '쇼핑 카트의 혁신'에 두는 대신에, '새로운 쇼핑 체험'에 맞춘다면 어떤 기회들이 있을까? 이를 위해서는 단순히 고객들이 기존의 카트를 어떻게 사용하는가를 보는 대신에, 고객이 쇼핑을 하는 동안에 겪는 다양한 과정과 절차들을 이해하고, 그 속에서 고객들이 가지고 있는 중요한 요구들을 파악할 것이다.

예를 들어서, 마트에서 흔히 겪는 어려움의 하나는, 내가 사려는 물건이 어디에 있는가를 찾는 것이다. 이때 카트의 디스플레이나 고객의 스마폰을 통해서 원하는 물건의 위치와 정보 등을 제공해 준다면 좋을 것이다.

또한, 사전에 사려는 물건들의 쇼핑 리스트를 만들어서, 이를 스마트폰 앱으로 전송하면, 카트나 스마트폰에 최적의 쇼핑 경로, 각 물건의 위치와 추천 정보들을 제공해 주면 좋을 것이다. 이렇게 기존에 없는 숨은 요구들과 기회들을 찾으면, 그곳에서 더 높은 가치의 혁신 솔루션을 발굴할 수 있을 것이다.

고객이 단순히 원하거나 필요하다고 말하는 것들을 뛰어 넘어서, 어떻게 더 깊은 고객의 요구들을 발견할 수 있을까? 특히, 가치창조 혁신을 통해서 기존에 없는 새로운 가치의 축을 제공하기 위해서는, 어떻게 숨어있는 혁신의 기회를 발견하는 것이 좋을까? 이의 해답을 위해서는 기존과 조금 다른 기회 발견의 전략과 방법이 필요하다.

다행히 이를 위한 좋은 전략과 방법이 이미 제시되어 있고, 실전에서 20년 이상 활용된 사례들도 있으므로, 이를 5장에서 상세하게 소개하기로 한다.

"어디에서 큰 혁신의 기회를 발견할 수 있을까?"의 답을 찾는 것이 혁신의 가치를 높이기 위한 출발점이다.

3. Discover 사례

"1년 만에 한 자릿수 미만 점유율에서 두 자릿수 점유율이
되었습니다." - 허스만사의 임원 -

미국의 허스만Hussmann사는 1917년 세계 최초로 얼음과 소금을
사용하여 육류 제품을 저장하고 전시할 수 있는 냉장 디스플레이 박
스Display Box의 특허를 받은 기업이다. 100년이 지난 현재에도 다양
한 소매업소용 냉장박스들을 개발하고 판매하고 있다. 더 나은 에너
지 효율을 위해서 2005년부터 신기술인 LED조명을 활용한 새로운
냉장박스를 개발하였는데, 출시 후 4년이 지나도록 변변한 매출을
올리지 못하고 있었다. 냉장 상품들과 냉동 식품들을 전시하는 LED
냉장박스는 유지관리비를 절감할 수 있는 제품이지만, 편의점이나
슈퍼마켓 경영진들은 그것에 크게 관심을 보이지 않았다. 초기 구입
비가 형광등을 사용하는 기존의 냉장박스보다 비싼 것이 걸림돌이
었다.[3]

고민 끝에 허스만사는 혁신 컨설팅회사인 Strategyn을 고용하여
LED 냉장박스의 혁신을 새롭게 추진하기로 하였다. 혁신팀은 기존
의 방식과 다른 새로운 방식으로 혁신의 기회를 찾기로 했는데, 기존
에 주로 냉장박스를 구매하는 담당자들로부터 요구사항들을 파악했
던 것에서 벗어나서, 박스에 들어갈 물건들을 구매하는 담당자들, 구
매부문 임원들, 그리고 최종적으로 냉장박스에서 물건을 구입하는
쇼핑객들까지 확대해서 요구사항들을 파악하였다. 그 결과, 혁신팀

은 무려 300개에 달하는 매우 상세한 고객 요구사항들을 파악했다. 혁신팀은 이 요구들 중에서 134개를 선정하여 우선순위를 분석하였는데, 총 102개의 요구들에 대해서 현재 고객의 만족도가 낮은 수준임을 파악하였다.

만족도가 낮은 요구들 중에서 다시 조명과 관련된 요구들을 분석해 보니, 8개의 사항들이 도출되었다. 예를 들어서, 쇼핑객들은 조명이 냉장박스의 내부를 골고루 비추기를 원했고, 구매담당들은 제품들의 색상이 원본대로 잘 표현되기를 원했다. 기존 냉장박스의 형광등으로는 이러한 요구들을 충분히 만족시키기가 어려웠던 것이다. 혁신팀은 이 8개의 기회들에 대해서 집중적으로 아이디어와 필요한 사양들을 도출했고, 더불어서 기존의 LED 냉장박스에 비해서 비용을 증가시키지 않고 문제를 해결할 수 있는 길들을 찾았다. 이렇게 해서 새로운 조명 디자인이 적용된 '이코샤인'Echoshine이라는 신제품이 탄생하게 되었다.

이코샤인은 출시되자 바로 큰 호평을 받았는데, 다른 냉장박스들에 비해서 내부의 상품들이 골고루 선명하게 눈에 띄었고, 눈부심이 줄어들고, 또한 물건의 색상들이 제대로 표현되어, 쇼핑객들로 하여금 이전보다 더 높은 호감과 구매의욕이 생기도록 한 것이다. 연간 매출이 4천달러로 미미한 수준이었던 제품이 1년 만에 무려 4천만달러라는 놀라운 매출을 기록하였고, 이코샤인 냉장박스 시리즈는 오늘날까지도 효자 제품으로 승승장구하고 있다. 더 큰 비용과 노력의 증가가 없이, 다만 새로운 고객의 요구들을 기반으로 한 혁신 기회를 제대로 발견한 것으로 기적과 같은 리턴을 얻은 것이다. 이코샤인은 단순히 전기 비용을 절감하는 혁신 제품이 아니라, 그를 구입하여 사용하는 고객들에게 더 높은 매출과 최종 쇼핑객들에게 더 나은 체험을 제공하는 혁신 솔루션이었던 것이다. 허스만의 혁신담당 임원은 이렇게 말했다. "우리는 이제까지 냉장박스를 팔았지, 이러한 판매 솔루션Retail Solution을 팔 생각을 못했습니다." 허스만사의 홈페이지에 올려진 한 고객사의 성공 사례에는 이러한 증언이 있다. "우리 고객들은 LED 조명을 특별히 느끼지는 못하겠지만, 그러나 다른 매장과 우리 매장의 차이는 확실히 느낄 겁니다. 그들은 우리 상품의 색상, 진열, 청결함, 그리고 안전성을 좋아할 것입니다. 고객들이 직접 LED 조명이 쇼핑 체험을 높이고 있음을 알지는 못하지만, 어쨌든 우리 매장에서 더 쇼핑을 하고 싶어할 것입니다."[4]

허스만사는 이 성공의 경험을 토대로, 새로운 서비스사업으로 영역을 넓혀가고 있다. '리테일 퍼포먼스 관리'Retail Performance Management 서비스는 소매업을 하는 고객들에게 그들의 자산을 최적으로 활용하는 방법을 지도하고 도와주고 있다. 예를 들어서, 에너지 비용, 상품의 전시, 그리고 냉장 설비들의 효율 등을 향상시킬 수 있게 자문을 해준다. '리테일 최적화'Retail Optimization 서비스는 턴키Turnkey방식으로 스토어 전체의 배치부터 비용절감, 그리고 운영에 필요한 다양한 노하우를 제공하는 사업이다. 100년 전에 단순히 육류와 우유 등 냉장이 필요한 상품들을 더 오래 보관하기 위한 박스를 만드는 것에서 출발하여, 긴 혁신의 여정 후에 종합적인 리테일 매장의 전문 컨설팅업으로 성장을 지속하고 있다.[5]

허스만사의 사례에서 볼 수 있듯이, 같은 기술과 제품이라도, 혁신을 하는 초기에 어떤 기회를 주요 타깃으로 하는가가 최종 결과에 커다란 차이를 만들어 낸다. 많은 경우에 이러한 초기의 기회발견 과정을 그다지 중요하게 생각하지 않거나, 이미 우리에게 잘 알려져 있던 문제나 요구를 기회로 가정하고 출발한다. 그렇게 출발점이 잘

못 잡히게 되면, 그 이후의 과정이 아무리 잘 진행되더라도 결국에 얻어지는 결과는 기대에 미치지 못하게 된다. 허스만사가 그것을 알기까지 무려 4년이라는 시간을 어렵게 보낸 것처럼, 많은 혁신의 고통과 어려움은 애초에 부적절한 기회를 대상으로 한데서 시작된다.

허스만사의 Discover 전략은 "다양한 고객들로부터 최대한의 요구사항들을 찾아내고, 이들 중에서 중요하지만 만족스럽지 않은 요구들을 분석하여, 거기에서 혁신의 기회를 발견하는 것"이며, 혁신 기회가 커야만 혁신 가치도 높을 수 있음을 시사한다.

4. 가치우위 창출 Create 이란

> 가치우위를 창출하기 위해서 4가지 요소들을 혁신한다.

혁신의 가치를 높이는 두 번째의 비결은 "어떻게 솔루션의 가치우위를 높이는가?"의 답을 찾는 것이다. 이 답을 찾기 위해서 여러 가지 방법들과 아이디어들이 존재하지만, 여전히 더 나은 해법과 비결이 필요한 질문으로 남아 있다.

만약 혁신의 프로세스에서 일관되게 이의 올바른 해답을 찾을 수 있는 길이 있다면, 현재의 수준보다 월등히 높은 성공률을 보이게 될 것이다. 그렇다면 혁신의 가치우위는 어떻게 얻어지는 것일까? 그를 위해서 먼저 가치우위에 영향을 주는 다음의 4가지 요소들에 대하여 다시 살펴 보자.

① 기술적 성능Technological Performance : 모든 솔루션의 상대적 가치우위는 얼마나 성능면에서 다른 대안들에 비하여 우수한가를 놓고 판단이 된다. 기본적으로 고객이 기대하는 성능면에서 우위가 없다면, 다른 요소들이 아무리 뛰어나더라도 그 가치를 높이 평가받기는 어렵다. 특히, 기술혁신을 통한 새로운 솔루션이라면 우선적으로 필요한 가치우위의 요소는 기술적 성능이 될 것이다.

② 사용자 경험User Experience : 기술적 성능이 우수하더라도 디자인이 떨어지고 사용이 불편하거나 복잡하면 그 가치는 상대적으로 성능만큼 높이 평가되기 어렵다. 고객이 쉽고 빠르게 사용하거나, 이전에 비해서 더 편리하게 원하는 결과를 달성하도록 해준다면, 상대적으로 높은 우위를 얻게 된다. 높은 기술적 우위를 가지고 세상에 출시되었던 혁신 제품들이 사용자 경험에서 복잡하고 어렵다는 이유로 실패한 경우가 많다.

③ 네트워크 효과Network Effect : 사용자 베이스User Base가 클수록, 즉 같은 솔루션을 사용하는 사람들이 많을수록, 그 솔루션의 상대적 가치우위가 높아지는 것을 네트워크 효과, 혹은 네트워크 외연성Network Externality이라고 한다. 제품이나 서비스만으로 가치가 평가되는 것이 아니라, 그것을 얼마나 많은 사람들이 함께 사용하는가에 따라서 가치가 올라가는 현상으로, 대표적인 예가 소셜 네트워크 서비스이다. 또한 사용자 베이스와 동시에 얼마나 보완재Complementary Goods가 풍부한가도 네트워크 효과를 높이는 요소이다. 보완재란 제품에 추가로 가치를 높여주는 다양한 주변 제품이나 서비스들을 의미한다.

④ 가격Price : 위의 세 가지 요소들이 고객에게 제공되는 혜택Benefits을 결정하는 것들이라면, 가격은 상대적으로 낮을수록 이러한 혜택의 가치를 올려주는 지렛대라고 할 수 있다. 물론, 무작정 낮은 가격은 도리어 가치우위를 떨어뜨리는 역효과를 낳을 수도 있다. 따라서, 고객이 인정하는 혜택에 어울리는 '가격 경쟁력'이 가치우위에는 도움이 된다고 할 수 있다.

어떻게 혜택을 높이고 가격 경쟁력을 올릴 수 있을까? 〈그림 4-2〉의 4가지 요소들에 대해서 더 나은 무언가를 반드시 제공해야만 한다. 앞서 발견한 혁신 기회에 대해서 높은 가치우위를 가진 아이디어를 찾으려면, '성능과 품질이 높고, 사용하기 좋고, 보기에도 좋고, 많은 사람들이 찾는, 비용이 낮은 솔루션'을 찾아내야 한다.

쉽지 않은 일이지만, 우리가 일반적으로 사용하는 브레인스토밍 Brainstorming을 조금 더 업드레이드하면 충분히 좋은 결과를 도출해 낼 수 있다. 7장에서 이러한 과정을 소개하고자 한다.

그림 4-2 가치우위의 4가지 요소들

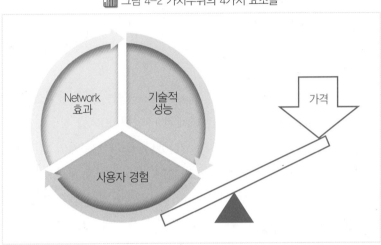

최종적으로 솔루션 아이디어를 선정하기 위해서 좋은 전략은 새로운 솔루션이 얼마나 높은 가치우위를 가질 것인가를 미리 추정해 보는 것이다. 이 솔루션의 예상 가치우위는 얼마이며, 과연 시제품 단계까지 개발해 볼 만한 가치가 있는가? 이 질문의 해답을 위해서는 우리가 제공하려는 솔루션이 얼마나 고객에게 더 큰 만족도를 제공할 것인지를 알아야 한다. 그리고 그 새로운 만족도를 기반으로 고객이 기존에 느끼고 있는 만족도와의 상대적인 비교를 한다면, 새로운 솔루션이 얼마나 높은 우위를 가질 것인가를 추정해 볼 수 있다. 7장에서 이를 위한 유용한 방법도 소개될 것이다.

가치우위가 높은 솔루션을 위해서 기술적 성능-사용자 경험-네트워크 효과-가격 경쟁력의 4가지 요소들을 혁신한다.

5. Create 사례

> "
>
> "가난한 사람들까지 포함한 모두를 고객으로 삼는 것이 우리
> 아이디어입니다." - 잉그바르 캄프라드, IKEA 창업자 -
>
> "

스웨덴의 잉그바르 캄프라드Ingvar Kamprad는 가구 산업을 혁신한 IKEA의 창업자이다. 1943년 17세의 나이에 IKEA를 창업해서, 삼촌의 식탁을 카피한 제품을 팔기 시작했다. 초기에는 지역 업체들로부터 가구를 조달했는데, 너무 싼 가격에 파는 것에 업체들이 반발하자, 스스로 가구 디자인을 하게 되었다. 낮은 가격에 높은 디자인의 가구를 만들자니 당연히 뭔가를 희생해야 했는데, 그의 아이디어는 최소한의 부피로 포장해서 고객이 스스로 배송과 조립을 하도록 하는 것이었다. 이렇게 탄생한 것이 혁신적 가구의 디자인과 유통 방식, 즉 '플랫팩'Flat Pack이다. 누구나 저렴한 가격에 디자이너 가구를, 스스로의 노력을 들여서 소유할 수 있는 혁신적 가구 비즈니스를 창출한 것이다. 현재 전 세계 379개의 스토어에서 연간 40조원이 넘는 가구를 판매하고 있다.[6]

IKEA가 제공하는 것은 단순히 더 싸고 좋은 가구만이 아니다. IKEA에서의 쇼핑은 일종의 나들이와 같다. 가구만을 사러 가는 것이 아니라, 가족과 친구들이 함께 놀러 가서 즐거운 경험을 하고 오는 것이다. 스토어들은 모두 도심으로부터 떨어져 땅값이 싼 곳에 자리하고, 대신에 넓은 주차와 매장 공간을 제공한다. 가구들이 실제 방에 배치된 것과 같은 디스플레이 공간들, 미로와 같은 설계로 호기심

을 자극하는 동선들, 아이들을 위한 놀이공간, 스토어 안의 카페, 그리고 고객어 선택한 플랫팩을 직접 꺼내서 계산할 수 있는 넓은 창고 등, 가구를 선택하여 가지고 나오는 전체의 과정이 하나의 공간에서 이루어진다. 고객이 느끼는 가치는 단순히 '더 좋은 가구를 싸게'가 아니라, 다른 가구점에서는 전혀 얻을 수 없는 '다양한 혜택을 낮은 가격에'라는 체험이다.[7]

디자인이 더 뛰어나고, 재질이 더 좋고, 집까지 완성품을 배달해 주는 가구점들에 비해서는 물론 혜택이 낮다고 할 수 있다. 대신에, 유럽풍의 단순한 디자인과 다양성을 선호하는 젊은 고객들에게는 IKEA의 혜택이 상대적으로 높다. 스타일과 스스로 가구를 조립하는 재미가 결합되어서, IKEA에서만 누릴 수 있는 고객 가치를 만들어 낸 것이다. 하버드 경영대학원의 마이클 노튼Michael Norton 교수와 그의 팀은 '이케아 효과'The IKEA Effect라는 보고서에서, 고객들이 가구를 옮기고 조립하는 수고를 비용으로 생각하기보다는, 역설적으로 자신이 만든 가구의 가치를 더 높이는 것으로 생각한다고 하였다. IKEA의 슬로건이 말하듯이, "당신은 당신 역할을 하고, 우리는 우리 역할을 합니다. 다 함께, 돈을 절약합니다."이다.[8]

IKEA는 끊임없이 더 나은 고객 체험을 위해서 혁신을 지속하고 있다. 인터넷 페이지를 통한 "클릭 후 콜렉트"Click and Collect로 온라인 주문을 하고 어디서 가구를 픽업할지를 결정할 수 있다. 가구만이 아니라 냉동된 음식들도 집으로 싸가지고 올 수 있다. 스토어에서 추가로 음식을 제공하는 서비스는 코스트코Costco나 다른 유통분야에서 열심히 따라 하고 있다. 배송과 조립을 대행하는 외부 협업도 하고 있고, 최근에는 가상현실을 활용한 서비스도 시험하고 있다고 한다.

고객의 감성과 경험을 더 만족시킴으로써, 단순히 가성비가 높은 가구를 제공하는 유통업체가 아니라, 새로운 가치 창출을 통해서 지속적으로 성장해 나가는 혁신의 아이콘이 되고자 하는 것이다.

혁신 다이내믹스에서 두 번째의 핵심 요소인 '가치우위가 분명한 솔루션', 그리고 이를 위해서 반드시 필요한 'Create 전략'을 IKEA는 가장 잘 적용하고 있다.

고객이 누리는 혜택을 단순히 제품에서만 찾지 않고, 다양한 채널과 프로세스에서 도출하여 만족시키고 있다. 대신에, 그를 위해서 기업과 고객이 부담해야 하는 비용을 최대한 낮출 수 있는 방법을 찾는다. 제품의 디자인과 패키징에서만이 아니라, 비용이 발생하는 모든 요소들에서 수많은 아이디어들을 찾아내서, 그를 실천하고 있다. 2018년 91세로 작고한 창업자 캄프라드는 그의 글에서 이렇게 언급하였다.[9]

"어떤 문제이든 간에 비싼 솔루션은 대개 평범하게 일을 한 결과입니다…. 솔루션을 선정하기 전에 비용도 따져 보십시오. 그리고 나서야 비로소 그것의 가치를 온전히 결정할 수 있습니다…. 왜 이렇게 하는가에 항상 의문을 가짐으로써 새로운 길을 찾을 수 있습니다."

IKEA의 Create 전략은 "고객의 다양한 경험에서 최선의 만족을 추구하되, 최저의 비용을 통해서 그를 달성한다."라고 할 수 있으며, 그것은 혁신 솔루션의 가치우위가 분명하고 높아야 비로소 혁신 가치가 높아질 수 있음을 의미한다.

6. 리스크 관리Manage란

> 리스크 관리는 불확실성을 낮추거나 대응하는 것이 핵심이다.

혁신의 리스크를 관리하기 위해서 답을 찾아야 할 첫 번째 질문은 "어떻게 적절히 기술과 시장의 불확실성에 대해서 대응하는가?"이다. 두 가지의 불확실성이 클수록 혁신 프로젝트의 리스크가 증가하고, 리스크의 증가는 곧바로 리턴에 대한 부정적 영향을 의미하기 때문이다. 불확실성을 적절히 낮추거나 대응하기 위해서 먼저 기술과 시장 각각의 불확실성은 주로 어디에서 오는가를 살펴 보자. 먼저, 기술적 불확실성을 증가시키는 요인들은 무엇인가를 알아 본다.

기술적 불확실성은 크게 두 가지 요인들에서 나타난다고 할 수 있다. 첫째는, 기존의 기술과 얼마나 변화의 정도가 큰가, 즉 기술적 새로움Newness이 한 요인이다. 과거 아날로그 기술에서 디지털 기술로 바뀌는 과정에서 많은 아날로그 기술 기반의 기업들이 퇴출되었는데, 기술적 새로움이 클수록 기업의 기존 핵심역량이 경쟁력을 높이는 자산이 아니라, 거꾸로 변화를 어렵게 만드는 제약으로 작용하게 된다. 둘째는, 기술적 변화의 속도Speed가 빠를수록 불확실성이 상대적으로 증가하게 된다. 아날로그 시대의 신기술과 신제품의 사이클에 비해서 디지털 시대의 신기술과 신제품의 사이클은 매우 짧아졌는데, 이러한 기술수명주기의 단축이 불확실성을 높이는 원인이 된다. 이 두 가지 요인들을 정량적으로 파악할 수는 없겠지만, 이 요인들이 증가할수록 기술적 불확실성도 높아지게 된다.

시장의 불확실성도 크게 두 가지 요인들에서 온다고 할 수 있다. 첫째는, 주요 고객이 누가될 것인가에 따른 불확실성으로, 시장이 기존과 달라질수록 이 불확실성이 커지게 된다. 기술적으로 크게 새롭지 않은 제품과 서비스라고 하더라도 이전과 속성이 매우 다른 신흥 시장으로 진출하는 경우에, 기존 시장에서의 경험과 노하우가 그대로 적용되지 않거나 사전에 예상하지 못한 제약들로 실패하는 경우가 많다. 둘째는, 실질적인 고객의 수요가 얼마나 될 것인가의 예측이 어려울수록 불확실성이 증가한다. 3장에서 소개한 앤더슨과 투쉬만의 연구에서와 같이, 수요의 변동성이 클수록 불확실성이 커지는데, 이러한 상황에 대해서 크리스텐슨 교수도 "존재하지 않는 시장은 분석할 수 없다."는 원칙을 제시했다. 실제 고객이 누구인가와 그 시장의 수요가 어느 정도인가의 예측이 어려울수록 시장의 불확실성도 높아진다.

이러한 불확실성을 낮출 수 있는 전략은 무엇일까? 불확실성이 낮은 경우에는, 충분히 사전에 정보를 입수하고, 분석하고, 이를 기반으로 정교한 계획을 세워서 프로젝트를 추진할 수 있다. 흔히 이러한 프로세스의 대표적 방법을 '스테이지-게이트'Stage-Gate방식이라고 하는데, 많은 가치증진 혁신들이 이러한 방식을 적용하고 있다. 그러나 불확실성이 큰 상황, 특히 가치창조 혁신을 추진하는 경우에는, 이와 다른 새로운 방식을 택하는 것이 좋다. 근래에 가장 관심을 끌고 실제 활용되고 있는 방식은 '린 스타트업'Lean Startup방식인데, 성공에 필요한 가정들Assumptions을 세우고, 최소기능제품 MVP(Minimum Viable Product)를 토대로 고객이 실제로 원하는 것들을 빠르고 싸게 테스트하면서, 적절한 시점에 빠르게 진로와 목표의 전환을 하거나Pivot 혹은 기존의 진로를 지속Persevere하면서 최종 솔루션을 개발하는 과정이다.[10] 결국, 불확실성이 높은 경우에 그것을 적절히 대응하는 비결은, 더 많은 조사나 정보 수집이 아니라, 가급적 빠른 시간과 적은 노력으로 불확실성이 낮아지도록 만드는 프로세스를 따라서 일을 하는 것이다.

혁신 프로젝트에 영향을 미치는 기술과 시장의 불확실성들에 대해서 얼마나 적절하게 대응하고, 또한 상황과 필요에 따라서 어떠한 프로세스를 적용하는가가 매우 중요하다. 기술과 시장이 기존과 달라질수록 반드시 불확실성은 커지고, 그에 따라서 프로젝트의 리스크도 증가하는데, 많은 실패 사례에서 발견되는 것은 기존과 가까운 기술과 시장에 대해서 쓰이는 전략과 프로세스를 그대로 적용했다는 것이다. 언제 어떠한 전략과 프로세스가 불확실성이 큰 경우에 필요한가를 사전에 이해하고, 그를 적절하게 구사할 수 있는 능력이 혁신 리스크를 관리하는 데에 필수이다. 8장에서 이에 대한 적절한 방법을 알아 보기로 하자.

기술과 시장이 새로울수록 불확실성은 커지게 되고, 불확실성이 커질수록 그에 대한 적절한 준비와 대응이 필요해진다.

7. Manage 사례

> "키티호크가 뜬다면 아주 높이 날겠지만, 만약 추락한다면 엄청난 참사가 될 것입니다." - HP사의 키티호크 개발임원 -

    HP Hewlett-Packard사는 1991년 키티호크Kittyhawk라는 초소형 하드디스크의 개발에 착수했다. 드라이브의 직경이 1.3인치3.3센티미터이고, 저장 용량이 20메가바이트인 당시로서는 파격적인 성능과 디자인의 혁신 제품이었다. 당시의 첨단 제품은 2.5인치 드라이브였으나, 이 시장에서 HP는 별다른 성과를 내지 못하고 있었다. 갈수록 치열해지는 하드디스크 시장경쟁에서 HP는 파격적 혁신을 통하여 신시장을 개척함으로써 선두주자로의 도약이 절실했다. 출시 후 2년 만에 1억달러의 매출을 올리는 것을 목표로 키티호크 프로젝트는 CEO의 전폭적인 후원하에 출발하였다.

    계획된 개발 기간인 12개월 후, 목표 시점인 1992년 6월에 맞추어 키티호크는 성공적으로 출시되었다. 가격은 250달러로 다른 하드디스크들에 비해서 높았지만, 타깃 시장으로 삼은 PDAPersonal Digital Assistant의 높은 예상 수요로 인하여 충분히 목표한 리턴을 달성할 것으로 보였다. 그러나 기대와 달리 PDA 시장은 크게 성장하지 못하였고, 게다가 키티호크의 가격은 PDA 제조사들의 기대보다 높은 수치였다. 결국 키티호크는 2년간의 고전 끝에 사업의 철수를 결정하게 되었고, 훗날 HP가 하드디스크 사업 전체를 포기하게 된 원인이 되고 말았다.[11]

키티호크는 이전의 기술과는 매우 다른 새로운 유형의 기술들, 예를 들어서 새로운 디스크 재질기존의 알루미늄 대신 유리, 컨트롤용 칩Chip들, 그리고 3-피트Feet에서 떨어져도 충격을 이겨낼 수 있는 기술 등이 필요했다. 다행히 HP의 기술력은 이러한 새로운 요구들을 충분히 구현해낼 수 있는 수준이었으나, 제조에 필요한 역량은 부족해서 이 부분은 일본의 시티즌 시계로부터 아웃소싱Outsourcing을 하기로 하였다. 프로젝트의 기술적 불확실성은 높은 편이었으나, HP 내의 최고 엔지니어들을 모으고, 이들을 기존 조직으로부터 완전히 독립되게 운영함으로써 그에 대처를 하였다.

HP가 했던 가장 큰 실수는 시장의 불확실성에 대한 대응이었는데, 향후에 매우 큰 시장으로 성장할 것이라고 대부분이 예상했던, 그러나 그 가능성이 매우 불확실했던, PDAPersonal Digital Assistant 시장을 타깃으로 삼은 것이었다.

애플을 비롯해서 IBM, AT&T, HP 등 당시 모든 메이저 컴퓨터 제조업체들이 PDA의 개발에 주력하고 있었는데, 저장 용량에 비해서 가격이 10배나 비쌌던 플래시 메모리에 비해서 키티호크가 이 시장에서 경쟁우위가 있을 것으로 예상되었다. 그러나 굳게 믿었던 PDA시장은 기대와 달리 성장하지 못했고, 결국 이 수요를 믿고 개발된 키티호크의 매출도 목표의 10%대에 머물렀다. 기존의 시장과 현저하게 다른, 그리고 현재 존재하지 않는 미래의 신시장에 대해서, 기존의 시장에 대한 요구와 수요를 예측하는 방식으로 접근했던 것이 실패를 가져온 원인이었다.

애당초 키티호크에게는 더 큰 잠재적 수요가 존재하고 있었는데, HP 개발임원들이 1991년 가전쇼에서 보았던 닌텐도사의 게임기였다. 닌텐도 마케팅 임원에게 키티호크 같은 저장장치를 사용할 수 있는지 묻자, 그는 이렇게 대답했다. "물론이지요. 소프트웨어 개발자의 꿈은 더 많은 용량을 가진 저장장치입니다. 대신에 가격이 싸야만 합니다. 만약 50달러짜리 장치를 만들어 주시면 사겠습니다." HP 임원들이 다시 물었다. "게임기가 얼마나 많이 팔립니까?" 그에 대한 답은, "크리스마스 시즌이면 보통 하루에 150만대가 팔립니다."였다. 그러나 안타깝게도 HP는 이 거대한 수요를 외면하고, 자신들이 가진 최고의 기술과 성능이 담긴, 그러나 가격으로 인해서 큰 수요가 없는 혁신 제품을 개발하였다. 개발팀의 애초 목표는 '싸고 작은 디스크의 개발'이었으나, 더 높은 기술적 사양에 대한 의욕이 결국 이 목표에서 벗어나게 만들었다.

1994년 키티호크 개발담당 임원은 제품의 단종을 발표하면서 다음과 같이 말했다. "HP의 개별 사업부는 각자 좋은 전망을 가진 핵심 시장에 집중해왔습니다. 이러한 시장에서 기대만큼 성과가 없으면, HP는 추가적인 리스크를 최소화해야 하고, 따라서 이러한 어려운 결정을 내리게 되었습니다." 그러나 키티호크가 실패한 진정한 원인은, 기대했던 PDA 시장이 성장하지 않았기 때문이 아니라, 혁신 프로젝트가 안고 있는 시장의 불확실성을 제대로 관리하지 못했기 때문이다. 이 불확실성을 인지하고, 그것을 최소화할 수 있는 타깃을 선정하고, 그 타깃에 대해서 사전에 빠르게 테스트하고 검증을 거쳐서 추진했다면, 매우 큰 성공사례가 될 수도 있었을 것이다.

HP사의 Manage 전략은 "커질 것으로 예측되는 시장을 대상으로 그에 필요한 최선의 기술적 사양을 가진 첨단 제품을 개발한다."라고 할 수 있는데, 시장과 기술의 불확실성이 커질수록 혁신 프로젝트의 리스크도 커지게 되고, 결국 혁신 리턴이 기대에 미치지 못하게 됨을 간과하였다.

8. 경쟁우위 확보Achieve 란

> 경쟁우위 확보를 위해서 4가지 요소들을 고려한다.

혁신 리스크의 두 번째 질문은 "어떻게 혁신의 높은 경쟁우위를 확보하는가?"이다. 경쟁우위는 매우 다양한 전략적 선택들과 이의 실행에 필요한 핵심역량에 의해서 좌우된다. 우리는 다음의 4가지 전략적 요소들을 중점적으로 고려하고자 한다.

① 타기팅 전략Targeting Strategy : 혁신 솔루션이 최초로 진입할 시장으로, 제프리 무어Jeffrey Moore는 이것을 '교두보 시장'Beachhead Market, 즉 "초기 제품이나 서비스의 레퍼런스References가 형성되는 곳이며 제대로 된 제품이나 서비스가 되기 위한 변경들이 이루어지는 테스트 베드Test Bed"라고 정의했다.**12** 혁신의 경쟁우위는 대개 초반에 얼마나 크고 빠르게 교두보에서의 환영과 찬사를 얻는가에 달려 있다. 따라서 적절한 초기 교두보 시장을 선정하기 위한 타기팅이 무엇보다 중요한 경쟁우위 전략의 하나이다. 크리스텐슨 교수는 이것을 혁신 솔루션이 진출하는 시장의 초기 '발판'Foothold이라고 표현하였다.

② 타이밍 전략Timing Strategy : 타기팅이 제대로 설정되었더라도, 그곳에 도착한 시점에 이미 고객들이 다른 '해변'으로 떠났거나, 다른 솔루션이 이미 도착해서 고객들의 찬사를 받고 있다면 별로 의미 없는 것이 된다. 따라서 타깃과 더불어 '언제 그곳에 도착할 것인가'를 올바르게 선택하는 것도 중요하다. 너무 일찍 도착해도 미처 고객들이 그곳이나 주변에 있지 못하고, 너무 늦으면 고객들이 다른 곳이나 솔루션을 찾아 떠나 버리게 된다. 따라서 적절한 타이밍에 적합한 타깃에 도달하는 것이 경쟁우위 전략의 생명이다.

③ 프로세스 전략Process Strategy : 혁신의 패턴에 따라서 어떤 방식의 프로세스로 혁신을 추진하는가 역시 혁신의 경쟁우위에 영향을 주게 된다. 예측과 계획에 기반한 추진 방식이 유리한 경우도 있지만, 주어진 혁신의 상황에 따라서는 실행과 학습에 따라서 유연하게 프로젝트가 추진되는 것이 더 나

은 경우도 있다. 애초의 계획이 잘못된 가정과 예측에 기반한 것임에도 불구하고, 지나치게 계획 대비 추진 실적만으로 혁신을 드라이브하면, 도리어 이 프로세스가 불확실성을 더 확대하고, 결국 혁신 리스크를 키우는 결과를 낳게 된다.

④ 비즈니스 모델 전략Business Model Strategy : 혁신 솔루션의 가치가 때로는 그와 더불어 제공되는 새로운 비즈니스 모델의 탁월함으로 인해서 증폭되기도 한다. 대표적인 예가 아이폰에 결합된 앱 생태계이다. 만약 이러한 생태계가 없이, 기존의 방식처럼 하드웨어에 사전 탑재된 소프트웨어로만 등장했다면, 과연 시장이 그토록 열렬히 환영했을지는 의문이다. 21세기 혁신의 트렌드 중 하나는 이러한 비즈니스 모델의 혁신을 동반함으로써 고객에게 이전에 비해서 매우 높은 경쟁우위를 가진 솔루션을 제공하는 것이다.

이러한 4가지 요소에서의 우월한 전략들이 종합적으로 혁신의 경쟁우위에 영향을 주게 된다. 물론, 이외에도 중요한 요소들의 많이 있으나, 혁신 분야에서 중요하게 다루어져 온 요소들을 선정해 보았다. 이들에 대한 방법들을 8장에 살펴 본다.

전략적 선택과 더불어서 중요한 것은 바로 얼마나 효율적이며 효과적으로 이들을 실행할 수 있는가, 즉 핵심역량의 유무이다. 혁신 전략에 필요한 핵심역량을 위해서는 두 가지의 결합이 필수적인데, 그들은 역량 확보를 위한 투자와 경영진의 관심이다. 아무리 좋은 전략도 역량 확보를 위해서 투자가 따르지 않고, 거기에 경영진이 별로 관심을 두지 않게 되면 의미가 없다.

혁신 경쟁우위 확보를 위해서 타기팅-타이밍-프로세스-비즈니스 모델의 4가지 전략들을 고려해 본다.

9. Achieve 사례

> "미래에는 모든 사람들이 초소형 '컴퓨터-전화-라디오'를 가지고 다닐 것이고, 접속은 매우 빠르고 거의 무료일 것입니다."
> - 제프 호킨스, 팜 컴퓨팅 창업자, 2001년 -

HP의 키티호크가 타깃으로 삼았던 PDA시장에서 퍼스트 무버First Mover는 애플의 뉴턴Newton이라는 제품이었다. 뉴턴은 스티브 잡스를 대신해서 애플을 이끌던 존 스컬리John Scully가 애플의 실적을 끌어 올리기 위해서 가장 큰 관심을 가진 혁신 제품이었다. 출시 전부터 대중의 큰 관심을 끌었는데, 특히 펜을 이용해서 화면에 글씨를 쓰면, 그것을 자동으로 인식해서 텍스트로 전환하는 혁신적 기능 때문이었다. 그러나 1992년에 등장한 뉴턴에 대한 기대는 곧 실망으로 바뀌었는데, 손필기의 인식률이 매우 낮았고, 달력이나 연락처의 기능들도 수준에 미치지 못했다. 거기다 크고 무거워서, 마치 '벽돌을 주머니에 넣고 다니는' 정도였다. 결국 2년 후에 뉴턴은 단종되고 말았고, 이 실패를 계기로 스컬리도 애플을 떠나게 되었다.

HP도 PDA시장의 초기 경쟁자였는데, 다른 경쟁자들과의 차별화를 위해서 손에 들고 다닐 수 있는 PC급의 기기를 목표로 95LX라는 제품을 내놓았다. 그러나 695달러라는 고가에 비해서 기능과 성능은 노트북에 비하여 현저하게 경쟁력이 떨어졌다.

IBM은 1994년 최초로 전화 기능이 탑재된 심슨이라는 제품을 출시했고, 그 뒤를 이어서 1996년에 노키아가 최초의 스마트폰이라고 할 수 있는 9000커뮤니케이터라는 PDA폰을 출시했다. 그러나 대부분의 PDA들은 기대에 미치지 못하는 판매량을 보였고, 초기 출시된 제품들 중 크게 성공한 제품들은 거의 없었다.[14]

팜Palm사는 1997년 팜파일럿Palm-Pilot이라는 PDA를 출시했다. 뒤늦게 시장에 참여했지만, 상대적으로 저렴한 가격과 안정적인 성능으로 본격적으로 PDA시장이 열리게 만든 효자 제품이 되었다. 팜은 특별한 고객층을 초기 타깃으로 삼았는데, 하이테크 기업의 바쁜 매니저들이 그들이었다. 이전의 다양한 실패 사례들을 교훈으로 삼아서, 팜의 개발팀은 타깃 고객이 이동 중의 업무에서 해결하기를 원하는 몇 가지의 핵심 요구들에 집중했다. 이전의 다른 PDA들에 비해서 쉽게 컴퓨터와의 데이터 공유가 이루어지고, 휴대성과 사용성에서도 높은 우위를 가지도록 하였다. 타깃 고객의 중요한 요구들에 집중한 것이다.

팜파일럿은 상의 주머니에 들어갈 수 있도록 작았고, 인터페이스가 쉽고 간편하게 디자인되었다. 펜을 사용하지만, 필기 인식 등 복잡한 기능을 빼내고, 대신에 펜으로 할 수 있는 필요한 동작에만 사용하도록 했다.

가장 핵심을 둔 것은 쉽고 빠르게 도킹스테이션을 통해서 PC에서 일정과 연락처를 다운받거나 업로드할 수 있게 하였다. PDA를 통해서 고객이 완수하고 싶었던 "이동 중에 정보를 찾고 관리한다."는 요구를 충실하게 만족시킨 것이다. 게다가 가격도 400달러 이하로 낮추었고, 초기 하이테크기업의 매니저들의 찬사와 더불어서 일반 고객들에게도 어필하게 되었다.

이전 솔루션에 비해서 새로운 기능들을 추가하는 대신에, 거꾸로 필요 없는 것들을 빼내고, 타깃 고객들에게 꼭 필요한 것들을 완벽하게 구현함으로써 주류시장에서 경쟁우위를 확보하였다. 팜은 그 후 3Com과 HP로의 M&A를 거쳐서 사라졌으나, PDA시장의 활성화에 가장 기여한 벤처로 기억되고 있다.[15]

팜의 경쟁우위를 가져온 타기팅 전략은, 가치를 크게 인정받을 수 있는 적절한 교두보의 확보와 그 교두보의 고객들이 높은 가치를 인정할 솔루션의 제공에 있었다.

팜파일럿의 타이밍은 다른 경쟁자들에 비해서 늦었지만, 소위 '빠른 추격자'Fast Follower로서 누릴 수 있는 여러 가지 장점들을 잘 활용하였다. 뉴턴이 알려준 필기 인식의 한계를 보고 이를 제한적으로 적용하였고, 고객이 느끼는 적절한 가격 수준을 알았고, 거기에 타깃의 명확화를 통해서 고객이 핵심적으로 제품에서 원하는 것들이 무엇인가를 알 수 있었다. 더 많은 기능으로 가격을 높이는 대신에, 필요한 기능에서 더 편리하게 사용할 수 있게 하면서 가격은 낮추는 전략을 택하였다. 다른 선발주자들이 겪었던 다양한 시행착오와 실패 요인들로부터 어떠한 전략과 실행이 경쟁우위를 가져올 것인지를 더 잘 파악할 수 있었던 것이다.

팜사의 Achieve 전략은 "타깃 고객의 요구에 더 적합한 제품을 후발주자로서의 이점을 최대한 살려서 개발하는 것"이었는데, 경쟁우위를 얻기 위해서는 반드시 남들보다 우월한 전략적 선택과 이를 제대로 실행할 수 있는 핵심역량이 필요하다.

10. DCMA Discover-Create-Manage-Achieve 전략이란

> 말이 빠르게 달리려면 네 다리가 모두 건강해야 한다.

혁신 다이내믹스의 4가지 핵심요소들을 기반으로, 리턴이 큰 혁신을 위해서 필요한 4가지의 핵심 전략들을 알아 보았다. 이들을 다음과 같이 요약해 본다.

- Discover 전략: 혁신 기회의 발견 – 어떤 기회를 대상으로 혁신을 추진할 것인가
- Create 전략: 가치우위의 창출 – 어떻게 가치우위가 높은 솔루션을 제공할 것인가
- Manage 전략: 프로젝트 리스크의 관리 – 혁신 과제의 리스크를 어떻게 관리할 것인가
- Achieve 전략: 경쟁우위의 확보 – 어떻게 높은 경쟁우위를 얻을 것인가

이러한 4가지 전략들에 대해서 적절한 해답을 구할 수 있으면, 혁신의 가치가 높고 리스크는 낮은, 결과적으로 리턴이 높은 혁신이 가능할 것이다. 만약 이들 중에서 하나가 상대적으로 취약하거나 부족하다면, 그로 인해서 혁신의 결과는 크게 달라질 수도 있다. 따라서 4가지 측면에서 골고루 관심을 가지고, 균형 잡힌 전략들로 혁신을 추진하는 것이 중요하다. 이 4가지의 전략들을 통틀어서 'DCMA 전략'으로 부르기로 하자.

Discover 사례에서 본 허스만사는 큰 혁신의 기회도 발견했지만, 더불어서 경쟁하는 냉장박스들에 비해서 분명하게 가치우위가 있는 제품을 제공하였다. 더 나아가서, 제품만이 아니라 새로운 고객 서

비스를 포함한 맞춤형 리테일 솔루션까지 제공하고 있다. 더 큰 혁신 기회의 발견을 위해서 노력하면서, 또한 Create 전략에서도 앞서 나가고 있는 것이다. 고객이 보는 허스만 솔루션들의 혁신 가치는 더욱 높아지고, 그 결과로 고객과 허스만의 원원Win-Win관계가 공고해지고 있다. 리턴이 커지는 것은 당연한 일인 것이다.

Create 사례에서 본 IKEA사는 여전히 세계 최대의 가구 업체로 승승장구하고 있다. 한국에 진출한 이래 지속 성장을 하고 있고, 광명에 이어서 고양에 2번째 매장을 오픈하였다. 2018년 1월 91세의 나이로 별세한 캄프라드는 "모두를 위한 가구"를 위해서 평생을 바쳤다. 그와 IKEA의 성공은 Create 전략의 중요성만이 아니라, 어떻게 혁신 기회를 찾아야 하며, 리스크의 관리와 경쟁우위를 위해서 어떤 것들이 필요한지를 가르쳐 주고 있다.

타깃인 모든 고객층을 위해서 철저하게 불필요한 것과 낭비를 통제하고, 프로세스의 효율에 집중하고, 새로운 비즈니스 모델을 지속적으로 시도하고 있다.

Manage 사례에서 본 HP사는 모바일시대에 제대로 적응하지 못하여 고전하다가, 2015년 2개의 기업으로 나누어졌다. HP Inc는 PC와 프린터 사업을, HP 엔터프라이즈는 서버와 서비스 등의 사업을 이어오고 있다. 이후에는 안정적인 기업들로 성장을 하고 있지만, HP가 과거에 누렸던 성장세는 더 이상 누리지 못하고 있다.

기술의 변화 속도가 빨라지고, 시장의 요구가 이전과 다른 축으로 쉽게 이동하는 21세기에는, 혁신의 리스크를 소홀히 하는 데 대한 손해가 매우 크다.

HP는 과거 IT분야의 기술력에서 세계 최고의 수준에 있었고, PC와 프린터 등의 시장에서 큰 성과를 내었지만, 새로운 변화의 물결에 의

한 리스크를 적절히 관리하지 못함으로써 과거의 영광을 되찾기가 쉽지 않아 보인다.

Achieve 사례에서 본 PDA시장은 이제 거의 사라졌다. 90년도 후반부터 2000년대 초반까지 호황기를 맞았으나, 스마트폰 시장에 밀려서 거의 멸종되고 말았다. PDA라는 제품이 가졌던 경쟁우위가 새로운 혁신 제품에 비해서 매우 낮았기 때문이다. 팜사는 2010년 HP에 합병되어 웹OS라는 운영체제를 개발하지만, 애플의 iOS와 안드로이드에 밀려서 빛을 보지 못하였다. 팜이라는 브랜드는 2014년 중국의 TCL사에 매각되고 말았다. 그러나 팜 PDA의 사례는 작은 벤처기업이 거대한 기존 기업들에 대항해서 어떻게 시장에서 경쟁우위를 확보할 수 있는지를 잘 보여준다. 흔히 우수한 자원과 역량에서 경쟁력이 생긴다고 알려져 있지만, 혁신 경쟁에서는 기업의 규모가 작아도, 우수한 혁신 전략과 실행력으로 거대 기업들의 틈새에서 얼마든지 성공을 거둘 수 있다.

리턴이 큰 혁신을 하기 위해서 필요한 것을 한 마디로 정의하라고 한다면, 다음과 같이 말할 수 있다.

"리턴이 큰 혁신을 위해서 적절한 Discover-Create-Manage-AchieveDCMA의 전략과 추진이 필요하다."

다음 장부터 DCMA 전략들 각각에 필요한 방법들을 알아 본다. 이미 세상에 소개되고 활용되고 있는 다양한 방법들 중에서, 4가지 전략들에 가장 높은 적합도와 활용도를 가진 방법들을 소개하고자 한다.

참고문헌

1. https://en.wikipedia.org/wiki/Design_thinking

2. "The Deep Dive", YouTube 동영상: https://www.youtube.com/watch?v=2Dtrkrz0yoU

3. http://strategyn.com/files/Strategyn_Case_Study_Hussmann.pdf

4. http://www.hussmann.com/en/Products/Case%20Studies/LED_Upgrade_QualityFoods_CaseStudy_07-16-12.pdf

5. www.hussmann.com

6. www.ikea.com

7. https://en.wikipedia.org/wiki/IKEA

8. https://ko.wikipedia.org/wiki/이케아_효과

9. http://www.in-terms-of.com/pdf/testamentofafurnituredealer.pdf

10. 에릭 리스, "린 스타트업: 지속적 혁신을 실현하는 창업의 과학," 이창수, 송우일역, 인사이트, 2012

11. Clayton M. Christensen, "HP: The Flight of the Kittyhawk," Harvard Business School Case, 2006

12. Geoffrey A. Moore, "Crossing The Chasm: Marketing and Selling High-Tech Products to Mainstream Customers," HaperBusiness, 2006

13. https://www.theglobeandmail.com/technology/interview-jeff-hawkins-inventor-of-the-palm-pilot/article20458753/

14. https://en.wikipedia.org/wiki/Personal_digital_assistant

15. https://en.wikipedia.org/wiki/Palm_(PDA)

혁신 다이내믹스
Innovation Dynamics

Discover:
혁신 기회 발견

지속 성장을 위한 혁신의 원리와 길

CHAPTER 05
Discover: 혁신 기회 발견

1. 고객 과업이란

> 고객의 과업Jobs-To-Be-Done 속에 기회가 있다.

혁신의 여러 가지 가설 등 중에 "고객이 필요한 것에 기회가 있다."라는 것이 있다. 한 면으로는 일리가 있고 옳은 말이지만, 다른 면에서는 틀린 말이기도 하다. 고객이 필요한 것으로 판단해서 제공되었지만, 실제 크게 그 가치를 인정받지 못한 것들이 많다.

LG전자가 자사의 최초 스마트폰인 옵티머스Q에 장착했던 쿼티 QWERTY 자판이 한 예이다. 이 자판이 필요하다고 요구하거나 가치를 인정한 고객들은 있었으나, 다수의 고객들은 그를 그다지 중요하게 생각하지 않았다. 더 중요한 고객의 요구는 '더 나은 디자인과 휴대성'이었기 때문이다. 필요하다고 해서 중요한 요구가 아니며, 새로운 요구의 중요성이 상대적으로 더 큰 경우에는 더욱 그러하다. 기회를 찾기 위해서 중요한 것은, 고객이 무엇을 필요로 하는가를 넘어서, 고객이 왜 그것을 필요로 하는가에 대한 통찰이다. 즉, 새로운 가설은 "고객이 어떤 해야 할 일Jobs-To-Be-Done, 줄여서 '과업'이라고 하자을 위해서 솔루션을 원하는가를 이해해야 한다."이다.

이러한 가설과 그의 실증 사례들을 최초로 제시한 사람은 혁신 컨설팅기업인 Strategyn사를 창업한 토니 울윅Tony Ulwick이다. 울윅은 자신의 저서에서 이렇게 주장하였다. "고객은 그들의 과업Jobs을 수행하기 위해서 제품과 서비스를 구입한다. 우리는 기존과 새로운 시장들의 조사를 통해서 고객들이 일정하게 수행하고자 하는 기능면에서의 과업들을 가지고 있음을 알게 되었다. 고객이 그런 과업을 인지하게 되면, 그것을 완수하는 데 도움을 줄 수 있는 제품이나 서비스를 찾게 되는 것이다."[1]

고객 과업이라는 개념은 크리스텐슨 교수의 저서와 글에서도 자주 등장하는데, 하버드 비즈니스 리뷰의 글에서 그는, "혁신은 훨씬 더 예측 가능하고 또한 이익을 더 낼 수 있는데, 만약 우리가 고객이 완수하려고 애쓰는 과업들을 찾는 것에서 출발한다면 그것이 가능할 것이다."라고 주장했다.[2] 크리스텐슨 교수는 2016년 '일의 언어' Competing Against Luck라는 책을 통해서, 그리고 울윅은 같은 시기에 '고객 과업'Jobs-To-Be-Done이라는 책을 통해서 '과업 이론'Jobs Theory 을 강조하였다.[3, 4] 우리는 이 두 사람의 주장과 경험을 기반으로 해서 혁신의 기회 발견에 필요한 전략과 방법을 소개하려 한다.

먼저 고객 과업에 대해서 간단히 알아 보자. 울윅의 고객 과업 프레임워크Framework는 고객이 수행해야 하는 핵심 기능적 과업들Core Functional Jobs의 정의가 중심을 이룬다. 기능적 과업은 "고객이 제품과 서비스를 통해서 하려는 가장 중요한 일"을 포괄적으로 표현한 것이다. 예를 들어서, 자동차를 이용해서 우리가 하려는 주된 일은 "먼 거리를 이동한다."이다. 이 일을 위해서는 다양한 부수적 일들이 필요한데, 자동차의 구입, 운전, 주차, 주유, 유지 등 여러 기능적 일들이 있다. 기능적 일들 이외에, 감성적인 일들도 있다. 예를 들어, 차 안에서 음악을 듣거나, 휴식을 취하거나 하는 일들이다. 제품을 구매하고 설치하는 일들도 필요하고, 더불어서 대출을 받거나, 보험을 드는 등 재무적 관점에서의 일들도 있다. 이러한 다양한 일들을 핵심 기능적 과업을 중심으로 파악하고 분석하는 것이 울윅의 고객 과업 프레임워크이다.[5]

우리는 이러한 프레임워크에서 일부만을 빌려와서 활용하는데, 가장 중심이 되는 핵심 기능적 과업을 포괄적으로 정의하고, 이 과업을 수행하는 과정에 들어 있는 단계들Stages을 정의한다. 그리고 이 과업의 단계들 속에서 고객이 요구하고 있거나 요구하게 될 결과들Outcomes과 해결하기 원하는 문제들Problems을 파악함으로써 혁신의 기회를 찾아 가고자 한다. 결국 고객의 요구는 과업을 수행하는 단계 속에서 나타나는 다양한 결과들을 얻거나 문제들을 해결하려는 중에 담겨 있기 때문이다. 다음 절에서 과업에 관련된 단계들은 무엇인지 살펴 본다.

"고객이 아니라, 과업Job이 기본적인 분석 유닛Unit이다." - 클레이튼 크리스텐슨 교수, 하버드 경영대학원

2. 고객 요구란

> 고객 요구는 원하는 것들과 해결할 것들에서 유래한다.

　고객의 과업들이 여러 가지인 것처럼, 한 가지 과업 속에도 여러 가지 일들이 존재한다. 이러한 일들을 몇 가지의 단계들Stages로 분류하고, 각 단계에서의 고객 요구를 파악하게 된다. 예를 들어서, 자동차를 통해서 달성하려는 과업이 '먼 거리의 이동'이라면, 이동을 위해서 자동차를 이용하는 과정을 몇 개의 단계로 나누어 볼 수 있다. 첫째는, 자동차를 찾아 가는 단계, 목적지를 찾거나 설정하는 단계, 출발해서 이동하는 단계, 도착해서 주차하는 단계로 나눌 수 있다. 물론 이동하는 과정만이 아닌, 전체적으로 자동차를 사용하는 것을 대상으로 한다면 과업의 단계들은 더 많아질 것이다. 일단은 이동이라는 과업을 중심으로 자동차를 찾고, 준비하고, 운전하고, 주차하는 4가지 단계를 설정해 본다.

　이러한 단계들 속에는 여러 가지 작업들Tasks이 존재하는데, 그 일들을 고객이 수행하는 과정에서 얻기를 원하는 이득Gains과 결과들Outcomes이 존재한다. 예를 들어서, 자동차를 찾는 단계에서 우리는 흔히 '차가 어디에 있는지를 쉽게 알기'를 원한다. 이를 울웍의 결과문Outcome Statement 형식에 맞춘다면, '차를 찾는 시간을 최소화'라고 표현할 수 있다. 그 형식이 어떻게 되건, 다양한 고객의 원하는 이득과 결과들이 무엇인가를 찾아낼수록 그에 필요한 것들이 무엇인지를 알 수 있다. 단순히 고객에게 "어떤 것주로 기능이나 성능이 필요합니까?"라고 질문을 해서 고객이 원하는 솔루션을 찾는 것이 아니라, 고객에게 "어떤 이득이나 결과를 얻기 원하십니까?"라는 질문을 통해서, 솔루션이 필요하게 만드는 근원적인 요구를 파악하는 것이다. 흔히 고객에게 필요한 것을 물어서 나온 솔루션과 고객이 원하는 결과를 통해서 찾아낸 솔루션과는 차이가 많다. 고객이 "더 큰 냉장고가 필요하다."고 하는 것은, 실제 사이즈에 대한 요구보다는 "더 알차게 저장되는 것"이라는 요구를 뜻하는 것일 수 있다.

원하는 것들과 더불어서 고객의 요구를 만들어 내는 원인은 다양한 고통Pains과 문제들Problems이다. 자동차를 준비하는 단계에서 가끔 '자동차 키가 없는 상황'을 겪는다. 다시 집에 다녀올 수 있다면 큰 문제는 없겠지만, 때로 먼 곳에 둔 차를 찾아서 왔는데, 깜박하고 키를 가져오지 않은 것이다. 이 문제를 고객이 알아서 현명하게 해결할 수도 있겠지만, 요즘의 모바일 기술은 충분히 새로운 가치를 가진 솔루션을 제공할 수 있다. 또는, 이 문제를 위해서 이런 질문을 해볼 수도 있다. "아예 자동차 키가 필요 없도록 한다면 어떨까?" 따라서, 고객의 요구가 직접적인 원하는 결과가 아니더라도, 각 단계에서 고객이 겪는 고통과 해결해야 하는 문제들에 대해서 파악함으로써 간접적으로 고객이 원하는 것들을 유추할 수 있다.

〈그림 5-1〉이 이러한 고객 과업과 요구 간의 상관관계를 나타내고 있다. 고객의 요구가 어떠한 과정으로 나타나는가를 개념적으로 표현한 것으로, 먼저 애초에 고객이 완수하려는 과업이 존재하게 되고, 이를 수행하는 과정에서 여러 단계를 거치게 된다. 이 단계들을 지나면서 고객은 크게 두 가지의 '니즈'Needs들을 가지는데, 하나는 얻기를 원하는 이득과 결과들이고, 또 하나는 해소하거나 해결을 원하는 고통과 문제들이다. 이 두 가지 니즈들은 궁극적으로 고객이 현

재보다 더 높은 만족을 얻기 원하는 요구들Requirements로서 나타나게 된다.

그림 5-1 고객 과업과 요구의 상관관계

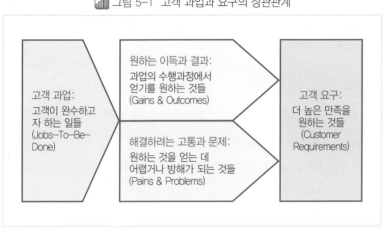

고객 과업:
고객이 완수하고자 하는 일들
(Jobs-To-Be-Done)

원하는 이득과 결과:
과업의 수행과정에서 얻기를 원하는 것들
(Gains & Outcomes)

해결하려는 고통과 문제:
원하는 것을 얻는 데 어렵거나 방해가 되는 것들
(Pains & Problems)

고객 요구:
더 높은 만족을 원하는 것들
(Customer Requirements)

〈그림 5-1〉에서 볼 수 있듯이, 고객의 요구를 알기 위해서는 먼저 그 근원이 되는 고객 과업들을 정의하고, 그로부터 발생되는 다양한 이득 및 결과들과 그들을 얻는 것을 어렵게 만드는 고통과 문제들을 파악할 필요가 있다. 이러한 경로를 따라서 고객의 요구를 정의한다면, 보다 더 넓은 범위와 시각에서 요구를 알 수 있는데, 그렇게 찾아낸 고객 요구는 기존의 솔루션에만 국한되는 것이 아니기 때문이다. 따라서 고객과의 인터뷰나 요구의 조사를 하는 과정에서도 막연하게 "무엇을 원하십니까?"라는 질문에서 출발하는 것을 예방할 수 있다. 또한, 이미 익숙한 기존 제품의 특성과 사양들에 대해서만 고객의 요구들을 파악하는 기회 발견의 방식도 벗어날 수 있다.

고객 과업은 얻기 원하는 것들과 해결하기 원하는 것들을 낳고, 이들로부터 고객의 요구들이 탄생한다.

3. 불충족 요구란

> 고객 요구에는 기충족된 요구와 불충족된 요구가 있다.

고객 요구는 매우 다양하고, 또한 그 각각의 만족도는 천차만별이다. 애플의 아이폰을 좋아하는 고객이라고 해서 아이폰의 모든 면에서 높은 만족도를 가지고 있지는 않다. 고객의 입장에서 볼 때, 때로는 아이튠즈와의 연결이 매끄럽지 못한 것은 불만이다. 아이폰과 아이튠즈 사이의 동기화에 걸리는 시간도 짧지 않다. 여전히 아이폰의 디자인과 성능은 만족스럽지만, 여러 가지 요구들에 대해서는 충분히 만족스럽지 않다. 지금 이 순간에 충분히 만족되지 않은 요구를 가진 수많은 고객들이 존재하기 때문에, 세상에는 수없는 혁신 기회들이 숨어 있다. 문제는, 그 숨은 기회를 효과적으로 발굴해 내는 방법에 있다.

숨은 기회를 발견하는 방법은 마치 땅 속에 숨은 금맥을 찾는 것과 유사하다. 절대로 겉에서만 보아서는 발견되지 않는다. 지표면 깊숙한 곳에, 그것도 눈에 잘 띄지 않는 곳에 자리하고 있기 때문이다. 소위 '불충족 요구'Under-Satisfied Requirement: 이하 USR를 찾아내기 위해서는 먼저 넓은 면적을 충분히 스캐닝하고, 가능성이 높은 구역을 설정하고, 그리고 그 구역의 내부를 깊숙이 들여다 봐야 한다. 그를 위해서, 먼저 불충족 요구란 무엇인가를 알아 보자.

고객 요구는 앞에서 조사한 고객의 두 가지 니즈들, 원하는 결과와 해결할 문제를 먼저 이해하고, 마치 한약재를 달여서 진액을 만들듯이, 이들에 대해서 뜨거운 논의와 숙고를 거쳐서 추출해야 한다. 주차한 자동차를 쉽고 빠르게 찾기를 원하는 고객들은 왜 어떤 경우에 그러한 니즈가 큰가? 주차한 장소를 찾기 어렵게 된 원인들은 무엇인가? 현재는 어떤 솔루션들이 있는가? 적절한 대안이 존재하는가? 찾기를 원하는 것보다 더 큰 잠재적 요구는 없는가? 다양하고 심도 깊은 질문과 열띤 논의를 거칠수록 후에 더 정제되고 효력이 큰 고객 요구들이 도출될 수 있다. 이렇게 해서 추출할 수 있는 고객 요구의 간단한 예는, "넓고 복잡한 곳에서 주차된 차를 쉽고 빠르게 찾기를 원함"이다.

만약 어떤 요구에 대해서 이미 고객이 충분한 만족을 느끼는 솔루션이 제공되고 있다면, 이는 '기충족 요구'Well-Satisfied Requirement: 이하 WSR이다. 따라서, 이 요구는 더 고려해 보아도, 크게 혁신의 기회를 찾기 어려운 후보이다. 예시한 차를 찾는 요구는 다행히도 현재 별다른 솔루션이 보편적으로 제공되지 않고 있다. 따라서, 이 요구는 우리가 기회 발견을 위한 대상으로 삼을 수 있는 USR로서의 자격이 있다. 물론, 무작정 이러한 요구들을 모두 모아서 혁신 솔루션을 찾는 것은 아니다. 먼저 USR들을 도출한 다음, 이들에 대한 체계적이고 과학적인 분석 과정을 거친 후에 기회를 정의하게 된다.

가치증진 혁신에서 우리가 종종 겪는 실수는, USR과 WSR을 명확하게 사전에 구분하지 않고, 단순히 이제까지의 관성이나 익히 알고 있는 근거들에 의해서 쉽게 기회를 판단하는 것이다. 2장에서 소개했던 알파사의 새로운 컴퓨터 개발에서 단순히 프로세서 스피드가 중요하다고 믿고 그를 향상시킨 것과 같이, 이미 고객 요구가 WSR인 곳에서 기회를 찾게 되면, 그에 대해서 고객은 별다른 가치를 느끼지 못한다. 알파사가 새롭게 시장 조사를 통해서 찾아낸 USR의 첫번째는 호환성이었고, 여기에 대해서 더 나은 신제품을 내놓음으로써 경쟁력을 회복한 것처럼, 시간이 흐르고 경쟁이 바뀌는 속에서 항상 현재와 미래의 명확한 USR과 WSR을 구분해 내는 것이 필요하다. 혁신 다이내믹스에서 보았듯이, 오늘의 USR이 여전히 내일도 불충족 수준에 머물지 않으며, 점점 USR들이 WSR로 변할수록, 고객은 새로운 요구를 가지게 된다.

가치창조 혁신이 필요한 상황에서는 어떤 고객 요구가 USR이 될지를 충분히 예측하기가 어렵다. 헨리 포드Henry Ford가 실제 한 이야기인지 확실하지는 않지만, 그가 "만약 내가 고객에게 무엇이 필요한가를 물었다면, 더 빠른 마차라고 답했을 것이다."라고 했다는 일화처럼, 기존에 없던 것을 창조하는 혁신은 조금 다른 접근이 필요하다. 우리가 제안하는 가치창조 혁신의 방법은, 제일 먼저 "고객이 원하는 새로운 과업은 무엇인가?"라는 질문을 하는 것이다. 애플의 잡스Steve Jobs는 아마 이러한 과정을 거쳤을 것이다. 그는 더 나은 휴대폰이 아니라, 새로운 모바일 기기에서 고객이 수행하고 싶어할 새로운 과업들을 상상했을 것이다. 그의 이름이 잡스Jobs이고, 여기서 소개하는 방법론이 '잡스' 이론Jobs Theory, 즉 과업 이론이라고 불리는 것은 우연의 일치일까?

과업 이론은 현재와 미래의 과업들 속에서 불충족된 요구를 발굴함으로써 혁신의 기회를 찾도록 한다.

4. 요구의 중요도란

> ❝
> 고객 요구가 중요한 것일수록 기회가 있을 가능성이 크다.
> ❞

고객 요구는 다양하기도 하지만, 그 중요도Importance에서도 차이가 있다. 중요한 요구에서 더 큰 기회가 발견되리라는 것은 당연하다. 따라서, 앞에서 도출한 USR들에 대해서 가장 먼저 관심을 가져야 할 것은 "얼마나 중요한 불충족 요구인가?"이다. 불충족한 것이 곧 기회의 후보가 아니라, 그것이 고객에게 얼마나 큰 중요성을 가지고 있는가를 알아야 한다. 다행히 이 부분은 많은 기업들이나 혁신가들이 이미 잘 알고 있고, 중요하게 생각도 한다. 또한, 상대적으로 이에 대한 조사나 분석도 어렵지 않다. 도출된 USR들에 대해서 간단하게 "이 요구 사항이 얼마나 중요하다고 생각합니까?"를 물어 보면 된다.

앞에서 예를 든 주차된 차를 찾는 요구를 가정해 보자. 차를 소유하거나 운전하는 많은 고객들에게 "넓고 복잡한 곳에서 주차된 차를 쉽고 빠르게 찾을 수 있다."라는 요구에 대한 중요도를 수치로 평가하게 한다. 한 방법은, 1부터 10까지의 숫자들 중에서 하나를 고르게 하는 것이다. 10점을 가장 높은 중요도라고 했을 때, 개인이 느끼는 상대 점수로 평가하는 것이다. 이 점수들을 모아서 전체의 평균을 구하면, 고객들이 가지고 있는 보편적인 중요도를 알 수 있다.

또 다른 방식은, 같은 요구의 중요도를 1부터 5까지의 수치로, 높은 숫자가 높은 중요도가 되도록 평가하는 것이다. 이것을 소위 '리커트 척도'Lickert Scale라고 하는데, 1점의 '전혀 중요하지 않다'부터 5점의 '매우 중요하다' 사이에서 평가를 하게 된다. 이렇게 평가된 결과를 가지고, 4점과 5점을 선택한 고객들의 수가 전체의 몇 퍼센트인가를 구한다. 그리고 이 숫자를 다시 10으로 나누면, 10점 만점에 몇 점의 중요도인가를 알 수 있다.

4장의 기회 발견에서 소개한 허스만사의 경우에, 조명과 관련된 8개의 USR들이 도출되었다. 이들은, "냉장박스 내부가 골고루 조명을 받는다.", "상품의 색상이 원본대로 표현된다." 등이었는데, 이 두 가지 요구들의 중요도는 8점과 9점 사이로, 다른 요구들에 비해서 매우 높은 수준임을 알 수 있었다. 8개의 USR들 중에서 가장 낮은 중요도는 5점대로, 상대적인 중요도는 낮았지만, 또 다른 면의 고려로 인해서 혁신 기회를 찾는 대상이 될 수 있었다. 다른 요구들의 중요도는 6점부터 8점 사이에 분포해 있어서, 중요도에 있어서 그렇게 낮은 것들은 없었다. 조명 이외의 요구들은 대부분 4점부터 9점대 사이의 중요도 점수를 나타내었다.

중요도가 높을수록 그 요구가 혁신 기회의 대상이 될 가능성은 높아진다. 그러나 그 한 가지로만 판단한다면 문제가 발생할 수 있다. 크리스텐슨 교수가 오래 전에 밝힌 바와 같이, 이미 초과만족된 요구는, 그것이 고객에게 매우 중요한 것이라 하더라도, 실제 더 높은 성능을 제공해도 큰 의미가 없기 때문이다.

요즘 출시되는 PC에서, 고사양 게임을 즐기는 고객이 아니라면, 메인 프로세서의 속도에 크게 관심을 가지는 고객은 많지 않을 것이다. 그러나 만약 단순히 고객들에게 "컴퓨터에서 메인 프로세서의 속도는 중요합니까?"라고 묻는다면 상당수의 고객들은 "그렇다"라고 답할 것이다. 아마 중요도 점수가 7점 이상은 되지 않을까 한다.

그러나 그 한 가지 점수만으로 기회에 대한 판단을 해서는 안 된다. 단순히 중요하다는 고객의 요구들을 더 우대하거나, 그들 속에서만 혁신의 기회를 찾아서는 안 된다. 세상의 많은 것들이 단순한 일차원적인 평가와 판단을 피하기 위해서 쌍Pair으로 존재하듯이, 우리가 좀 더 현명하게 혁신의 기회를 찾기 위해서는 중요도와 더불어서 또 하나의 중요한 기준과 그의 평가를 활용해야 한다. 그 두 번째 잣대가 바로 고객이 USR에 대해서 느끼는 만족도Satisfaction이다. 이에 대해서 다음 절에서 알아 본다.

불충족 요구가 고객에게 중요한 것일수록 그의 추가적인 만족에서 얻는 가치도 크게 느껴지며, 따라서 중요도를 객관적으로 파악할 수 있어야 한다.

5. 요구의 만족도란

> 고객 요구의 만족도가 낮을수록 기회도 커지게 된다.

고객 요구가 중요해도, 그에 대한 만족도가 이미 높다면, 즉 '만족된 요구' 혹은 기충족 요구WSR라면, 그곳에서 큰 기회가 발견될 가능성은 낮다. 따라서 앞에서 USR이라고 도출은 되었지만, 다시 한 번 체계적으로 고객들이 실제 느끼고 있는 만족도를 측정해 보아야 한다. 물론, 기존에 없던 새로운 솔루션이고, 이를 실제 써본 고객이 없다면, 가상의 만족도가 될 것이다. 또는, 새로운 솔루션의 시제품이나 콘셉트 제품으로 고객의 반응을 예상해 볼 수도 있을 것이다. 어떤 방식을 택하더라도, 가능한 한 정확도가 높은 고객의 만족도를 측정해 보는 것이 필요하다.

고객 만족도는 제품과 서비스가 고객의 기대에 대해서 얼마나 부합되는가를 의미한다. 그의 정확한 정의는, "특정한 만족 목표치를 기업, 제품, 혹은 서비스가 충실히 달성했다고 생각하는 고객의 숫자나 비율"이다. 우리의 관심은 이러한 포괄적인 만족도가 아니라, 좀 더 구체적으로 앞에서 정의된 USR들 각각에 대해서 고객들이 느끼고 있는 만족도이다.

종합적으로 어떤 솔루션에 대한 만족도가 높은 상태라고 하더라도, 구체적인 고객 요구들에 대해서 개별적으로 파악한다면, 의외로 특정한 요구들에 대해서는 낮은 만족도를 보일 수 있다. 더불어서, 높은 만족도를 보인 것도 시간이나 상황에 따라서 낮은 만족으로 변화될 수 있다. 예를 들어서, 애플 아이폰의 사용자들이 느끼는 반응 속도에 대한 만족도는 사용연수가 늘어남에 따라서 점차 감소했던 것을 알 수 있다.

앞에서 본 허스만사의 경우에, 조명에 관한 2개의 높은 중요도를 가진 요구들은 어떤 만족도를 보였을까?

2가지 모두 매우 낮은 만족도를 보였는데, 10점 만점에 1점대의 수치들을 나타냈다. 중요도에서는 8점대, 만족도에서는 1점대이므로, 높은 중요도에 비해서 매우 낮은 만족도로, 혁신 다이내믹스의 첫 번째 핵심 요소인 혁신 기회가 매우 큰, 따라서 혁신 가치를 높일 수 있는 기회인 것이다.

결국 이 두 가지의 큰 혁신 기회에 대해서 적절한 솔루션을 제공한 것이 허스만의 LED 냉장박스였다. 만약 우리가 이러한 높은 기회를

가진 USR들을 체계적이고 지속적으로 발굴할 수 있다면, 이제까지
와 다른 높은 성공 확률을 가진 혁신이 가능할 것이다.

만족도의 측정은 앞의 중요도와 병행해서 할 수 있다. 도출된 USR
들에 대해서 각각 중요도와 만족도를 동일한 점수 기준으로 평가하
도록 하면 된다. 앞의 예를 그대로 들면, "넓고 복잡한 곳에서 주차
된 차를 쉽고 빠르게 찾을 수 있다."라는 요구의 중요도와 만족도에
대해서 각각 1부터 10까지의 숫자들로 평가하거나, 1점에서 5점 사
이의 리커트 척도로 점수를 주고, 4점 이상으로 응답한 고객들의 비
율을 다시 10점 만점으로 환산을 하면 된다. 만약 위의 USR에 대해
서 고객의 30%가 4점 이상으로 평가했다면, 만족도 점수는 3점이 된
다. 이렇게 중요도와 만족도의 점수로 평가된 결과들을 가지고 상대
적인 비교 분석을 통해서 어떤 USR들을 우선적으로 기회의 대상으
로 할 것인지를 결정한다.

만약 주차된 차를 찾는 USR에 대해서 중요도가 8점이고, 현재의
만족도가 3점이라면, 이 결과는 어떤 의미를 가지는 것일까? 점수 자
체를 가지고 판단한다면, 중요도는 '높음'이고, 만족도는 '낮음'이라
고 할 수 있다. 5점을 '보통'으로 봄 그렇다면 이 USR이 어느 정도로 높은
기회를 가지고 있는 것일까? 이 판단은 단순하지 않고, 객관화하기
도 쉽지가 않다. 기회도라는 것이 과거에 일반적으로 많이 쓰인 개
념이 아니고, 또한 정량적으로 정의하기도 어려운 것이기 때문이다.
다행히 울윅이 개발하고 Strategyn이 성공적으로 활용해온 '결과주도
혁신'ODI: Outcome-Driven Innovation 방법론에서 빌려 올 수 있는 좋은
개념과 공식을 다음 절에서 소개한다.

두 가지 요구들의 중요도가 같다면, 고객이 느끼는 만족도가 상대
적으로 낮은 요구에서 더 큰 기회를 찾을 수 있다.

6. 요구의 기회도란

> 고객 요구의 기회도가 높으면 혁신 기회가 크다.

고객 요구의 중요도가 높고, 동시에 만족도가 낮으면, 그곳에 높은 혁신의 기회가 있다고 할 수 있다. 그렇다면 어느 정도의 중요도와 만족도가 될 때, 높은 기회도가 있다고 할 수 있을까? 이 질문에 대한 명확한 답과 근거를 제시하기는 매우 어려워서, 오랜 시간 상식적으로는 옳다고 생각했지만, 그것을 정량적으로 표현할 수 있는 방법이 없었다. 중요도가 높고 만족도가 낮을수록 좋은 것이므로, 단순히 중요도에서 만족도를 뺀 것으로 측정할 수도 있겠지만, 두 수치 사이의 차이만 가지고 판단하는 것은 문제가 있다. 두 요구들의 중요도가 각각 9와 5이고, 각각의 만족도가 5와 1이라면, 두 차이는 4로 같지만, 실제로 둘의 기회도가 같다고 하기는 어렵기 때문이다. 엄밀히 따지면, 중요도가 9이고 만족도가 5인 경우가 훨씬 더 높은 기회도를 갖게 된다.

이러한 문제의 한 가지 해결책으로 Strategyn사의 ODI에서는 다음과 같은 '기회 알고리즘'Opportunity Algorithm을 제시하였다.

> 기회도 점수 = 중요도 + max (중요도 − 만족도, 0)

여기서 max의 의미는 괄호 안의 두 숫자들 중에서 더 큰 쪽을 택한다는 것으로, 만약에 중요도보다 만족도가 큰 경우에는 결과값이 0이 됨을 의미한다. 만약에 만족도가 매우 높아서 중요도보다 더 값이 큰 경우라도, 기회도 점수가 중요도보다 더 낮은 숫자가 될 수는 없도록 하는 것이다. 대신에, 중요도에 비해서 만족도가 낮으면 낮을수록, 기회도 점수가 상대적으로 커지도록 만드는 것이다. 이 공식이 얼마나 정확하게 혁신 기회의 정도를 나타내는가는 여러 가지 다른 의견들도 있지만, 실제로 이를 활용한 경험에 따르면 충분히 각 결과의 상대적인 비중을 나타내는 데는 무리가 없다고 판단되었다.[6]

이 공식으로 위의 두 가지 예를 계산해 보면, 첫 번째 요구의 기회도는 $9 + \max(9 - 5, 0) = 9 + 4 = 13$이고, 두 번째 요구의 기회도는 $5 + \max(5 - 1, 0) = 5 + 4 = 9$가 된다. 따라서, 둘 중에서 첫 번째 요구가 더 큰 기회도를 가지고 있음을 알 수 있다. 이 결과는 매우 합리적인 것으로, 9라는 매우 중요한 요구에 대해서 보통 수준의 5라는 만족을 보이는 요구에는 상대적으로 큰 기회가 있는 반면에, 5라는 보통 수준의 요구에서 1의 낮은 만족을 보이는 요구는 그다지 큰 기회가 없기 때문이다. 이러한 상황을 객관적으로 표현하는 방식이 위의 기회 알고리즘이다.

허스만사의 경우에는 어떤 기회도가 있었을까? "냉장박스 내부에 조명이 골고루 비춘다."는 요구의 중요도는 대략 8.5이고, 그의 만족도는 1.5 정도이며, 따라서 그의 기회도는 $8.5 + \max(8.5 - 1.5, 0) = 8.5 + 7 = 15.5$이다. 이 정도의 기회도 점수는 매우 높은 수치로, 만약 이 기회에만 집중해서 그에 맞는 솔루션을 제공해도 고객이 매우 큰 가치를 느낄 수 있다. LED 조명으로 이 문제를 해결함으로써 허스만사의 매출이 4천달러에서 4천만달러로 높아진 것은 단순히 우연이거나, 더 나은 고객의 니즈를 조사한 것에서 온 것이 아니었다.

중요하지만 만족도가 낮은 USR을 명확하게 발굴하여 그의 기회도를 정량적으로 분석하고, 그에 적합한 솔루션을 제공함으로써 얻어진 리턴인 것이다. 고객이 가진 USR을 찾아 내고, 그에 대한 중요도와 만족도를 파악하고, 그들을 통해서 어느 정도의 기회도가 있는지 분석하는 것이 기회 발견을 위한 방법이다. 단지 중요하다고 해서 거기에 큰 기회가 있는 것이 아니고, 단순히 더 높은 만족을 원한다고 해서 혁신이 필요한 것은 아니다. 고객의 요구들 중에서 중요도가 높고, 그와 동시에 만족도가 낮은, 결과적으로 기회도가 높은 곳에서 혁신의 기회를 찾음으로써 우리는 큰 혁신 기회를 발견할 수 있다. 다음 절에서 이렇게 기회도가 높은 USR들 중에서 어떤 기회에 타기팅을 할지를 알아 본다.

고객 과업에서 출발하여 불충족 요구들을 찾아 내고, 그들의 정량적 분석을 통해서 높은 기회도를 가진 혁신의 기회를 발견한다.

7. 기회 선정이란

기회도가 10 이상인 USR에서 기회를 찾는다.

앞에서 기회도를 산출하고 나면, 이들을 통해서 어떤 USR들에서 기회를 발견할지를 알 수 있다. 남은 문제는, "어떤 기회도 점수를 커트라인으로 삼을 것인가?"인데, 이를 위해서 Strategyn의 ODI는 다음과 같은 가이드라인을 제시하였다.

- 10점에서 12점: 좋은 기회Solid Opportunity가 있음
- 12점에서 15점: 높은 기회High Opportunity가 있음
- 15점 이상: 매우 높은 기회Extreme Opportunity가 있음

10점이 넘는 USR들을 대상으로 우선 순위가 큰 것들에 대해서 먼저 기회를 찾는데, 만약 15점 이상인 USR이 있다면, 여기에만 집중한 아이디어를 내서 그를 제품화해도 성공할 가능성이 크다. 앞서 허스만사가 발견한 2가지의 USR들이 15점 이상의 경우로, 내부의 고른 조명과 상품의 색상을 그대로 표현하는 것에 타기팅을 한 제품으로 큰 성공을 거둘 수 있었다.

〈그림 5-2〉는 실제 허스만사가 발굴했던 기회들을 중요도X-축와 만족도Y-축를 축으로 표현한 '기회 조망도'Opportunity Landscape이다. 이 그림에서 기회의 위치가 오른쪽 하단으로 갈수록 높은 점수를 가지게 된다. 우리가 혁신의 타깃으로 삼을 만한 기회들은 오른편에 점선으로 표현된 3가지 삼각형 내에 드는 것들이다.

그림 5-2 허스만사의 기회 조망도

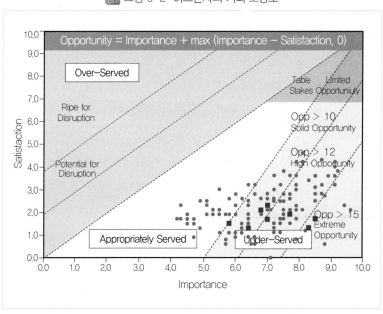

(www.strategyn.com, Creating the Hussmann EcoShine LED Lighting Solution 자료에서)

10점 이상의 USR들이 있고, 그들 사이에 뚜렷한 연관성이 있는 경우에는, 그들을 포괄적으로 표현하는 기회로 표현하고, 이를 타깃으로 삼을 수 있다. 예를 들어서, '주차된 차를 쉽게 찾는다'와 '차의 위치를 항상 알 수 있다'의 USR들이라면, 하나의 기회로, '차의 위치를 알고 쉽게 찾을 수 있다'로 표현할 수 있을 것이다. 그에 대한 솔루션으로 가능한 것의 하나는, 스마트폰에 차의 위치를 나타내주고, 그 위치로 가는 최단 경로를 알려주는 것이다. 혹은, 내가 호출하는 위치로 자동차가 자율적으로 찾아 오게 하는 것도 솔루션이 될 수 있다.

그러나 기회도가 높은 USR들이 서로 연관성이 없는 경우에는, 그들 각각에 대해서 독립적인 아이디어를 찾고, 이들을 결합해서 하나의 솔루션에 담을 수 있다. 예를 들어서, '차의 고장을 사전에 예방한다'와 '고장 시에 빠른 서비스를 받는다'에 대해서 각각의 아이디어를 내고, 이들을 하나의 서비스 프로그램으로 묶어서 제공할 수 있을 것이다. 만약에 허스만사와 같이 뛰어나게 높은 소수의 기회가 있는 경우에는, 이를 집중적으로 타깃으로 삼아서 창의적 아이디어로 솔루션을 도출하는 것이 가능하다.

만약 10점 이상의 기회들이 발견되지 않았다면, 두 가지의 가능성을 생각해 볼 수 있다. 첫 번째는, 이미 모든 고객 요구들이 초과만족된 상태이므로, 새로운 가치를 창출하기 위한 가치창조 혁신의 기회를 찾는 것이다. 고객의 기존 과업을 벗어나서 아직 충분히 만족스러운 솔루션이 없는 새로운 과업을 찾는 것이다. 두 번째는, 초과만족된 고객 요구들에 대해서 제공되고 있는 요소들을 제거하거나 성능을 낮춤으로써, 일종의 원가절감을 혁신의 기회로 삼는 것이다. 위의 기회 조망도에서 모든 점들이 왼편 상단과 중앙에 몰려 있다면 바로 이러한 경우가 된다.

기회도 점수가 10 이상인 USR들이 큰 혁신의 기회를 제공하며, 만약 15 이상인 것이 있다면, 그 하나만으로도 큰 성공의 가능성이 있다.

8. 타깃 기회란

> 과녁이 어딘가를 알고 활을 쏘아야 명중시킬 수 있다.

우리는 흔히 "아이디어를 잘 내는 기술과 도구가 필요하다."라고 가정한다. 물론 혁신에서 이 역량은 매우 중요한 요소이다. 그러나 활 쏘는 능력과 활이 우수하다고 반드시 과녁에 명중시키는 것일까? 활을 당기고 쏘는 것도 중요하지만, 그보다 더 중요한 것은 목표인 과녁을 제대로 조준하는 기술이다. 또한 과녁이 어디이고, 그 과녁까지의 거리가 얼마인지 등을 확실히 아는 것은 더 중요한 일이다. 그런데 종종 혁신 과제들이 명확하게 어떤 목표를 위해서, 즉 어떤 고객의 요구를 만족하기 위해서, 아이디어를 내고 솔루션을 개발하려는 것인지가 불분명하게 추진된다. CEO의 지시로 급하게 팀이 결성되고 과제를 시작하고서, 첫 단계에서부터 급하게 아이디어 회의를 하고 솔루션을 기획하려는 바람에, 정작 가장 중요하게 목표점을 찾는 과정은 없거나 소홀해진다. 결국 과녁이 어디인지 모르는 채로 활 쏘기를 하는 것이다.

활을 잘 쏘는 기술 이상으로 중요하고 필요한 기술은, 바로 "과녁을 찾기"이다. 그 과정이 바로 앞 절들에서 설명한 고객의 과업 분석, 고객이 원하는 것과 피하는 것의 분석, 이들로부터 추출한 고객 불충족 요구 분석, 그리고 타깃 기회의 설정이다. 이러한 4가지 분석 단계들을 거치고 나서, 명확하게 타깃이 설정된 상태에서 아이디어들을 내게 되면, 그 결과로 얻어지는 솔루션은 당연히 높은 가치를 얻게 될 것이다. 흔히 우리가 제공한 혁신 솔루션이 시장에서 실패하고 나면, 이렇게 결론을 낸다. "고객이 우리 제품에 대한 이해가 부족했다. 시장은 아직 준비가 덜 되었다."라고. 아마도 노키아가 1996년 최초로 커뮤니케이터라는 스마트폰을 출시하고도 이러한 결론을 내렸을지 모른다. 그러나 진실은 "우리가 고객의 불충족 요구에 대한 이해가 부족했다. 또한 어떤 기회에 타깃을 해서 솔루션을 내야 하는지를 몰랐다."이다.

기회도가 10 이상인 기회들 중에서 타기팅을 하는 방법은 다음과 같다.

① 먼저 15 이상의 USR들이 있으면 이들에 대해서 먼저 집중적으로 아이디어를 발굴한다. 이들 모두 혹은 하나의 기회에 대해서 높은 가치의 솔루션이 나오게 된다면, 이 제품만으로도 성공을 기대할 수 있다. 앞 절에서 본 허스만사의 LED 냉장박스의 경우가 이것이다.

② 15 이하의 USR들은 기회도 점수에 따라서 우선순위를 두고 아이디어를 발굴한다. 이러한 USR들 중에서 서로 밀접한 관계가 있거나, 겹치는 요구들이 있는 경우는, 그들을 대변할 수 있는 대표격의 기회를 설정하고 아이디어를 내면 된다. 예를 들어서, "상처의 오염을 줄인다", "상처의 확산을 막는다", 그리고 "상처를 깨끗이 한다"의 요구들이 있다면, 이들을 하나의 기회인 "상처가 감염되어 덧나는 것을 방지한다"로 대표할 수 있을 것이다.

③ 서로 상관관계가 없는 USR들은 각각을 기회로 삼아서 아이디어를 내고, 이러한 아이디어들 중에서 가장 우수한 것들을 묶어서 최종 솔루션 아이디어를 결정하게 된다. 만약에 "주차된 차를 쉽게 찾는다"와 "신속하게 차량 서비스를 받는다"가 있다면, 두 USR은 각각의 독립된 타깃 기회가 될 것이고, 각각에 대한 아이디어들을 묶어서 새로운 서비스를 정의할 수도 있다.

④ 장기적 과제가 될 수 있는 기회는 따로 분리한다. 만약에 지금 당장에 아이디어가 아닌, 새로운 기술을 찾거나 개발해서 그를 통한 솔루션을 필요로 하는 요구라면, 그러한 기회는 별도로 분리해서, 기술개발에 필요한 과제로서 다룬다. 너무 단기적인 아이디어들만 찾기보다는, 기회도가 큰 USR들을 묶어서, 장기적인 관점에서 추진할 중장기 혁신 프로젝트로 다루어야 할 경우도 있다.

이제 혁신 기회 발견의 전체 과정을 간단하게 요약해 보자. 고객의 과업을 먼저 이해해야 한다. 고객은 제품과 서비스가 필요해서 그것을 구매하는 것이 아니라, 자신의 과업을 더 잘 수행하게 해주는 솔루션을 찾는 것이다. 현재의 제품이 정말 필요한 것이라면, 새로운 제품이 나와도 크게 반가울 이유가 없다. 그러나 새 제품으로 고객이 이동하는 이유는, 그것이 이전 것보다 자신의 과업을 더 잘 완수하도록 해주기 때문이다. 과업을 수행하다 보면, 반드시 얻기를 원하는 것들과 해결해야 할 것들이 존재한다. 이들로 인해서 나타나는 것이 바로 고객의 불충족 요구들이다. 이 요구들 중에서 높은 기회도를 가진 것들을 위의 방식으로 선정을 하고, 이 타깃 기회들에 대해서 집중되고 효과적인 방식으로 아이디어들을 도출한다. 이러한 과정을 체계적이고 합리적으로 거친다면, 아마도 이전에 비해서 훨씬 높은 가치를 가진 혁신의 해답을 찾게 될 것이다. 다음 절에서 그렇게 혁신을 한 기업의 사례를 알아 보자.

타깃을 제대로 찾고 조준하는 것이 원하는 곳에 도달하기 위해서 가장 중요한 기술이자 해야 할 일이다.

9. Discover 사례

> "우리가 개발한 스텐트는 역사상 가장 빠르게 성장한 의료 기구가 되었습니다." - 코디스사 임원 -

미국의 코디스Cordis사는 심장병 수술용 기구를 제조하는 기업이다. 좁아진 동맥을 확장하여 심장마비를 치료하는 수술용 풍선기구를 제공하였는데, 이 시장에서 점유율은 1%도 되지 않았다. 코디스사는 ODI 방법을 활용해서 혁신적인 제품들을 개발하고, 이를 통해서 시장 점유율을 높이고 더 큰 성장을 추구하기로 하였다. 그를 위해서 앞에서 설명한 4가지 단계들을 거치고, 그 결과 15개의 타깃 기회들을 찾아 낼 수 있었다. 그 기회들의 일부는 다음과 같았다.[7]

- 동맥폐색 재발 최소화: 중요도 9.5, 만족도 3.2, 기회도 15.8
- 풍선이 폐색 부분을 지나는 힘을 최소화: 중요도 8.3, 만족도 4.2, 기회도 12.4
- 가이드 와이어가 만드는 피해를 최소화: 중요도 9.5, 만족도 7.5, 기회도 11.5

이러한 기회들 중에서 첫 번째인 동맥폐색의 재발 방지는 15.8점의 매우 높은 기회로, 심장마비를 가져온 동맥의 확장 수술 후에 또다시 동맥이 좁아져서 폐색이 일어나는 것을 방지하기를 원하는 것이다. 당시로서는 이러한 요구에 맞는 솔루션이 없어서, 폐색증이 재발하여 사망하는 환자들이 많았는데, 이 높은 기회에 대해서 집중하여 아이디어를 낸 결과, 혁신적인 솔루션을 찾게 되었다. 그것이 바로 '스텐트'Stent라고 불리는 금속의 그물망인데, 이 망을 동맥 혈관벽에 지지해 두면, 혈관이 다시 폐색되는 것을 방지해 주는 것이다. 코디스사는 이 하나의 솔루션으로 이전에 없던 새로운 시장을 개척하였고, 다른 기회들에 대한 더 나은 솔루션들도 제공함으로써, 전체 시장 점유율을 20%로 높일 수 있었다.

코디스사가 이전과 다르게 혁신을 추진한 점은, 초기에 기회를 발견하기 위해서 면담할 고객들을 좀 더 구체화한 것이다. 면담 대상자들은 심장병 전문의들, 간호사들, 그리고 병원 관리자들이었다. 또한 각 그룹 내에서 매우 다양한 사람들을 면담함으로써 결과의 완성도를 높였다. 혈관성형수술 과정을 크게 4가지 단계, 즉 삽입 - 설치 - 확장 - 제거로 나누었고, 이러한 단계마다 어떤 결과들을 얻기를 원하고, 또한 어떤 어려움들이 있는지를 파악하였다. 핵심 면담자들과 함께 3번의 면담 세션을 통해서 원하는 결과의 90% 이상을 얻을 수 있었고, 이를 최종 분석하기 위해서 30~45가지의 결과들로 압축하였다. 이 결과들에 대해서 위에서 본 예와 같은 중요도, 만족도, 기회도 분석을 하였고, 그 결과 타깃 기회들을 선정할 수 있었다. 코디스사는 이러한 기회들에 대해서 12가지 이상의 제품 아이디어들을 찾을 수 있었는데, 예를 들어서, 기구를 더 빨리 삽입할 수 있게 끝부분을 더 단단하게 만든다든지, 기구의 위치를 더 잘 추적할 수 있게 마킹을 추가하였고, 또한 더 다루기 쉬운 신소재를 개발하였다. 가장 큰 기회인 폐색재발 방지는, 재발 발생률을 20% 이상 감소한다는 목표 하에 빠른 시간에 스텐트라는 신제품을 출시할 수 있었다.

코디스사는 이러한 과정을 통해서 새로운 제품들만을 얻은 것이 아니었다. 이미 개발하고 있던 일부 제품들을 포기하였는데, 앞에서 고객의 요구들을 분석한 결과, 이 제품들이 타깃으로 한 요구들은 큰 기회가 없었기 때문이다. 예를 들어서, 풍선이 부풀어져 있는 상태에서 혈류를 높이기 위한 제품이 있었는데, 그 기회가 우선순위에서 최하위에 속함을 알고서 개발을 포기하였다. 이와 같이, 고객의 요구들과 그들의 명확한 우선순위를 더 잘 이해하게 됨으로써, 새로운 제품들에 대한 포트폴리오를 만드는 것과 그들의 잠재적인 기회에 대해서 더 높은 이해를 하게 되었다.

코디스사는 혁신을 착수한지 1년 만에 가치증진 혁신 제품 12개를 출시하여 기존의 1% 미만의 시장 점유율을 10%로 높이게 되었고, 매출은 30%가 상승했다. 더불어서 스텐트라는 가치창조 혁신 제품은 기존에 없었던 새로운 시장을 창출하여, 첫 해에만 1조원 이상의 매출을 올렸고, 이를 통해서 2년 후의 전체 매출은 거의 2배가 되었다. 1993년 주당 20달러의 가치였던 코디스는 1996년 존슨&존슨에 주당 109달러에 인수되었다.

코디스사의 Discover 사례는 어떻게 타깃 기회를 찾아야 하고, 그것이 제대로 발견되었을 때 얼마나 높은 리턴이 가능한가를 보여주고 있다.

10. Discover 실습

더 큰 혁신의 기회를 찾아서

이 절에서 우리는 간단한 실습 사례를 통해서 혁신의 기회를 발견하고 이에 대한 솔루션 아이디어를 찾아 보고자 한다. 실습을 위한 사례는 걷기가 불편한 노약자들을 위한 보행보조기로, 다음의 사진에 그 예를 볼 수 있다. 걸을 수는 있지만, 혼자서는 어려운 경우에 이 보조기를 이용하는데, 주로 노인들이나 물리치료가 필요한 환자들이 사용하게 된다. 이 보조기에 어떤 혁신 기회가 있고, 그에 필요한 아이디어는 어떤 것이 있을지 생각해 본다.

그림 5-3 보행보조기

고객들이 이 보조기를 통해서 수행하려는 과업은, "보행 중에 도움을 받는다."이다. 그 과업을 수행하는 데 필요한 단계들을 간단하게, 보조기 사용 - 보조기 관리의 2가지라 하자. 첫 단계인 사용에서 어떤 고객의 원하는 것들과 피하고자 하는 것들이 있을까? 먼저 가장 원하는 것은 '안전하게 걸을 수 있다'이다. 그 외에, '무게가 가볍다', '가격이 비싸지 않다', '구조가 튼튼하다' 등 여러 가지 기대하는 이득과 결과들이 있을 것이다. 또한, 고통과 문제들로는, '경사진 곳에서 위험하다', '넘어질 위험이 있다', '보관이 불편하다', '망가질 수 있다'

등을 생각해 볼 수 있다. 이러한 내용들을 다양하고 충실하게 파악했다고 가정하고, 이들로부터 USR을 추출해 본다면, '미끄러짐과 넘어짐을 방지한다', '가볍고 견고하다', 그리고 '가격이 비싸지 않다'의 세 가지를 샘플로 삼을 수 있다.

이 세가지의 USR들에 대해서 중요도, 만족도, 그리고 기회도를 다음과 같이 가정해 본다.

- USR 1: 미끄러짐/넘어짐 방지 – 중요도 9, 만족도 5, 기회도 13
- USR 2: 가볍고 견고한 구조 – 중요도 8, 만족도 7, 기회도 9
- USR 3: 적정한 수준의 가격 – 중요도 7, 만족도 8, 기회도 7

이 결과를 사실로 본다면, 경사면이나 고르지 않은 곳에서 안전하게 사용할 수 있도록 새로운 기술과 장치가 제공된다면 높은 가치를 가진 보조기를 제공할 수 있다. 단, 가격적으로 크게 높아지지는 않아야 한다. 따라서, 우리는 보조기가 갑자기 미끄러지거나 사용자가 넘어지는 사고를 방지할 수 있는 기회에 집중해서 솔루션 아이디어를 찾아 보자. 이 중요한 기회에 대해서 과연 어떤 효과적이고 경제적인 아이디어가 있을까?

포스텍POSTECH, 포항공대 신소재공학과 학생팀은 다음과 같은 혁신 솔루션을 제안했다. 팽창성 유체Dilatant Fluid를 바퀴 속에 채우고, 이 유체가 가진 특성을 이용해서 보조기의 바퀴가 적절하게 제동이 되도록 하는 아이디어이다. 전분을 물에 섞은 것과 같은 팽창성 유체는 갑작스런 움직임에 대해서 급격하게 점성이 높아지고, 따라서 이 성질을 적절히 활용하는 것이다. 기존의 보조기 바퀴에 추가로 장치를 달고, 이 장치의 팽창성 유체를 통해서, 경사나 미끄러짐으로 갑자기 바퀴의 속도가 빨라질 경우에 자동으로 제동이 되도록 하는 아이디어이다. 바퀴와 장치를 적절한 관계로 연결시키면, 갑자기 빨라진 속도에 브레이크가 걸리는 효과적인 솔루션이 가능하고, 가격면에서도 크게 높아지지 않는다. 옥수수 전분과 물, 그리고 기계적 부품들 몇 가지를 추가하면, 가격에서 약 1만원 정도 비싸진, 그러나 상대적으로 사용자에게 큰 안전성과 만족도를 줄 수 있는 혁신 솔루션이 가능하다. 현재 이 아이디어는 특허출원 중이므로 더 상세하게 공개하기는 어렵지만, 우리가 어떻게 기존의 익숙한 제품과 서비스에 대해서 새로운 혁신 기회를 발견하고, 이를 통해서 더 나은 솔루션을 찾을 수 있는지를 보여 준다.

혁신의 기회 발견은 전체 혁신 프로세스에서 가장 중요한 출발점이다. 때로 이 중요한 과정을 간단히 가볍게 지나쳐버리고, 좋은 혁신 아이디어를 찾는 것에 주력하게 된다. 좋은 아이디어와 솔루션을 찾고자 한다면, 먼저 큰 기회가 어디에 있는가를 찾아야 한다. "무엇을 위한 아이디어인가?"를 분명히하지 않고서, 단지 "이런 것을 제공하면 잘 될 것이다."라는 가정으로 혁신을 추진하기 때문에 혁신의 성공 가능성은 여전히 높아지지 않고 있다. 어떤 문제의 답을 찾기 이전에 먼저 알아야 할 것은 "이 문제가 풀만한 가치가 있는가?"이다. 많은 경우에 실패한 혁신의 원인은 이 질문을 잊은 채로 서둘러서 답을 찾고 그것을 최종 솔루션으로 개발하였기 때문이다.

다음 장에서 어떻게 가치우위가 높은 솔루션을 찾을 것인가를 알아 본다.

참고문헌

1. Anthony W. Ulwick, "What Customers Want: Using Outcome-Driven Innovation to Create Breakthrough Products and Services," New York: McGraw-Hill, 2005

2. 클레이튼 크리스텐슨, 마이클 레이너, "성장과 혁신," 딜로이트 코리아 역, 세종서적, 2005

3. 클레이턴 크리스텐슨 외, "일의 언어," 알에이치코리아, 2017 (Clayton M. Christensen, Taddy Hall, Karen Dillon, David S. Duncan, "Competing Against Luck," HarperBusiness, 2016)

4. Anthony W. Ulwick, "Jobs To Be Done: Theory to Practice," IDEA BITE Press, 2016

5. Anthony W. Ulwick, "The Customer-Centered Innovation Map," Harvard Business Review, 2002

6. Anthony W. Ulwick and L. A. Bettencourt. "Giving Customers a Fair Hearing," Sloan Management Review, 49, no. 3 (2008): 62--68.

7. Anthony W. Ulwick, "Turn Customer Input Into Innovation," Harvard Business Review, 2002.

혁신 다이내믹스
Innovation Dynamics

CHAPTER
06

Create:
가치우위 창출

지속 성장을 위한 혁신의 원리와 길

CHAPTER 06
Create: 가치우위 창출

1. 집중 브레인스토밍이란

> 여기저기 파기보다 확률이 큰 곳을 깊이 파야 금맥이 나온다.

　앞 장에서 발견한 타깃 기회에 대해서 어떤 방식으로 아이디어를 내는 것이 좋을까? 세상에는 수많은 아이디어 발상 기법들이 있는데, 우리는 가장 보편적이고 효과적인 브레인스토밍Brainstorming, 특히 '집중 브레인스토밍'Focused Brainstorming 방법을 추천한다. 브레인스토밍은 참가자들이 제약 없이 자유롭게 아이디어를 내고, 다양하고 많은 아이디어들을 통해서 더 나은 솔루션을 찾고자 하는 방법이다. 특히 창의적인 솔루션이 필요한 경우에 집단으로 브레인스토밍을 하는 것이 개인보다 더 효과적이라고 한다. 대개 브레인스토밍의 시작은, "이러저러한 주제에 대해서 자유롭게 아이디어를 내봅시다."인데, 이렇게 출발해서 랜덤Random하게 아이디어를 내기보다는, 타깃 기회들 하나마다 집중해서 아이디어를 내도록 하는 것이 더 유리하다. 이 방식을 집중 브레인스토밍이라고 하며, ODI 방법에서도 이를 추천하고 있다.[1]

왜 무작위로 자유로이 아이디어를 제시하는 일반적인 방법보다 집중 브레인스토밍이 더 나을까? 가장 큰 이유는, 대개 랜덤 방식에서는 출발점에서 명확하게 무엇이 고객의 요구인가를 잘 모르는 상태에서, "모든 아이디어는 좋은 것"이라는 가정하에, 아이디어를 제시한다. 그러나 이러한 방식으로 아이디어를 내게 되면, 평소에 개인이 가지고 있던 생각이나 "아마 이것이 고객이 원하는 것일 것이다."라는 자신의 추측하에 아이디어를 내게 된다.

이렇게 나온 아이디어들은 대개 기존 제품들의 개선책이나, 이미 개발팀에서 가지고 있던 계획이나 추진해보고 싶었던 것들이 나온다. 특히나, 애초에는 고객이 원하는 것들로부터 시작하더라도, 점차 내부의 이해관계와 제약들이 대두되면서, 점점 "우리가 더 할 수 있는 것들"로 수렴된다.

거기에 더해서, 핵심과 동떨어진 아이디어도 일단은 수용해야 하므로, 때로 시간과 비용이 큰 비효율적인 과정이 되기도 한다. 또한, 좋은 아이디어라도, 그것이 이미 초과만족된 고객 요구를 위한 것이라면, 후에 그것을 다시 걸러내는 과정도 필요해진다. 종종 초과만족된 요구에 대한 아이디어가 우수한 아이디어로 선택되기도 한다. 대개 고객에게 중요하지만 초과만족된 요구들은 내부의 관성에 의해서 더 높은 성능의 신제품을 만들도록 유인한다. 마케팅에서 강력하게 "더 이상의 성능은 고객에게 의미가 없다."라고 해도, 엔지니어링에서는 이미 오랜 시간에 걸쳐서 갈고 닦아온 소중한 기술을 포기하기 어렵다. 따라서, 애초에 명확하게 "어떤 불충족 고객 요구를 위한 아이디어가 필요한가?"를 정의하고, 이를 통해서 발견된 기회에 집중해서 아이디어를 내는 것이 효과적이다.

단순히 집중된 기회만을 가지고 아이디어를 내는 것보다는, 가급적 명확하게 설정된 목표치를 가지고 아이디어를 내는 것이 더 낫다. 예를 들어서, 현재 고려 대상인 고객의 USR에 대해서 만족도가 6점 수준이라면, 얼마나 이 수준을 높일 수 있는 아이디어가 필요한지를 수치로 설정하는 것이다. 만약 지금보다 30% 이상 더 높은 만족도를 목표로 한다면, 새로운 솔루션이 이 기회에 대해서 최소한 7.8점 이상의 만족도를 낼 가능성이 있어야 한다. 만약 현재의 기회에 포함된 USR들이 여러 개라면, 이들의 전체적 만족도 평균이 30% 이상 올라갈 수 있는 아이디어가 필요하다. ODI 방법에서는 각각의 타깃 기회에 대해서 최소 8점 이상으로 만족도를 높일 수 있는 아이디어들을 찾도록 권장하고 있다. 만족도 8점이란, 솔루션이 해당 기회에 대해서 80%의 고객들로부터 4점이나 5점 평가를 1부터 5까지의 점수로 평가했을 때 받을 수 있다는 의미이다.[1]

집중 브레인스토밍에서 추가적으로 다음과 같은 몇 가지 사항들을 고려한다면 더욱 효과적인 아이디어들을 얻을 수 있다.

① 새로운 솔루션의 비용이 증가하지 않도록 한다.
② 개발에 최소의 노력이 필요하다.
③ 낮은 기술적 리스크를 가진다.
④ 경쟁자가 따라하기 어렵다.

허스만사의 LED 냉장박스는 이러한 4가지 조건들을 모두 만족시킨 사례인데, 기존의 LED 박스에 비해서 거의 추가 비용이 들지 않았고, 디자인 변경이라는 최소의 노력이 필요했다. 또한, 기술적 리스크는 거의 없었으며, 그 시점에서 다른 경쟁자들은 쉽게 LED조명을 도입하지 못했다. 따라서, 예상되는 고객 만족도는 최소한 8점 이상이 되면서, 동시에 추가적인 4가지 조건들에도 잘 부합된 이상적인 경우라고 할 수 있다.

무작위로 아이디어들을 나열하게 하면, 이미 가지고 있던 것들의 변형이나 혹은 내가 해보고 싶었던 것들이 주를 이루게 되는데, 대신에 명확한 타깃 기회와 그에 대한 구체적인 만족도 점수를 목표로 한 집중 브레인스토밍이 유리하다.

2. 가치우위 분석이란

> USR에 대한 고객 만족도를 높이면 가치우위도 높아진다.

만약 우리가 새로운 솔루션 아이디어가 얼마나 높은 가치우위를 가질 것인지 사전에 알 수 있다면, 개발한 후에 실패할 확률을 낮출 수 있을 것이다. 그것도 단순히 고객에게 아이디어를 제시하고 "얼마나 만족하시겠습니까?"라고 하는 것이 아니라, 구체적으로 어떤 요구에 대해서 얼마나 더 만족도가 올라갈지를 안다면 좋을 것이다. 또한, 그 결과로 새로운 솔루션이 기존 솔루션이나 경쟁자들보다 얼마나 더 큰 가치우위를 가질 것인가를 알 수 있다면 더욱 좋을 것이다. 거기에 더해서, 이러한 분석을 정성적인 느낌이나 "이럴 것이다"가 아닌, 정량적인 수치로 추정해 볼 수 있다면 가장 좋을 것이다.

다행히도 우리는 ODI에서 제시된 방법을 활용하여 다음과 같이 가치우위를 정량적으로 분석해 볼 수 있다. 먼저, 가치우위를 판단해 볼 필요가 있는 새로운 솔루션에 대해서, 혁신 기회에 포함되었던 고객의 USR들에 대한 '새로운 만족도'를 추정해 보는 것이다. 새로운 만족도란, 만약 고객이 우리가 제시하려는 혁신 솔루션을 실제 사용한다고 할 때, 그것이 타깃으로 하는 USR에 대해서 어떤 만족도 점수로 평가할 것인가를 추정하는 것이다. 이것을 직접 고객들을 대상으로 조사해 볼 수도 있고, 어렵다면 이전의 만족도를 기준으로 가상의 점수를 예측해 볼 수도 있다. 새로운 솔루션에 의해서 영향을 받지 않는 USR들에 대해서는 기존의 만족도 점수를 그대로 적용하면 된다. 또한 같은 USR에 대해서 여러 가지의 아이디어들이 복합적으로 적용되는 경우는, 그들의 세트가 하나의 솔루션으로서 어떤 만족도를 가져올지 추정해 볼 수도 있다. 이렇게 새로운 만족도가 추정되면, 그들 전체를 가지고 다음의 총점을 계산한다.

> 만족도 총점 = { (USR 만족도) × (기회도) ÷ (기회도 총점) }의 합 × 10

이 식은 기회도를 가중치로 활용하여 전체 만족도들의 '가중합'Weighted Sum을 구하는 것으로, 기회도가 상대적으로 더 높은 USR에서 만족도의 변화가 더 크게 반영되도록 한다. 그리고 마지막에 10을 곱한 것은 총점을 100점 만점으로 만들기 위해서이다. 예를 든다면, 세 가지 USR들의 기회도가 8, 9, 10이고, 이들의 만족도가 7, 6, 5인 경우를 가정해 보자. 이 경우에 기회도 총점은 8+9+10=27점이고, 이를 활용한 만족도 총점은, { 7×8÷27+6×9÷27+5×10÷27 } ×10=59.3이다. 즉, 최대 만족도의 수준을 100으로 보았을 때, 이 경우의 만족도는 약 60 수준이라고 할 수 있다. 만약에 새로운 솔루션이 세 번째 USR의 만족도를 5에서 7로 높일 수 있다면, 새로운 만족도 총점은 66.7로, 기존에 비해서 약 12%의 만족도 증가, 즉 그만큼의 상대적인 가치우위가 있다고 할 수 있다.

과연 이러한 분석 방법이 새로운 솔루션에 대한 고객의 현실적인 만족도를 제대로 반영할 수 있을까? 이에 대한 객관성 있는 답을 내기는 어렵지만, ODI를 실제 활용해서 얻은 경험으로 보면, 실제의 만족도와 크게 어긋나지 않는 결과를 얻어 왔다고 한다.

결국 이 분석의 정확도를 결정하는 것은, 기회를 발견하는 과정에서 얼마나 충실하게 실제 고객들의 요구사항들을 파악했고, 그를 바탕으로 도출한 USR들이 전체적인 만족도를 상당 부분 커버하는가이다. 만약 우리가 도출하고 분석에 사용한 USR들이 고객 만족도 전체를 일부만 커버하는 경우에는, 다음과 같은 보정 방법을 사용할 수 있다.

가치우위 비율 = (새로운 솔루션의 만족도 총점 + X) ÷ (기존 만족도 총점 + X)

여기서 X는 현재의 USR들이 커버하지 못하는 다른 요구들, 즉 우리가 기존 만족도 총점을 계산하는 데 활용한 USR들 외에 고객이 가지고 있을 요구들에 대한 만족도 총점이다. 위의 예에서, 기존 만족도 총점이 60점, 새로운 만족도 총점이 67점이고, X가 200점이라면, 가치우위 비율은 $(67+200) \div (60+200) = 267 \div 260 = 1.03$, 즉 3%가 된다. 앞서 12%의 우위는 3가지의 USR들로 본 것인데, 만약 이들 외에 200점 정도 비중을 가진 다른 요구들이 만족도 평가에 영향을 줄 것으로 가정하면, 최종 만족도의 개선 비율은 3%라는 것이다. 제한된 USR들로만 만족도를 평가하는 것보다 이러한 방식으로 보정하는 것이 더 현실적 추정이라고 보인다. 어떻게 X를 산정할 것인가는 뒤에 실습으로 설명하기로 한다.

아이디어들을 내고, 이들을 통해서 혁신 솔루션을 구상했을 때, 이 제안이 실제로 고객에게 얼마나 높은 상대적 가치우위를 얻게 될지를 사전에 파악하고 비교한다면 혁신의 성공가능성은 더 높아질 수 있다.

3. 가치우위 평가란

사전에 가치우위 평가로 성공가능성을 알 수 있다.

앞에서 분석한 가치우위 비율을 통해서 단순히 "얼마나 가치우위가 있는가?"를 아는 것도 중요하지만, 한 걸음 더 나아가서 "성공가능성이 있는가?"를 평가해 볼 수 있다면, 매우 유익할 것이다. 이를 위해서 ODI에서 제안하는 가이드라인은 다음과 같다. 가치우위 비율이,

- 1.0에서 1.05 사이면 실패할 가능성이 높고,
- 1.1에서 1.2 사이면 성공할 가능성이 높고,
- 1.2 이상이면 크게 성공할 가능성이 있다.

비교 대상인 기존 솔루션보다 5%가 안 되는 가치우위의 새로운 솔루션은 성공가능성이 매우 낮아서, 개발에 착수하기보다는 다시 처음으로 되돌아가서 더 나은 기회와 솔루션을 찾는 것을 추천한다. 5%에서 10% 사이의 가치우위는 정확히 성공이냐 실패이냐를 가늠하기 어렵지만, 개발에 바로 착수보다는 좀 더 우위가 있을 솔루션

아이디어들을 찾아 보는 것이 바람직하다. 가치우위가 10%를 넘으면, 성공할 가능성이 실패보다 높으므로, 개발 계획을 수립하고 착수할 수 있다. 만약 20%가 넘는 가치우위로 분석되었다면, 이 솔루션은 가치 측면에서 매우 높은 성공가능성을 가진 것이다.

미국의 P&W Pratt & Whitney사는 새로운 공장 물류시스템의 도입을 검토하게 되었다. 이를 위해서 85개의 고객 요구들을 도출했고, 이들에 대해서 현재와 향후의 사용자들을 대상으로 중요도와 만족도를 파악했다. 이로부터 각 요구의 기회도를 산출했는데, 10 이상의 타깃 기회들을 상당수 발견할 수 있었다. 이러한 기회들을 대상으로 혁신 아이디어들을 도출하기 전에, 먼저 도입하려고 하는 물류시스템을 채택했을 경우에 경쟁자에 비해서 얼마나 가치우위가 있을지를 분석하게 되었다. 그 결과는 매우 놀라운 것이었는데, P&W가 제공하는 현재 서비스의 만족도 총점은 48.3점, 경쟁자의 서비스 만족도 총점은 53.4점, 그리고 현재 도입을 고려하는 시스템이 가져올 만족도 총점은 49.8점으로 평가된 것이다. 이 결과는, 만약 새로운 시스템을 도입하더라도, 그를 통해서 현재의 경쟁자가 제공하는 서비스 수준보다 더 높은 수준을 달성하기 어려울 것임을 뜻한다. 결국 P&W는 시스템의 도입을 보류하고, 대신에 자체적으로 새로운 솔루션 아이디어를 찾게 되었다.1

P&W는 기존의 만족도 수준보다 최소 25퍼센트를 넘는 가치우위를 가진 솔루션을 목표로 2일간의 아이디어 발굴 작업을 하였다. 기존의 48.3점을 25퍼센트 높이려면 새로운 솔루션의 만족도 총점은 60.4점 이상이 되어야만 하는데, 이는 경쟁자보다 높은 수준을 달성하고자 함이었다. 다양한 부서에서 참가한 아이디어 발굴팀은 타깃 기회들에 대해서 높은 만족도가 가능한 새로운 아이디어들을 내었

는데, 예를 들면, "고객 주문의 상태를 아는 데 필요한 시간을 최소화"에 대해서, "고객이 직접 접근할 수 있고 실시간으로 업데이트되는 중앙집중식 주문 추적"과 같은 것이다. 이렇게 도출된 아이디어들에 대해서 그것들이 기여하는 고객 결과들의 새로운 만족도를 분석한 결과, 최종적으로 혁신 솔루션이 얻은 만족도 총점은 66.7점이었다. 38퍼센트의 가치우위로 애초 설정한 25퍼센트 목표를 초과 달성했고, 추진 과정에서 재무 부서를 설득하는 데에도 이 결과가 매우 유용하였다고 한다. 결국 P&W의 이 혁신 프로젝트는 성공 사례가 되었다.

이 사례에서 우리는 3가지 통찰을 얻을 수 있다. 첫째는, 명확한 판단과 가치의 분석이 없이 단순히 "경쟁자들이 하고 있거나 하려고 하기 때문에 우리도 한다."는 식의 소위 '따라하기' 혁신을 경계해야 한다. P&W는 경쟁자가 가지고 있는 시스템을 자신도 도입하게 되면 현재의 열세를 따라잡을 수 있을 것이라는 가정에서 애당초 혁신을 시도했었다. 그러나 실제는 그 시스템에서 차이가 아니라, 다른 여러 가지 요인들이 있었음을 알게 되었다. 둘째는, 혁신의 출발점에서 분명하게 고객이나 사용자들이 요구하는 것들을 파악하면 할수록, 왜 무엇을 위해서 우리가 이러한 프로젝트가 필요하고 중요한가를 공유하게 된다. P&W가 다소 수고스럽지만 초기 단계에서 혁신의 기회 발견을 충실히 한 덕분에, 모든 참여자들이나 경영진에서 이 프로젝트의 가치에 대해서 더 인정을 하게 되었다. 그리고 왜 시스템 도입 대신에 자체 혁신 솔루션 개발이 더 나은가에도 이견이 없어졌다. 셋째는, 어떤 구체적인 목표를 가지고 솔루션 아이디어를 도출할 것인가를 명확히 함으로써, 집중 브레인스토밍의 장점을 잘 살릴 수 있었다. 최종 만족도가 경쟁자의 수준보다 반드시 높아야 하고,

따라서 각 기회에 대해서 어느 정도로 우월한 아이디어가 필요한가를 잘 아는 덕에, 2일이라는 짧은 시간 내에 매우 효과적인 솔루션을 찾아낸 것이다.

객관적인 기준들과 정량적 평가로 가치우위를 판단함으로써, 나의 현재 수준, 경쟁자의 수준, 그리고 새로운 솔루션이 가져올 수준을 비교해 볼 수 있고, 이를 통해서 혁신의 성공가능성도 미리 가늠해 볼 수 있다.

4. 과업에서 아이디어 찾기란

> " 고객 과업을 통해서 가치우위가 높은 아이디어를 찾을 수 있다. "

만약에 구체적인 고객의 USR들을 모두 도출하지 않고, 좀 더 빠르게 가치우위가 높은 혁신 기회와 아이디어를 찾기 원한다면 어떻게 하는 것이 좋을까? 5장에서 소개한 고객 과업Jobs-To-Be-Done 원리를 바탕으로, 스캇 앤서니Scott Anthony 등은 다음과 같이 가치우위가 높은 혁신 기회와 아이디어를 포착하기 위한 방법론을 제시하고 있다.2 먼저, 시니어 리더십팀이 오후 반나절 동안 그간의 발견된 기회들을 분석하게 하되, 다음과 같은 세 가지 사항들을 연계하여 최소한 세 가지 기회 영역들을 찾아 내도록 한다.

- 다수의 잠재 고객들이 수행해야 하는 과업이지만 누구도 제대로 대응하지 못하고 있는 것 – 현재 고객들이 가지고 있는 불충족 과업들을 발굴

- 그러한 과업을 이전보다 훨씬 더 쉽고, 싸고, 혹은 편리하게 수행하게 만드는 기술이나, 또는 그 과업의 필요성이 커지도록 만드는 경제적, 규제적, 혹은 사회적 변화 – 기술과 환경의 변화로 인해서 불충족 과업이 어떻게 만족될 수 있는가
- 이러한 기회를 붙들기 위해서 다른 경쟁자들이 쉽게 따라 하기 어려운 우리 기업의 특수한 역량 – 우리의 핵심역량이 이 기회와 얼마나 부합되는가

위의 세 가지 조건들을 충실히 고려하게 되면, 어딘가에 큰 돈이 될 듯하기 때문에 있지도 않은 기회를 추구하거나, 혹은 실질적인 우위가 없는 새로운 시장으로 무작정 뛰어드는 것과 같은 흔한 실수를 피할 수 있다.

이러한 사례를 마닐라 워터Manila Water라는 필리핀의 공공/민간 합작 기업에서 찾아 볼 수 있다. 이 기업은 2013년부터 추진하고 있는 비전인 "새로운 성장의 80%를 기존의 핵심이 아닌 곳에서"를 달성하기 위해서 새로운 혁신 기회를 찾아 왔다. 위의 기준들을 활용하여 마닐라 워터는 여러 기회들을 찾을 수 있었는데, 그들 중에서 선택된 잠재성이 높은 기회가 일반 기업들이 배출하는 하수의 처리였다. 많은 기업들의 하수처리 문제가 갈수록 증가하고 있었고, 과거와는 크게 다른 규제가 기업들에게 새롭게 풀어야 할 도전들이 되고 있었고, 이미 물을 공급하던 비즈니스를 통해서 잠재적 고객들에 대해서 익히 알고 있다는 것도 우위를 가질 수 있는 요소였다. 반면에, 혁신 기회로 초기에 고려했던 광고 분야로의 진입은, 비록 현재 매달 고객들에게 보내는 수백만 건의 종이 청구서를 통해서 광고를 할 수 있더라도, 기존의 핵심역량과는 너무나 거리가 있다는 점에서 포기하게 되었다.

추가로 스캇 앤서니는 '혁신의 실행서'The Little Black Book of Innovation에서 다음과 같은 '4P's'라고 하는 간단히 아이디어의 재무적 포텐셜

Financial Potential을 계산하는 방법을 제시하였다. 그는 "혁신가는 아이디어의 포텐셜을 파악하기 위해서 다음의 4P들을 추정할 수 있어야 한다. 그들은, 구매 가능 인구Population, 점유율Penetration, 가격 Price, 그리고 구매 빈도Purchase Frequency이다. 이 네 가지를 모두 곱하면 예상되는 매출, 즉 재무적 포텐셜이 계산된다. 이 수치가 기업의 입장에서 적절한가를 놓고 평가해야 한다."고 제안하였다.[3]

예를 들어서, 헬스케어 사업을 하는 기업의 혁신팀이 사전에 최고경영진의 승인을 위해서는 연간 총 매출이 1억달러 이상 되어야 함을 가정했다고 하자.

혁신 솔루션을 필요로 하는 사람들의 숫자가 대략 1천만명이었고, 가격은 패키지당 20달러로 추정되었다. 평균적으로 고객들이 연간 5개의 패키지를 구매할 것으로 예상되었고, 결과적으로 전체 시장의 매출 잠재력은 '1천만명 × 20달러/개 × 5개/년 = 10억달러/년'이 된다. 따라서 만약 이 솔루션이 시장의 10%의 점유율만 차지하더라도, 1억달러를 넘을 것임을 쉽게 알 수 있었다.

타깃 시장의 크기를 최대한 정확하게 추정하는 것이 중요한 첫 번째 조건이며, 따라서 가급적 초기 대상이 되는 시장의 범위를 작게 잡는 것이 필요하다.

두 번째는, 시장 점유율의 예상치를 먼저 가정하고서 우기기보다는, 다른 세 가지의 P들을 추정해 놓고, 어느 정도의 점유율이 되어야 원하는 수준의 매출이 가능한가로 분석해보는 것이 좋다. 이러한 4P 방법은 여러 가지 장점이 있는데, 대상 시장이 특수한 곳인지 혹은 대중적인 것인지, 구매가 특별한 경우인지 혹은 수시로 일어나는지, 가격에 대한 가정은 무엇인지, 그리고 판매 후 서비스는 무엇이 필요한지 등을 고려해 보도록 만든다.

때로 빠르게 혁신 기회를 발견하고 이에 대해서 가치우위가 높은 아이디어를 필요로 하는데, 이 경우에도 고객 과업을 기반으로 한 방법과 간단한 재무적 분석으로 가치우위를 분석해 볼 수 있다.

5. 가치 맵이란

가치 맵Value Map으로 가치우위를 비교할 수 있다.

2장의 알파사 사례에서 간단히 보았던 가치 맵을 이용하면 다양한 경쟁자들과 우리의 솔루션 사이에 객관적이고 정량적으로 얼마나 상대적 가치우위가 있을지를 알 수 있다.

그림 6-1 가치 맵의 예

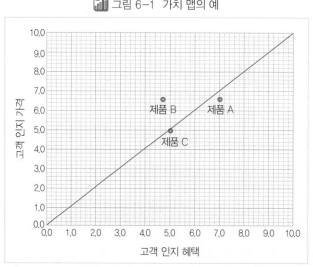

 가치 맵은 마케팅에서 주로 활용하는 도구인데, X-축에 고객이 인지하는 혜택을, 그리고 Y-축에 고객이 인지하는 가격을 두고, 두 축 상에서 솔루션이 위치하는 상대적 위치를 나타내는 것이다. 〈그림 6-1〉은 3가지 제품의 경우를 나타내고 있는데, 제품 A와 C가 상대적으로 제품 B보다 높은 가치우위가 있음을 보여주고 있다.[4]

 제품 A는 제품 B와 가격이 같지만 혜택은 더 높고, 제품 C는 제품 B에 비해서 혜택은 높고 가격은 싸다. 따라서 이 경쟁구도에서 제품 B는 가치우위가 매우 낮다고 할 수 있다.

 만약 제품 B가 현재 우리가 고려하는 솔루션이라면, 이것을 그대로 개발하는 것은 아무 의미가 없게 된다. 만약 우리의 솔루션이 제품 C라면 어떠한가? 제품 A와 비교해서 최소한 비슷한 가치우위를 가져야 할 것이다. 그림상으로 제품 A와 제품 C의 상대적 가치우위는 명확하지 않다. 따라서, 이 그림이 만들어진 구체적인 내용을 알 필요가 있다. 〈표 6-1〉에 세 가지 제품들의 가치우위 분석 내용들이 예시되어 있다.

표 6-1 제품들의 가치우위 분석

평가 기준	가중치	제품 A	제품 B	제품 C
디자인	0.3	7	5	5
기본 사양	0.2	7	5	6
편의 사양	0.2	6	4	4
배터리	0.1	5	4	5
브랜드	0.2	9	5	5
혜택 총점(A)		7.0	4.7	5.0
가격		80	80	60
가격 점수(B)		6.5	6.5	4.9
가치우위(A/B)		1.07	0.72	1.02

표에서 먼저 각 제품의 혜택을 평가하는 5가지 기준들에 대해서 각각의 가중치를 설정하였다. 각 항목을 제품에 대해서 10점 만점으로 평가하고, 각 제품의 점수에 가중치를 곱하여 이들을 합한 것이 혜택 총점A이다.

가격을 각 제품별로 산정하고, 이를 다시 적절한 방법으로 10점 만점으로 환산한 것이 가격 점수B이다. 최종적으로 가치우위의 평가는 A를 B로 나눈 비율, 즉 가격대비 혜택의 비율로 산출하였다. 그 결과, 제품 A1.07 - 제품 C1.02 - 제품 B0.72의 순으로 가치우위가 나타났다.

만약 우리의 혁신 솔루션이 제품 A라면, 시장에서 고객들로부터 큰 호평과 함께, 높은 리턴을 얻을 가능성이 크다. 그러나 만약 제품 B가 우리의 것이라면, 경쟁자들에 비해서 매우 낮은 가치우위로 실패하게 될 것이다.

제품 C가 우리의 솔루션인 경우는, 제품 B의 고객들이 우리 솔루션으로 이동할 가능성이 있다. 그러나 성공을 장담하기는 어려운데, 만약 제품 B의 점유율이 높지 않다면, 우리 솔루션을 채택할 고객의 잠재 숫자도 적기 때문이다.

따라서, 제품 C인 경우에는 현재 상태로 개발에 들어가기보다는 혜택을 더 높일 수 있는 방법들을 찾아 보아야 할 것이다. 예를 들어서, 만약 가중치가 큰 디자인에서 현재 수준인 5를 7로 높인다면, 혜택 총점이 5.6이 되고 가치우위는 1.1을 넘게 되므로, 매우 높은 가치를 인정받게 될 것이다.

가치 맵은 고객이 보는 혜택과 가격을 기준으로 솔루션의 상대적 가치우위를 평가할 수 있는 도구이며, 솔루션이 시장의 경쟁에서 어느 정도의 성공을 거둘 수 있을지를 객관적으로 판단하게 해준다.

6. 동등 가치란

> 최소한 동등한 가치Fair Value가 되어야 경쟁할 수 있다.

앞에서 본 가치 맵에는 대각선이 그려져 있는데, 이 선을 '동등 가치선'Fair Value Line 혹은 '가치 등가선'Value Equivalence Line: 이후 VEL이라고도 한다.

이 선의 의미는, 만약 여러 경쟁 제품들이 이 선상에 있다면 그들 사이에는 동등한 가치우위가 있다고 할 수 있다는 것이다. 앞 절의 예에서, 만약 제품 A와 제품 C의 가치우위 비율들이 모두 1.0이었다면, 두 제품들은 〈그림 6-2〉와 같이 VEL상에 위치할 것이다.

그림 6-2 가치 맵의 예 2

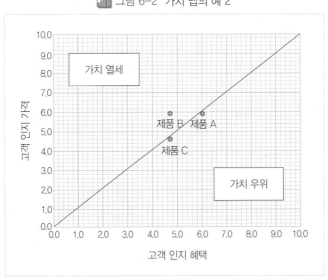

VEL상에 있다는 것은 두 제품들의 혜택과 가격은 서로 다르지만, 가치우위라는 면에서는 고객 입장에서 차이가 없다는 뜻이다. 물론, 개인 고객은 각자가 느끼는 가치가 다르지만, 두 제품을 선택한 고객들 사이에서 어느 쪽이 더 나은 선택을 했다고 할 수가 없다는 것이다.

〈그림 6-2〉의 예에서 제품 A와 C는 VEL에서 경쟁하고 있고, 서로 다른 브랜드 포지션을 차지하고 있다. 따라서, 각 제품을 선호하는 고객들 간에는 누가 더 나은 선택을 했다고 하기 어렵다. 그러나 제품 B는 소위 '가치열세'Value Disadvantage의 위치에 속하므로, 당연히 A와 C에 비해서 점유율이 낮게 된다. 가격은 높지만 혜택은 낮다고 인식되는 위치에 있으므로, 기본적인 경쟁 자격을 갖추었다고 할 수 없다. 우리 솔루션이 현재 이곳에 있다면 가장 먼저 해야 할 것은 최소한의 가치우위를 가진, 즉 VEL에 도달할 수 있는, 신제품을 서둘러 개발해야 한다. 가격을 C 수준으로 낮추거나, 혹은 A만큼의 혜택을 제공해야만 고객이 볼 때 경쟁자로서의 자격이 있게 된다. 아마도 가장 합리적이고 빠른 길은, VEL을 향해서 90도의 각도로 나가는 것이 될 수 있다. 혜택과 가격이 A와 C 사이의 적정 수준에 자리한다면 B도 등가선에 도달하게 될 것이다. 앞의 예시된 〈표 6-1〉에서 디자인과 기본 사양을 높이고, 가격을 70 수준으로 낮춘다면, 아마도 B의 위치도 VEL상으로 이동하게 될 것이다.

가치 맵과 그를 만들기 위한 정량적 분석을 통해서 혁신 솔루션이 기존의 것이나 경쟁자들에 비해서 얼마나 높은 가치를 제공할 수 있을지를 알 수 있다. 물론, 정량적 분석의 정확도는 방법론에 있기도 하지만, 더 중요하게는 사용하는 데이터의 정확성에 있다. 만약 가치 평가를 위해서 설정한 혜택 기준들과 점수들이나 가격 정보가 현실과 다르다면, 그 결과의 신뢰도는 매우 낮게 된다. 그러나 혁신 프로젝트의 초기 단계에서 이러한 시도와 정량적인 분석을 통해서 얻을 수 있는 통찰과 피드백은 높은 가치를 지니고 있다. 아이디어들을 내고 선정하는 과정에서 미리 고객들이 보는 관점에서의 객관적 가치를 따져 보게 만들고, 그를 토대로 과연 이 솔루션의 강점과 약점이 무엇일지를 판단할 수 있기 때문이다

이 도구를 좀 더 잘 활용하기 위해서는 몇 가지 추가해서 이해해야 할 사항들이 있다. 첫째는, VEL이 항상 고정되어 있는 것이 아니라, 시장과 경쟁의 변화에 따라서 지속적으로 변화한다는 것이다. 이를 다음 절에서 더 알아 보자. 둘째는, VEL을 정확하게 구하는 방법을 찾기가 쉽지 않은데, 우리는 단순한 가정들과 상식적인 공식을 사용하였다. 끝으로, 가치 맵에서 높은 우위가 분명하더라도 그것이 곧 높은 리턴을 보장하는 것은 아니라는 점이다. 왜 그런지는 혁신 다이내믹스에서 밝힌 바와 같이, 리턴을 좌우하는 것은 가치만이 아니기 때문이다.

가치 맵에 표시되는 가치 등가선VEL은 경쟁을 위한 기본 자격을 나타낸다고 할 수 있으며, 혁신 솔루션이 여기를 넘어선 곳에 있을수록 성공할 가능성도 높아지게 된다.

7. 가치 다이내믹스란

> 동등 가치와 가치우위는 지속적으로 변화한다.

앞서 본 동등한 가치우위를 의미하는 VEL은 항상 제자리에 있을까? 결코 그렇지 않다. 앞의 예시에서 만약 제품 B가 다른 경쟁자들을 따라 잡기 위해서 혜택을 높이거나 가격을 내리면, 그 영향으로 VEL은 오른편 아래 방향으로 이동하게 된다. 만약 제품 B가 가격을 제품 C보다 더 아래로 낮추게 되면, 결국 제품 C의 가치우위는 사라지고, 가치열세의 영역으로 들어 간다. 〈그림 6-3〉은 이러한 예시를 나타낸다.

📊 그림 6-3 가치 맵의 예 3

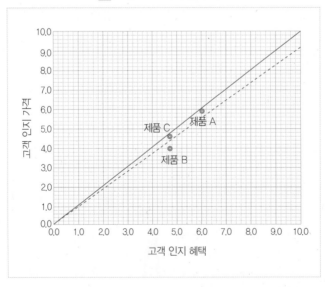

이와 같이, VEL은 경쟁자들이 서로 어떻게 움직이는가에 따라서 변하게 되는데, 그 결과 같은 솔루션이라도 상황의 변화에 따라서 수시로 가치우위가 달라진다. 이러한 관계를 우리는 '가치 다이내믹스'Value Dynamics라고 부른다.

〈그림 6-3〉에서 제품 B의 가격이 낮아짐으로써 제품 C와 A의 우위가 상실되고, 그에 따라서 실선에 있던 VEL이 점선 위치로 이동하게 됨을 알 수 있다. 따라서, 제품 B의 시장 점유율이 올라가게 될 것이고, 이에 대한 대응으로 C와 A도 가격을 내리거나 혜택을 더 높이게 될 것이다. 그로 인해서 VEL은 또 다시 이동하고, 시장 점유율도 바뀌게 된다. 결국, 가치 맵상에서 경쟁자들의 위치가 이동함에 따라서, 가치우위와 시장 점유율은 변화하며, 이러한 관계를 충분히 이해하는 것이 필요하다.

세품 혁신은 주된 관심이 X-축에서 더 오른쪽으로 이동하는 것, 즉 고객에게 혜택을 더 증가하고자 하는 것이다. 그와 대비해서 프로세스 혁신은 Y-축상에서 더 아래쪽으로 이동하는 것, 즉 같은 혜택을 더 낮은 가격에 제공하는 것에 관심을 가진다. 이 두 가지를 합해서 현재의 위치보다 더 오른쪽으로, 또한 더 아래쪽으로 가려는 노력을 하는 것이다. 가치 다이내믹스는 왜 이러한 혁신 노력이 기대하는 만큼 성과를 내기 어려운가를 설명한다. 우리가 열심히 가고자 한 위치에 성공적으로 도달해도, 경쟁자들이 제자리에 서있는 것이 아니라 때로 우리보다 더 우위가 있는 곳으로 이동해 있기 때문이다.

혁신에서 특히 가치우위의 급격한 변화가 일어나는 경우는 이전과 다른 가치창조 혁신을 앞세운 새로운 경쟁자의 출현이다. 피처폰 시대의 경쟁구도에 애플의 아이폰이 등장하거나, 브라운관 시대의 경쟁구도에 삼성과 LG의 LCD TV가 등장한 것과 같이, 새로운 혜택과 가격 경쟁력을 앞세운 파괴적 제품과 서비스의 등장은 순식간에 가치 맵의 구도를 와해시키기도 한다. 이러한 경우에 가장 크게 바뀌는 것은 바로 가치 맵상의 X-축을 정의해온 고객이 인지하는 혜택이다. 피처폰 시대의 혜택을 결정하는 기준들이 주로, 디자인, 편의성, 휴대성, 배터리, 브랜드 등이었다면, 스마트폰의 등장으로 이러한 기준들의 비중을 크게 낮추는 대신에, 모바일 인터넷과 앱을 통한 다양한 '콘텐츠 활용'이 새롭게 등장했다. 브라운관 TV 시절의 중요한 기준이었던 화질의 비중을 낮추는 대신에, LCD 기술은 크기와 두께라는 기준에서 파격적인 혜택을 제공하였다. 이렇게 가치 맵의 X-축을 크게 바꾸는 혁신이 바로 가치창조 혁신이다. 가치증진과 가치창조 모두의 경우에서 가치 다이내믹스를 이해한다면 우위를 얻는 데 크게 도움이 될 것이다.

가치 맵상에서 모두가 그 자리에 머물러 있다면, 우리가 어디로 얼마나 이동하면 가치우위가 높아질지를 정확하게 알 수 있지만, VEL이 한 자리에 있는 경우는 거의 없다.

8. 가치 경쟁이란

> 실질적 가치우위를 위해서 가치 경쟁을 이해하고 이용해야 한다.

월터 베이커Walter L. Baker와 공저자들은 '가격 우위'The Price Advantage에서 가치 맵을 통하여 가치 경쟁이 어떻게 발생하는지를 다음의 예로써 잘 설명하고 있다.**4** 슈어 모터Sure Motors사는 기존 제품보다 내구성이 높고 보장 조건이 더 나은 새로운 모터를 출시했는데, 가격은 전과 같았다. 그 덕에 시장 점유율은 높아졌는데, 특히 상위 제품으로 경쟁하던 로테이션Rotation사의 고객들이 이동하였다. 초반에는 슈어 모터가 유리했으나, 뒤이어 경쟁자들도 가치 맵에서의 위치를 옮기기 시작했다. 〈그림 6-4〉에 이를 표현하였다.

로테이션사도 더 나은 보장 조건과 낮은 가격으로 대응을 하였고, 다른 저가 경쟁자들은 당장 혜택을 높일 수가 없어서 부득이 가격을 할인하였다. 결국, 전체가 가치 맵의 Y-축에서 아래로 내려오고, 슈어 모터와 로테이션은 X-축에서 오른쪽으로 이동했는데, 그 결과 새로운 VEL이 기존보다 오른편 아래쪽에 자리하게 되었다. 덕분에 고객들은 더 큰 가치를 누리게 되었지만, 시장 점유율은 다시 이전 상태로 되돌아가고, 모터 업체들 전체가 이전에 비해서 수익은 줄어들게 된 것이다.

그림 6-4 가치 경쟁의 예

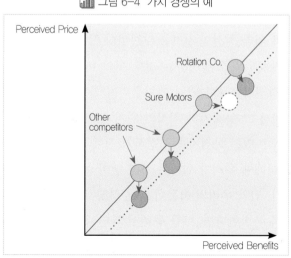

슈어 모터는 이러한 가치 다이내믹스를 어떻게 활용했어야 할까? 만약 슈어 모터가 단지 혜택만을 높이는 것이 아니라, 그에 비례해서 가격을 올렸다면, 기존의 시장 점유율에서는 큰 변동이 없었겠지만, 이전보다 더 큰 이익을 얻었을 것이다. 다른 경쟁자들은 자신들의 점유율에 큰 피해가 없으므로, 아마 기존 위치를 지키고 있었을 것이다. 따라서 모터 제품들 전반적으로는 가격이 크게 변동이 없게 되고, 슈어 모터의 이익은 상대적으로 커질 수 있었을 것이다. 마치 장기판에서 한 말의 움직임이 다음 여러 말들의 움직임을 결정하듯이, 가치 맵상에서 우리의 위치 이동이 전체 구도를 어떻게 바꿀 것인지를 잘 알아야만 한다. 이를 위해서 베이커와 공저자들은 다음과 같이 제안한다.

"기업이 가치 맵에서 움직임을 고려할 때는 다음 질문을 해봐야 한다: 미래에 어떤 가치 맵이 되기를 원하는가? 우위를 점한 기업은 대개 몇 년 앞을 내다보고, 자신들이 원하는 위치와 경쟁자들이 처할 위치들을 나타내는 바람직한 미래의 가치 맵을 설정한다. 그리고 나서, 이러한 가치 맵을 타깃으로, 목표 달성을 위해서 자신과 경쟁자들의 위치를 위한 최선의 전략을 구상한다."

혁신의 가치우위를 결정하는 것도 이와 마찬가지이다. 단순하게 "자, 다른 경쟁자들보다 먼저 가치우위가 가장 높은 곳으로 달려가자."라고 해서 그 목적지가 최적의 위치가 아닐 수 있다. 우리가 가고 싶고, 갈 수 있는 목적지를 선정하기 전에, 현재의 가치 맵이 어떤 구도이고, 미래에 우리가 원하는 가치 맵이 어떤 모습인가를 구상해 보아야 한다. 만약 우리의 이동이 다른 경쟁자들로 하여금 새로운 이동을 하도록 촉발한다면, 그를 통해서 과연 우리에게 얻어지는 이득이나 손실이 무엇일까를 따져보고, 가능하다면 다양한 시나리오를 통해서 시뮬레이션을 해도 좋을 것이다. 이러한 고려가 충분히 없이, 단지 현재의 솔루션 아이디어가 특이하다거나 다른 경쟁자들과 다르다고 해서, 또는 기존에 쓰이는 기술에 비해서 더 좋은 기술이라는 등의 이유로 우위를 판단해서는 안 된다. 우리가 늘 명심해야 하는 팩트 중의 팩트 하나는, "가치 맵에서 우리 솔루션의 실제 위치를 결정하는 것은 고객이 인지하는 혜택과 가격, 그리고 경쟁자들이다." 라는 것이다. 가치우위는 결코 우리가 홀로 결정하는 것이 아니다.

가치 맵에서 단순히 가치우위가 높을 곳으로 이동한다고 그것이 곧 실질적인 가치우위를 가져오는 것이 아닌데, 그 이유는 다른 경쟁자들 또한 우리와 같이 가치우위를 위해서 새로운 포지션으로 움직이고 있기 때문이다.

9. Create 사례

> "이러한 통찰로 얻어진 신제품은 우리가 이제까지 개발했던 어떤 제품보다도 큰 관심과 높은 초기 판매를 가져왔습니다."
> - 보쉬 공구의 임원 -

미국의 전동 공구회사인 보쉬Bosch Tool Corporation사는 2004년에 혁신적인 전동 원형톱Circular Saw인 CS20을 개발하였다. 30명의 전동 톱 사용자들로부터 85개의 원하는 결과들을 조사하였고, 이 요구들에 대해서 270명의 사용자들이 중요도와 만족도를 평가하였다. 그 결과로 전체 사용자의 30퍼센트를 차지하는 숙련된 목수들을 대상으로 혁신 기회들을 발견하였는데, 85개의 원하는 결과들 중에서 14개가 기회도가 큰 불충족 요구들인 것을 알게 되었다. 대표적인 요구들은, "경사에 대해 각도자Bevel 조절을 쉽게 한다", "전기 코드가 톱에 절단되는 것을 방지한다", "절단선이 잘 보이게 한다", "사용자 눈에 톱밥이 날리는 것을 방지한다" 등이었다. 이들에 대해서 집중 브레인스토밍을 통하여 아이디어들을 도출하였고, 이들을 결합한 혁신 솔루션을 발굴하였다. 그에 대해서 앞서 설명한 가치우위 비율을 산정하였는데, 그 값은 1.38, 즉 기존보다 38퍼센트의 만족도 증가가 예상되었다.[1, 5]

기존 솔루션의 만족도 총점은 100점 만점에 63점이었는데, 이러한 수준으로는 다른 경쟁자들에 비해서 가치우위가 있다고 할 수 없었다. 따라서, 보쉬는 위에서 발견한 다양한 기회들에 대해서 만족도 수준을 높일 수 있는 여러 가지 혜택들을 새롭게 발굴하였다. 예를 들어서, 전기 코드가 톱에 잘리는 사고를 방지하기 위해서 다이렉트커넥트Direct Connect라는 방식을 발명했는데, 이것은 전기 코드를 톱에서 분리해서 플러그 방식으로 꼽을 수 있게 한 것이다. 따라서, 만약 톱이 전기 코드를 절단한 경우에 톱 전체를 새것으로 교체하는 대신에, 여분의 전기 코드로 쉽게 대체할 수 있게 하였다. 각도자의 조절을 편하게 하는 장치를 제공하고, 절단선이 더 잘 보이도록 하는 홈Cutout을 만든다든지, 톱밥을 불어내는 장치의 방향을 바꾸는 등, 10여개의 새로운 요소들을 제공함으로써, 결과적으로 만족도 총점이 87점인 새로운 솔루션을 개발하였다. 실제로 CS20 전기톱이 출시된 후에 이에 대한 고객들의 만족도를 조사해보니, 87점에 가까운 평가를 얻었다고 한다. 또한 이 신제품은 포퓰러 사이언스 잡지에서 선정하는 100대 혁신 제품의 하나로 선정되기도 했는데, 오랜 기간 보쉬사의 베스트셀러 제품으로 자리를 유지했다.

이러한 가치우위를 제대로 고객들에게 전달하기 위해서는 단순히 "우리의 제품의 성능이 더 뛰어납니다."라는 일반적인 메시지가 아니라, 구체적으로 어떤 고객의 요구에 대해서 어떻게 더 나은 혜택을 제공할 수 있다는 메시지가 필요하다. 예를 들어서, 보쉬의 신제품은 각도자를 신속하게 조절하는 기능면에서 다른 경쟁자들보다 뛰어났는데, 이 요구에 대해서 다른 경쟁자들의 만족도가 3점 수준인데 비해서 보쉬는 6점 수준임을 알게 되었다. 이렇게 가치우위를 만들어 내는 상세한 기능과 장점을 제품의 홍보에 더 잘 활용함으로써 보쉬는 이전에 비해서 더 효과적인 마케팅을 할 수 있었다. 고객에게 더 명확하게 어떤 요구에 대해서 어떻게 얼마나 더 나은 혜택을 제공할 수 있는지를 이해시킴으로써, 고객이 경쟁 제품들에 대해서 보다 더 잘 혜택에 대해서 인지하도록 만든 것이다.

가치 맵에서 상대적인 위치를 결정하는 것은 결국 고객이 어떻게 우리가 제공하는 혜택과 가격을 인지하는가에 달려 있다. 고객의 인지 수준을 높일 수 있는 좋은 방법의 하나는 바로 보쉬와 같이 구체적으로 자신이 제공하는 세부적인 기능과 혜택이 경쟁자들에 비해서 왜 어떻게 얼마나 뛰어난가를 알리는 것이다. 단순히 "배터리 성능이 더 좋다."가 아니라, "우리의 배터리는 한번 충전으로 20시간 지속되는데, 경쟁사의 동급 제품은 10시간 수준이다."라고 제시한다면 고객이 인지하는 혜택과 가치우위에서 그만큼의 효과를 보게 된다. 여기에 더불어서, 어떤 요구에 대한 메시지를 강조할 것인가를 선택해야 하는데, 그 선택을 도와주는 것이 바로 고객의 요구에 대한 기회도이다. 만약 기회도가 큰 요구에서 우리의 혁신 솔루션이 높은 차별성을 가지게 되었다면, 당연히 이 점을 강조하는 메시지를 고객에게 전달해야 한다.

보쉬의 사례는 우리에게 두 가지 중요한 통찰을 제공한다. 첫 번째는, 혁신 솔루션의 만족도 총점이 크면, 즉 가치우위 비율이 클수록, 그것을 개발하고 출시해서 성공할 가능성도 따라서 커진다는 사실이다. 고객 만족도가 80점 이상인 솔루션이 실패할 가능성은 매우 낮다. 한 예로, 최근에 큰 성공을 거두고 있는 아마존의 AI 스피커인 에코Echo의 만족도 점수를 아마존 제품 페이지의 사용자 평가로부터 산출하면 85점이다. 둘째는, 가치 맵에서 확실한 우위의 포지션을 차지하는 한 가지 길은 제공하는 혜택을 경쟁자들보다 더 잘 고객에게 전달하는 것이다. 그를 위한 한 방법이 기회도가 큰 요구들에 대해서 우리가 제공하는 것들을 구체적이고 명확한 메시지로 표현하는 것이다. 시장이 더욱 고객중심으로 진화하고, 고객의 개별 취향을 중요시할수록, 이러한 타깃 메시지는 더욱 큰 힘을 발휘할 것이다.

보쉬사의 Create 사례는 혁신 솔루션의 가치우위가 클수록 성공 가능성이 커지며, 또한 가치 맵에서 우위의 포지션을 위해서 혜택을 정확하게 고객에게 전달하는 것이 필요함을 시사한다.

10. Create 실습

> 더 높은 가치우위를 위해서

5장에서 사용했던 실습 사례인 보행보조기를 통해서 가치우위를 어떻게 창출하고 분석할 수 있는지를 알아 보자. 안전성을 높인 보행보조기를 목표로, 앞에서 도출했던 솔루션 아이디어는 팽창성 유체를 이용하여 갑작스런 바퀴의 움직임이 있는 경우에 적절히 제동력을 발휘하도록 하는 것이었다. 이러한 솔루션이 어느 정도의 가치우위를 가질 것이며, 또한 가치 맵에서 어떤 위치를 점할 것인지를 분석해 보려고 한다. 이를 위해서 먼저 고객의 USR들을 아래와 같이 정리해 본다.

표 6-2 실습 사례 가치우위 분석

고객의 USR	중요도	만족도	기회도	새 만족도
미끄러짐이나 넘어짐을 방지한다.	9	5	13	9
구조가 가볍고 견고하다.	8	7	9	8
가격이 적정한 수준이다.	7	8	7	8
사용과 보관이 편리하다.	7	7	7	7
유지 보수가 경제적이다.	6	8	6	8
총 점		66.9	42	81.4

위 표에서 계산한 대로, 기존의 만족도 총점이 66.9에 비해서, 새로운 보조기의 만족도 총점은 81.4점이 되었다. 가치우위 비율이 81.4/66.9=1.2, 즉 20%의 만족도 증가를 예상할 수 있다. 가장 큰 변화를 가져온 것은 첫 번째의 USR로, 기존 만족도 점수인 5보다 훨씬 높은 9점을 받았다.

두 번째 요구에서도 약간의 만족도 증가가 기대되었고, 나머지 USR들에 대해서는 기존 만족도와 같은 점수를 받았다. 이 점수들에 대해서 기회도를 이용한 가중합을 계산한 결과가 새로운 만족도 총점이다. 이 분석을 그대로 수용한다면, 아마 이 혁신적인 보행보조기는 시장에서 환영받을 것으로 기대된다.

안전 보행보조기의 가치 맵을 두 가지의 경쟁 제품들을 가상으로 설정해서 만들어 보자. 다음과 같은 5가지 혜택의 기준들을 가정하여 가중치를 설정하고, 각각의 평가를 10점 만점으로 하였다고 해본다.

표 6-3 실습 사례의 혜택과 가격 분석

	혜택 기준	가중치	안전보행기	저가보행기	고가보행기
1	안전성	0.3	9	5	6
2	성능	0.2	5	5	7
3	편의성	0.2	5	5	7
4	디자인	0.2	5	5	7
5	기타	0.1	5	5	7
	혜택 총점		62	50	67
	가격 점수		52	50	77
	가치우위 비율		1.17	1	0.87

가격은 100이라는 가상의 최댓값을 기준으로 적절하게 매겨 보았다. 혜택을 가격으로 나눈 값이 가치우위 비율이다. 이 결과를 〈그림 6-5〉의 가치 맵으로 표현하였다.

그림 6-5 실습 사례의 가치 맵

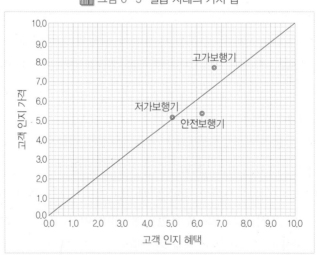

앞서 가치우위의 분석과 가치 맵 분석을 실제 상황이라고 가정한다면, 안전 보행보조기의 성공가능성은 매우 높다고 할 수 있다. 물론 이 사례는 전적으로 가상이지만, 이러한 과정을 통해서 가치우위를 평가하고, 그를 토대로 솔루션을 선정한다면, 혁신 가치의 객관적인 판단에 많은 도움이 될 것이다.

가치우위가 높은 혁신 솔루션을 찾기 위해서는 두 가지의 노력들이 필요하다. 첫째는, 타깃 기회에 대해서 집중 브레인스토밍을 통하여 "최소 10% 이상의 향상"이 가능한 아이디어를 찾는 것이다. 기회도가 10점 이상인 고객의 USR들에 대해서 만족도가 8점 이상인 솔루션을 찾는 것이 첫 번째 미션이다. 둘째는, 새로운 솔루션의 객관적이고 정량적인 가치우위를 평가하는 것이다. 이를 위해서 우리는 두 가지의 방법들을 제안하였다. 하나는 만족도 총점의 공식을 이용하여 가치우위 비율을 산출하는 것이고, 다른 하나는 가치 맵을 이용하는 것이다. 두 방식 모두를 적절히 결합하여 사용한다면 좋을 것이다. 혁신 다이내믹스의 원리에서 본 바와 같이, 큰 혁신 기회와 높은 가치우위를 가진 솔루션이 결합하면 높은 혁신 가치를 얻게 된다. 그러나 가치라는 핵심 요소와 더불어서 리스크라는 두 번째 핵심요소가 존재한다. 다음 장에서 어떻게 혁신 리스크를 관리할 것인가를 알아 본다.

참고문헌

1. Anthony W. Ulwick, "What Customers Want: Using Outcome-Driven Innovation to Create Breakthrough Products and Services," New York: McGraw-Hill, 2005

2. Scott Anthony, David Duncan, and Pontus M.A. Siren, "Build an Innovation Engine in 90 Days," Harvard Business Review, 2014

3. Scott Anthony, "The Little Black Book of Innovation," Harvard Business School Publishing, 2012

4. Walter L. Baker, Michael V. Marn, Craig C. Zawada, "The Price Advantage," 2nd Edition, Wiley, 2010

5. https://strategyn.com/

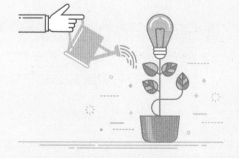

혁신 다이내믹스
Innovation Dynamics

Manage:
혁신 리스크 관리

지속 성장을 위한 혁신의 원리와 길

CHAPTER 07

Manage: 혁신 리스크 관리

1. 리스크 관리란

> 불확실성이 목표에 미치는 영향을 적절히 관리해야 한다.

　이 장에서는 3장에서 소개했던 혁신 리스크를 어떻게 관리할 수 있는가를 알아 본다. 리스크 관리란 일반적으로 리스크의 파악, 평가, 그리고 우선순위 부여를 통해서 기회에 대해서 최선의 결과를 얻고자 하는 것을 말한다. 우리가 세운 목표들에 대해서 불확실성과 위험요소들로 인한 부정적인 영향을 최소화하고자 하는 것이다. 그를 위해서는 일반적인 리스크 관리가 어떻게 이루어지고, 어떤 내용들을 알아야 하는가를 먼저 살펴 보자. 가장 흔하게 인용되는 리스크 관리의 개념들은 ISO 31000에서 찾아 볼 수 있는데, 이 내용들을 다음과 같이 간단히 요약해 본다.[1]

　ISO는 리스크를 "불확실성이 목표에 미치는 영향"으로 정의하는

데, 영향은 기대치로부터의 편차를 의미한다. 이것은 부정적인 것일 수도 있고, 긍정적인 것일 수도 있다. 리스크는 또한 잠재적인 사건 Events과 결과Consequences로 특징지어지며, 사건의 결과와 발생가능성Likelihood으로 표현된다. ISO의 리스크 관리 프로세스는 〈그림 7-1〉로 요약되어 있다.

그림 7-1 ISO31000 리스크 관리 프로세스

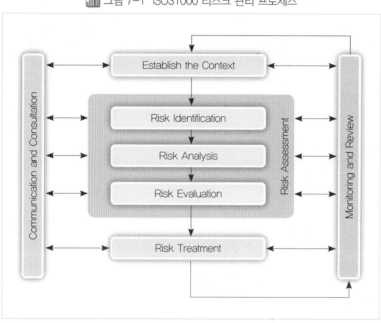

각 단계에 대해서 간단히 요약해 본다.

① 커뮤니케이션과 자문Communication and Consultation

내외부 이해관계자들과의 소통과 자문은 리스크 관리 프로세스 전반에 걸쳐서 이루어져야 한다. 초기에 소통과 자문을 위한 계획이 수립되어야 하고, 이 내용에는 리스크, 원인과 결과, 그리고 처리를 위한 기준 등이 포함된다. 효과적인 소통과 자문이 리스크 관리의 성공에 중요한 역할을 한다.

② 맥락의 설정Establish the Context

리스크 관리를 위해서 조직이 원하는 목표를 정하고, 내외부의 변수들 Parameters, 범위와 리스크 평가에 적용할 기준들을 결정한다. 목표와 변수들이 리스크 관리 프로세스의 범위에 어떻게 연관되는가를 상세하게 고려한다.

③ 리스크 파악Risk Identification

리스크의 원인, 영향을 받는 영역, 사건과 원인들, 그리고 그들의 잠재적 결과를 파악한다. 목표에 영향을 줄 수 있는 사건들을 포괄적인 리스크 목록으로 작성한다. 리스크의 원천이나 원인이 분명하지 않더라도, 또한 조직의 통제하에 있거나 혹은 아닌 리스크들이라도, 모두 포함해야 한다.

④ 리스크 분석Risk Analysis

리스크 분석은 리스크에 대한 이해도를 높이는 것이다. 리스크 평가를 위해서 원인과 원천을 고려하고, 그들의 결과들과 발생할 가능성을 고려한다. 사건들의 모델링이나 실험 분석 또는 데이터로부터 이들을 추정한다.

⑤ 리스크 평가Risk Evaluation

리스크 평가의 목적은 어떤 리스크에 대한 조치Treatment가 필요하고 조치를 위한 우선순위를 결정하는 것이다. 분석 과정에서 알게 된 리스크의 수준을 비교하고, 어떤 조치가 필요한지를 고려한다.

⑥ 리스크 조치Risk Treatment

리스크를 수정하기 위한 하나 혹은 복수의 옵션들을 선택하고, 이 옵션들을 실행하는 단계이다. 실행 단계에서 조치들을 통해서 리스크를 통제하거나 수정한다.

⑦ 모니터링과 리뷰Monitoring and Review

리스크 관리 프로세스 중에 정기적이거나 비정기적인 모니터링과 리뷰를 수행한다.

리스크 관리에는 7가지 업무들이 필요하고, 핵심 업무들은 리스크 파악, 리스크 분석, 리스크 평가, 그리고 리스크 조치이다.

2. 프로젝트 리스크 파악이란

> 리스크 매트릭스를 통해서 빠르게 리스크를 파악한다.

리스크 관리 프로세스에서 핵심 중 하나는 얼마나 포괄적으로 사전에 리스크들을 파악하는가에 있다. 이에 대해서 제일 먼저 필요한 것은, "현재의 혁신 프로젝트가 과연 어느 정도의 리스크를 안고 있는가?"를 이해하는 것이다.

잠재적 리스크가 큰 프로젝트라면 매우 상세하고 신중한 리스크 관리가 필요할 것이고, 그렇지 않은 경우라면 너무 미세하고 비용이 큰 리스크 관리가 필요치 않을 것이다.

또한, 개별적인 리스크를 파악하기 전에, 구성원들 간에 프로젝트의 리스크 수준에 대해서 공통의 인식을 갖게 할 수 있다. 세부 리스크 분석을 하기 전에 먼저 개괄적인 프로젝트의 리스크 수준을 진단하기 위해서 3장에서 소개했던 데이 교수의 리스크 매트릭스Risk Matrix를 활용해 본다.[2]

리스크 매트릭스상에서 프로젝트가 어떤 위치를 차지하는가를 알기 위해서는 X-축과 Y-축상의 좌표값을 파악해야 한다. X-축은 시장의 상대적인 새로움, 그리고 Y-축은 기술과 제품의 새로움을 나타내는데, 이들 각각에 대한 위치를 알기 위해서는 다음과 같은 설문 평가를 거치게 된다.

시장과 기술에 대한 항목들을 평가하고 이들의 합을 구해서 각 축의 좌표를 결정한다.

▦ 표 7-1 시장에 대한 평가

	Intended Market					
	기존 시장과 같음		기존 시장과 일부 겹침		완전히 다르거나 전혀 새로움	
고객들의 행동과 의사 결정 과정이…	1	2	3	4	5	
우리의 판매와 배송 과정이…	1	2	3	4	5	
경쟁자들(기존 및 잠재적)의 구성이…	1	2	3	4	5	
	밀접한 상관 있음		일부 상관 있음		전혀 상관 없음	
우리의 브랜드 이미지와…	1	2	3	4	5	
우리의 현재 고객 관계와…	1	2	3	4	5	
경쟁사들의 행동과 의도에 대한 우리의 지식과…	1	2	3	4	5	
					Total(x–axis coordinate)	

〈표 7-1〉을 통해서 우리는 크게 두 가지 카테고리에서 시장의 불확실성을 평가할 수 있음을 알 수 있는데, 첫째는 시장의 주요 구성 요소들로서, 시장에서의 고객 행동, 판매 및 배송 과정, 그리고 경쟁자들의 구성에 대한 것이다. 시장을 구성하는 고객, 배송과 판매 채널, 그리고 경쟁자들이 기존 시장으로부터 얼마나 달라지는가에 따라서 높은 점수가 나오도록 하였다. 둘째는 기존 시장과의 연관성으로, 기존 브랜드, 고객 관계, 그리고 경쟁자들의 대응에 대하여 새로운 시장이 얼마나 상관관계가 있는가를 기준으로 판단을 하였다. 기존 브랜드와의 연관성, 기존 고객 관계와의 밀접함, 그리고 경쟁자들의 행동과 의지가 관련성이 낮을수록 점수가 높게 평가된다. 이렇게

총 30점 만점으로 평가한 점수가 리스크 매트릭스의 X-축 좌표값이
된다.

📊 표 7-2 제품 및 기술에 대한 평가표

	Product / Technology					
	완전히 활용 가능		상당한 변화 필요		적용 불가능	
우리의 기존 개발 역량이…	1	2	3	4	5	
우리의 기술적인 역량이…	1	2	3	4	5	
우리의 지적재산권 보호가…	1	2	3	4	5	
경쟁자들(기존 및 잠재적)의 구성이…	1	2	3	4	5	
	현재 제공되는 것과 같음		현재 제공되는 것과 일부 겹침		현재 제공되는 것과 전혀 다름	
필요한 지식과 과학적 기반이…	1	2	3	4	5	
필요한 제품과 서비스 기능이…	1	2	3	4	5	
요구되는 품질 수준이…	1	2	3	4	5	
					Total(y-axis coordinate)	

　제품 및 기술의 평가에서도 두 가지 카테고리에 대하여 평가를 하
는데, 첫째는 제품의 개발과 출시에 관련된 것으로, 기존의 제품개발
능력, 기술적 역량개발능력을 제외한 원천기술에 대한 역량, 지적재산권 보호,
그리고 생산 및 서비스 시스템을 얼마나 재활용할 수 있는가를 기준
으로 평가한다. 기존 역량과 시스템의 재활용이 어려울수록 점수가
높아진다. 둘째는 새롭게 제공되는 제품과 서비스가 내용면에서 얼
마나 기존의 것들과 관련성이 있는가를 판단하는 것으로, 요구되는

지식과 과학적 기반, 필요한 기능들, 그리고 예상되는 품질 수준이 기존의 것들과 얼마나 연관성이 높은가를 평가한다. 이렇게 평가한 점수들을 합산하여 리스크 매트릭스 Y-축에 해당하는 좌표값으로 활용한다.

리스크 매트릭스에 위에서 평가한 X-Y축에 해당하는 지점에 점을 표기하고, 그 점이 속하는 구간에서 해당하는 실패 확률을 추정하면, 그것이 곧 프로젝트의 리스크가 된다. 예를 들어서, 어떤 혁신 프로젝트가 X축에서 15점, Y축에서 15점의 평가를 받았다면, 그에 해당하는 리스크의 구간은 대략 40~50%의 실패 확률을 가지는 것으로 판단할 수 있다. 이 정도의 프로젝트 리스크라면, 수준 높은 리스크 관리가 요구될 것이다.

데이 교수의 리스크 매트릭스는 시장과 기술의 새로움, 즉 불확실성을 추정하고 이를 이용하여 프로젝트 리스크를 파악해 볼 수 있는 도구이다.

3. 시장 리스크 분석이란

> ❝
> 시장의 불확실성을 낮추어야 고객 가치에서의 리스크를 줄일 수 있다.
> ❞

리스크 매트릭스상에서 프로젝트가 어떤 위치를 차지하는가를 알기 위한 평가에서 한 걸음 더 나아가서, 시장과 기술 면에서 어떤 리스크 요인들이 있는지를 파악해야 한다. 이를 위해서 각 평가표의 내부적으로 리스크를 야기시키는 요인과 원천을 찾아 볼 수 있다. 먼저 시장에 대한 평가표에서 각각의 항목별로 그 내부의 잠재된 리스크를 살펴 본다면 다음과 같다.

① 고객의 행동과 의사결정 과정

이 항목이 4점 이상이라면, 그 의미는 기존 시장과 고객을 위한 것이 아닌 매우 새로운 시장을 타깃으로 한 혁신이라는 것이다. 따라서, 그 어떤 불확실성보다도 고객의 행동에 대한 이해와 요구들에 대한 깊은 이해가 필요하다. 만약 현재 시점에서 이러한 정보나 통찰들이 부족하다면, 이들에 대한 보충과 보완이 리스크 관리에서 높은 우선순위를 가질 것이다.

② 판매와 배송 과정

고객으로의 판매 채널이 기존과 겹치지 않는다면, 이는 상당한 리스크의 원천이 될 수 있다. 새로운 공급 파트너들과의 관계 및 신뢰도, 이들을 통해서 고객이 경험할 서비스와 스피드 등, 기존과 다른 이해관계와 프로세스가 리스크를 가져올 수 있다. 따라서 여기서의 불확실성이 클수록 더 세부적인 리스크 요인들과 그의 위험을 파악하고 대비해야 한다.

③ 경쟁자들의 구성

새로운 경쟁자들과 새로운 시장에서 경쟁을 할수록 기존 프로젝트에 비해서 훨씬 큰 리스크를 만나게 될 것이다. 어떤 경쟁자들이 이 시장에 존재하며, 또한 어떤 새로운 경쟁자들이 진입할 것인지를 알고, 이에 대비한 경쟁 전략과 포지셔닝을 선택해야 한다.

④ 우리의 브랜드 이미지

시장과 고객의 특성이 우리 브랜드의 기존 이미지와 상관이 낮을수록 리스크는 커질 것이다. 우리 브랜드의 기존 이미지는 "비싸지만 고성능의 것"인데, 저가의 대량 판매를 목표로 한 혁신 제품이라면 고전이 예상된다. 따라서, 기존 브랜드를 유지할 것인지, 아니면 새로운 브랜드로 경쟁할 것인지 등 리스크에 대한 대비가 필요하다.

⑤ 현재 고객 관계

21C 시장의 트렌드는 한 마디로, "고객과 더 긴밀한 관계를 통하여 성공한다."이다. 만약 새로운 혁신 솔루션이 이러한 고객 관계를 더 긴밀하게 유지하는 것이라면 크게 리스크가 없을 것이다. 그러나 그 반대로 고객 관계를 크게 바꾸거나, 전혀 다른 고객 관계를 새롭게 요구한다면, 그것은 큰 리스크를

가져오게 된다. 따라서, 사전에 충분히 새로운 관계의 구축과 마케팅을 통해서 솔루션이 출시되도록 대비해야 할 것이다.

⑥ 경쟁자들의 행동

새로운 시장에서 우리에게 문제를 가져오는 요인은 단지 고객들만이 아니라, 경쟁자들의 예상하지 못한 행동들이다. 앞 장의 가치 맵에서 보았듯이, 모든 솔루션들은 매 순간 더 높은 가치우위의 포지션을 위해서 이동한다. 이 이동에 대해서 전혀 예측하지 못하거나, 혹은 이전의 사례나 경험이 없다면, 우위가 있는 곳을 점하기가 쉽지 않다. 신시장일수록 이러한 리스크가 커지고, 대신에 이 리스크를 잘 조치할 수 있다면 상대적으로 유리해질 것이다.

데이 교수가 제안한 시장 불확실성 평기의 방법과 설문이 전체를 커버하지는 못하지만, 시장을 중심으로 리스크 요인들을 파악하고 이를 정량적으로 분석하는 데는 도움이 될 것이다. 물론, 이러한 표준 방법론이 개별 기업이나 상황에 적절하지 않은 경우도 있다. 따라서, 이를 사용하는 방법에서는 각자의 주어진 여건과 상황에 맞게 수정과 보완이 필요하다.

시장이 기존과 다를수록 불확실성은 커지는데, 크게 고객과 경쟁자들의 구성, 행동, 관계, 지식, 경험 등이 달라짐에서 오는 리스크를 잘 파악해야 한다.

4. 기술 리스크 분석이란

> 기술의 불확실성을 낮추어야 가치 제공에서의 리스크를
> 줄일 수 있다.

리스크 매트릭스의 기술과 제품에 대한 평가표에서 각각의 항목

별로 그 내부의 잠재된 리스크를 살펴 보자.

① 기존 개발 역량

이 항목이 4점 이상으로 신기술의 비중이 크다면, 기술적 불확실성에서 신중한 접근과 관리가 필요함을 뜻한다. 특히, 기존 개발 역량과 크게 다른 경우에는 솔루션의 개발에 필요한 기간과 예산 면에서 과거의 경우보다 더 여유를 둘 필요가 있다. 때로 이러한 요소를 간과해서 기존대로 밀어 붙이다가 낭패를 보는 사례가 많다.

② 기술적 역량

기술적 역량은 위의 개발 역량과 달리 솔루션에 필요한 기본 기술을 갖추는데 필요한 역량을 말한다. 예를 들어서, LCD 냉장박스를 개발한다면, 개발역량은 LCD 조명을 냉장박스에 활용하는 것을 말하며, 기술 역량은 LCD 자체에 대한 기술적 노하우와 인적 자원을 말한다. 따라서, 기술적 역량이 새롭게 요구된다면, 그에 필요한 기술 확보, R&D, M&A 등 리스크의 대비책을 찾아야 한다.

③ 지적재산권 보호

만약 이미 우리의 지적재산권으로 충분히 현재 솔루션에 대한 보호가 가능하다면 큰 리스크는 없을 것이다. 그러나 그러한 보호가 불가능하거나 불분명하다면, 출시 후에 경쟁자들이 쉽게 따라 잡을 수 있는 리스크가 존재한다. 따라서, 이에 대한 대비책이 필요해진다.

④ 공급망과 서비스

제품의 가치우위가 높아도 때로 공급망에서의 문제로 매출이 제대로 달성되지 않는다. 애플의 아이폰X 출시가 지연되고, 초기 공급량에서도 문제를 겪었던 것이 좋은 사례이다. 사전에 애플이 이러한 리스크를 매우 높은 우선순위의 요소로 고려하고, 그를 위한 대비가 충실했다면 고객의 충성도는 더 높아졌을 것이다. 서비스 체제의 문제에서 오는 리스크도 공급망과 더불어서 중요한 대상이다.

⑤ 필요한 지식 기반

대개 리스크는 '처음 해보는 것'일수록 커지는데, 그 중요한 이유 중의 하나가 바로 '충분히 알지 못해서'이다. 우리가 이미 잘 아는 지식과 데이터를 기반으로 하는 혁신보다 처음 해보는 것이며, 또한 아는 것들이 부족하다면 당연히 리스크는 커진다. 따라서, 지식 기반을 사전에 충분히 쌓았는지, 혹은 외부에서 흡수할 수 있는지 등을 잘 고려하고 대비해야 한다.

ⓖ 필요한 솔루션 기능

혁신 솔루션이 제공하려는 기능들이 전혀 다르다면 이에 대한 충분한 대비가 리스크 관리에 필요하다. 새로운 기능을 고객이 기대하는 수준으로 제공하지 못하거나, 기능상에 오류가 있다면 매우 큰 실망과 이미지 실추로 이어지게 된다. 마이크로소프트의 윈도우 시리즈 중 Vista가 이러한 경우였는데, 사용자들이 느린 부팅과 복잡한 기능들에 실망했을 뿐 아니라, 매출에서도 크게 실패한 제품이었다. 솔루션의 기능에서 제대로 고객들이 요구하고 기대하는 것들을 구현하지 못하면 리스크도 높아진다.

ⓖ 요구 품질 수준

요구되는 품질 수준이 기존과 크게 달라지는 경우에도 솔루션의 기능과 마찬가지로 리스크에 대한 세밀한 분석과 대응이 중요하다.

기술과 제품이 기존과 다를수록 불확실성은 커지는데, 크게 내부의 기술 및 개발 역량, 공급망과 서비스, 필요한 지식과 제공 수준 등이 달라짐에서 오는 리스크를 잘 파악해야 한다.

5. RWW 방법론이란

> 66
>
> 실재-성공-가치Real-Win-Worth를 따져 보면 리스크도 알 수 있다.
> 99

앞 절에서 본 리스크 매트릭스와 함께 데이 교수는 소위 RWW 방법론을 제안하였다. 그는 이 방법론에 대해서 다음과 같이 소개하고 있다.[2]

"RWWReal, Win, Worth It 방법론은 기업들이 다음과 같은 세 가지의 넓은 주제들에 대해서 리스크와 잠재가치Potential를 평가하는 데 쓸

수 있다: '이것은 현실적인가?'Is it real?의 질문은 잠재 시장의 특성과 제품을 만들 수 있는 타당성에 대한 평가이다. '우리가 이길 수 있는 가?'Can we win?는 혁신과 기업이 경쟁력이 있는가를 고려한다. '가치 가 있는가?'Is it worth doing?는 이익이 날 가능성과 이러한 혁신의 추 진이 전략적으로 부합되는가를 따지는 것이다."

RWW 방법론은 다음에 정리된 질문들에 대한 답을 함으로써 혁신 과제의 리스크와 성공가능성에 대한 평가를 하는 것이다. 각 질문에 대한 답은 '예', '아니오', 혹은 '아마도'Maybe인데, '아니오'나 '아마도' 라는 답에 대해서 어떻게 이들을 '예'로 바꿀 수 있을까를 찾거나, 혹 은 그러한 길이 전혀 없다면 과제를 중지하는 결정을 하기 위한 것이 다. 그러기 위해서는 단순히 과제에 관련된 멤버들만이 아니라, 관련 된 다양한 이해관계자들과 함께 이러한 평가가 이루어져야 하며, 가 능한 한 과제의 초기에 이러한 객관적인 검증이 필요하다. 물론, 과 제의 중간 평가에서도 이러한 방법론은 필요하고 중요하다.

RWW는 다음의 6가지 항목과 세부 사항들에 대한 질문의 답을 하 면서 어디에 어떠한 리스크 요인들이 존재하는가를 파악하기 위한 것이다.

① 시장이 실재하는가?Is the market real?
  제품에 대한 필요 또는 수요가 있는가? 고객이 제품을 살 수 있는가?구매력에 대한 판단 잠재 시장의 규모가 적정한가? 고객이 제품을 살 것인가?구매 의사에 대한 판단

② 제품은 현실적인가?Is the product real?
  제품 콘셉트가 명확한가? 제품은 만들 수 있는 것인가? 최종 제품은 시장을 만족시킬까?

③ 제품은 경쟁력이 있을까?Can the product be competitive?
  제품이 경쟁우위를 갖는가? 우위는 지속될 수 있는가? 경쟁자들은 어떻게 반응할까?대비가 가능한가?

④ 우리 기업은 경쟁력이 있을까? Can our company be competitive?
우리의 자원은 우월한가? 회사의 경영은 적절한가? 회사는 시장을 이해하고 대응할 수 있는가?

⑤ 제품은 적절한 리스크와 수익성이 있는가? Will the product be profitable at an acceptable risk?
예상 수입이 원가보다 더 큰가? 위험은 감당할 수 있는 것인가?

⑥ 제품 출시는 전략적 의의가 있는가? Does launching the product make strategic sense?
제품은 회사의 성장 전략에 부합하는가? 최고 경영진이 이를 지지할 것인가?

총 6가지 항목의 20개 질문들에 대하여 답을 구해 보면서, 혁신의 리스크가 어디에서 크게 나타나고, 또한 그를 초래하는 원인들이 무엇인가를 도출해 볼 수 있다. 특히, 질문의 답이 단정적인 '아니오'라면, 그 항목에서의 리스크는 프로젝트 성패에 큰 영향을 미칠 것이다. 결국 혁신 과제의 리스크를 낮추는 현실적인 방법은, 리스크가 낮은 과제를 찾아내는 것이 아니라, 적절하게 리스크의 원인과 효과를 사전에 충분히 분석하고, 그를 통하여 효과적인 대응 방안들을 준비하여 실행해 나가는 것이다. 또한 리스크의 수준에 따라서 그에 맞는 프로세스를 설계하고, 적합한 팀을 구성하는 것도 중요한 이슈이다.

RWW 방법론은 20개의 질문들에 대한 "예-아니오-아마도"로 답을 하면서 어디에 어떤 리스크 요인들이 존재하는가를 찾도록 하며, 여러 사람들이 함께 리스크 파악을 하는 데 도움을 준다.

6. RDM 기법이란

> ❝ 체계적 관리로 신제품의 리스크를 사전에 예방할 수 있다. ❞

　도브Dove 비누로 유명한 유니레버Unilever는 약 1,000개의 일상 용품들을 생산하는 다국적 기업이다. 1994년 이 기업은 예상치 못한 신제품 개발의 실패를 겪었는데, 새로운 기술을 기반으로 유럽에서 출시한 세제가 소비자들의 불만을 사게 된 것이다. 이 새로운 세제에는 망간 복합물이 포함되어 있었는데, 경쟁사인 P&GProctor & Gamble가 이러한 세제가 세탁하는 옷을 훼손할 수 있다는 사실을 공개한 것이다.

　결국 유니레버가 개발하는 데 투입한 4억5천만달러 이상의 비용은 아무런 리턴도 가져오지 못하고 말았다. 이러한 실패를 겪은 유니레버는 자신의 신제품 개발과정에서 적절하지 못한 리스크 분석과 관리가 이루어졌음을 깨닫고, 새로운 리스크 관리 방법을 도입하게 되었다.[3]

　신제품 개발 과정에서 구체적이고 실용적으로 혁신 리스크를 분석하고 관리하는 방법은 무엇일까? 이에 대한 답을 지메 카이저Jimme A. Keizer 교수와 동료들은 '리스크 분석기법'Risk Diagnosing Methodology, 이하 RDM으로 제시하였다. 이 방법론은 네덜란드의 글로벌 기업인 필립스 전자에서 최초로 개발 및 실용화되었고, 유니레버 등 점차 다양한 산업용 및 일상 용품의 제조업체들에서도 활용되고 있다. RDM은 다음 4가지 영역에서 잠재적인 리스크 요소들을 파악하도록 권장한다.

① 기술: 제품 디자인과 플랫폼 개발, 제조 기술, 그리고 지적재산권
② 시장: 고객과 기업의 수용도, 공공의 수용도, 그리고 경쟁자들의 잠재적 대응
③ 재무: 상업적 가능성
④ 운영: 내부 조직, 프로젝트 팀, 외부와 공동 개발, 그리고 공급망

RDM 프로세스는 〈그림 7-2〉와 같이 3가지 파트들로 구성된다.

 그림 7-2 RDM 프로세스

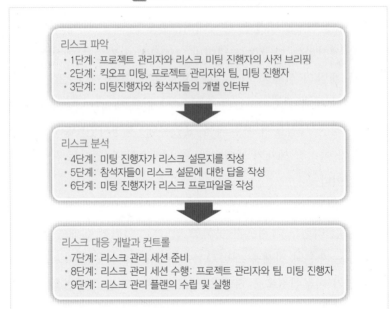

리스크를 분석하는 2번째 파트에서 사용되는 설문지는 〈표 7-3〉의 예시와 같다. 리스크 요소들은 모두 "실현되어야 할 목표들"로 서술되는데, 부정적 내용보다 긍정문으로 질문했을 때, 더 객관성 있게 답을 하기 때문이다. 분석 참가자들이 개별적으로 설문에 답을 하면, 그 내용을 취합하여 '리스크 프로파일'Risk Profile을 작성하게 된다. 리스크 프로파일은 각 리스크 요소에 대한 수준Class을 5가지로

지정하는데, 안전Safe, 낮음Low, 보통Medium, 높음High, 치명적Fatal 으로 나눈다. 이를 토대로 리스크 관리 세션에서 높은 수준의 위험 도를 보인 리스크 요소들에 대해서 대응책들을 찾는다.

표 7-3 RDM 리스크 설문지

리스크 요소들	이 요소가 진신일 확률이 얼마나 될까요?					이 요소에 대해서 팀이 시간과 자원제약 내에서 대응할 수 있는 정도는?					이 요소가 프로젝트 성공에 대해서 미치는 중요도는?				
	매우 낮음				매우 높음	매우 낮음				매우 높음	매우 낮음				매우 높음
	1	2	3	4	5	1	2	3	4	5	1	2	3	4	5
신제품은 민감한 피부의 고객들에게도 안전하게 사용될 수 있다.	☐	☐	☐	☐	☐	☐	☐	☐	☐	☐	☐	☐	☐	☐	☐
거래처와 명확한 에프터 세일즈 협약이 맺어졌다.	☐	☐	☐	☐	☐	☐	☐	☐	☐	☐	☐	☐	☐	☐	☐
부분적인 염색 문제에 대하여 적절한 솔루션을 가지고 있다.	☐	☐	☐	☐	☐	☐	☐	☐	☐	☐	☐	☐	☐	☐	☐

RDM 기법은 신제품 개발에 특화된 체계적인 리스크 관리 프로세 스를 제공하는데, 3가지 파트의 9가지 단계로 리스크 플랜을 도출 한다.

7. 혁신 포트폴리오 관리란

> 혁신 포트폴리오로 전체 혁신 프로젝트들의 리스크를 관리한다.

혁신 포트폴리오는 1장에서 간단히 소개되었는데, 전체 혁신 프로젝트들을 하나의 틀 속에서 분석하고 관리함으로써, 기업의 종합적인 혁신 리스크를 관리할 수 있는 도구이다. X-축과 Y-축에 적절한 리스크 요인들을 설정하고 혁신 프로젝트들의 상대적인 위치를 비교해 보면서, 우리의 혁신 프로젝트들이 어떠한 밸런스를 가지고 있고, 투자 대비 리턴의 기대치들은 어떤 패턴인가를 파악하는 것이다. 포트폴리오 매트릭스를 정의하는 여러 가지 방법들이 있지만, 우리는 X-축을 시장의 새로움/불확실성으로, Y-축을 기술의 새로움/불확실성으로 하여 〈그림 7-3〉과 같이 내부 영역을 3가지 구역으로 구분하였다.

그림 7-3 혁신 포트폴리오 매트릭스

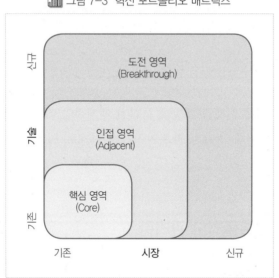

핵심 영역에 속하는 프로젝트들은 기존의 솔루션들에 대한 가치 증진 혁신에 해당한다. 기존과 크게 다르지 않은 고객의 요구와 행동들, 그리고 기존과 같거나 개선된 수준의 기술과 프로세스를 결합

해서 기본적으로 같은 제품이지만 성능, 품질, 디자인 등에서 더 나아진 솔루션을 제공하는 것이다. 인접 영역은 핵심과 관련이 있는 새로운 제품과 서비스를 위한 혁신 프로젝트를 말한다. 기존과 다르지만, 기존 시장과의 연속성을 가진 시장과 고객들을 위하여 기존 기술과 연관성이 있는 기술을 접목하여 신제품을 출시하는 것이다. 도전 영역은 시장도 새롭고 기술도 새로운 영역에서 중장기를 내다본 가치창조 혁신을 뜻한다. 이 세 가지 영역에서 신규의 방향, 즉 불확실성이 상대적으로 커지는 방향으로 갈수록 프로젝트의 리스크는 커지게 된다.

각 혁신 프로젝트의 상대적인 위치를 결정하는 방법은, 앞서 데이 교수의 리스크 매트릭스의 설문식 방법을 사용하거나, X-축과 Y-축을 10점이나 100점 기준으로 두고, 각 프로젝트의 불확실성을 참여자들이 정성적으로 평가하여 이를 점수로 환산할 수도 있다. 어떠한 방법을 적용하더라도, 중요한 것은 이러한 과정을 통해서 이해관계자들이 전체적인 리스크에 대한 공통된 정보와 이해를 공유하도록 하는 것이다. 각 위치에 프로젝트를 표시할 때에 대개 원의 크기가 상대적인 리턴을 나타내도록 하여, 프로젝트 간의 기대치가 어떤 차이가 있는가도 볼 수 있게 한다.

혁신 포트폴리오를 두고 다음과 같은 질문들을 던져 볼 수 있다.

① 핵심–인접–도전의 영역에서 과도하게 밀집되어 있거나 비어있는 영역은 없는가?
② 투입하는 자원들의 배분이 기업이 전략적으로 구상하고 있는 것과 일치하는가? 단기적인 과제들과 중장기 과제들 간의 자원 배분이 적절한가?
③ 리스크 측면에서 낮은 과제들과 높은 과제들이 적절하게 분산되어 있는가? 적절하게 혁신 과제들의 파이프라인 Pipeline 이 구성되어 있는가?

이러한 질문들에 대하여 이해관계자들과의 논의와 정보 공유를 통해서 적절한 밸런스를 가진 혁신 포트폴리오를 구성하고 유지하는 것이 필요하다. 결국 기업의 미래 성장은 지금 현재 그 기업이 보유하고 있는 혁신 포트폴리오의 건전성과 타당성에 따라서 결정된다고 할 수 있다.[4]

1장에서 우리는 이상적인 포트폴리오 분포에 대한 연구를 인용하였는데, 적정한 배분 비율이 모든 경우에 획일적으로 적용될 수는 없지만, 여러 혁신 기업들의 평균적 투자 배분을 보면 핵심-인접-도전 영역에 대해서 70-20-10의 비율이 나타났다고 한다.[5] 어떻게 혁신 포트폴리오를 구성하는가는 전체적인 리스크를 결정하게 되고, 따라서 기업이 앞으로 어떻게 얼마나 성장해 갈 수 있는지를 나타내는 중요한 전략적 지도이다.

혁신 포트폴리오를 통해서 기업의 전략적 방향과 혁신 프로젝트들의 구성이 얼마나 부합되는지, 그리고 전체적 리스크의 수준과 밸런스를 파악할 수 있다.

8. ECV 분석이란

기대 사업가치로 리스크를 고려한 혁신 리턴을 분석한다.

혁신 리턴은 어떻게 분석할 수 있을까? 특히 리스크를 정량적으로 고려하여 리턴에 대한 추정을 할 수 있다면 좋을 것이다. 이를 위한 한 가지 방법이 '기대 사업가치'Expected Commercial Value: 이하 ECV이다.

먼저 가장 흔하게 쓰이는 리턴의 추정 기법인 순현재가치Net Present Value: 이하 NPV에 대해서 알아 보자. NPV는 미래 현금 흐름을 추정하고 이들에 할인율Discount Ratio을 적용하여 현재가Present Value로 환산한 것에서 현재의 투자액수를 뺌으로써 얻어진다. 이러한 전통적인 재무 분석은 단순하고 이해가 쉽다는 장점도 있지만, 앞에서 본 혁신 포트폴리오에서 인접이나 도전 영역에 속하는 소위 '하이 리스크' 프로젝트에 적용할 때에는 단점들이 있다.

NPV를 리스크가 큰 혁신 프로젝트에 활용하는 데에서 중요한 문제점은 추정치들 속의 오류이다. 미래의 현금 흐름, 특히 파괴적 혁신이나 가치창조 혁신을 통한 현금 흐름은 예측하기 어렵다. 따라서 흔히 3년에서 5년 정도의 현금 흐름을 예측하고, 그 이후는 최종 가치Terminal Value: 분석의 마지막 연도부터 영구히 일정한 현금 흐름을 가정하고 산출한 현재 가치를 사용하는데, 흔히 이 최종 가치가 전체 NPV의 절반 이상이 되기도 한다. 또 다른 추정치의 오류는, 그 값들 속에 담긴 리스크, 즉 얼마나 그 수치들이 불확실한 것들인가에 대한 판단이나 고려가 불가능하다는 것이다.[6]

예를 들어서, A라는 프로젝트의 NPV가 100억이지만, 현실화될 가능성이 10%이고, B라는 프로젝트의 NPV가 10억이지만, 그것이 성공할 확률은 100%라면, 어떤 프로젝트가 더 나은 것이라고 할 수 있을까? 단순 NPV에서는 당연히 프로젝트 A를 선택하겠지만, 신중한 리더라면 결코 그 선택을 자신 있게 하지는 않을 것이다. 따라서, 혁신 프로젝트들의 리스크를 감안하여 적절한 포트폴리오를 구성하고, 여기에 적절한 투자 결정을 하기 위해서는 여러 가지 추가적인 방법들이 필요하다.

ECV는 소위 '의사결정 트리'Decision Tree를 활용하여 〈그림 7-4〉의 예시와 같은 구조로 혁신 투자를 표현한다. 먼저 1단계에서 기술개발에 대한 투자가 이루어지고, 그에 대해서 성공과 실패의 결과가 나타나며, 각 이벤트에 대한 확률을 산정하게 된다. 기술개발이 성공하면 비로소 그 다음 단계인 사업화의 투자가 이루어지며, 이 투자에 대해서도 마찬가지로 성공과 실패의 결과들이 얻어진다. 이들에 대한 확률이 산정되고, 모든 것들이 성공적으로 추진되었을 경우에만 발생하는 현재 가치, 즉 PV투자비를 빼지 않은 미래 현금 흐름의 현재가가 계산된다. 이 PV를 이용하여, 의사결정 트리의 출발점을 향해서 역순으로, 확률을 곱하고 투자비를 빼내면서 되돌아 오면 최종적으로 얻어지는 값이 기대 사업가치가 된다. 이것을 식으로 표현하면 다음과 같다.[7]

ECV = { PV × P(사업화 성공) − 사업화 투자비 }
× P(기술개발 성공) − 기술개발 투자비

그림 7-4 ECV 의사결정 트리 예시

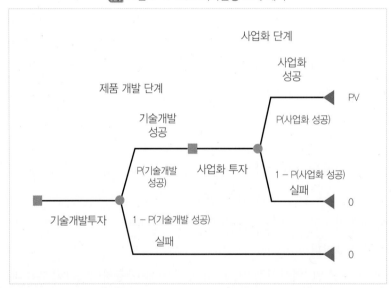

만약 다음의 상황에서 혁신 투자를 결정해야 한다고 가정해 보자,
3년간에 걸쳐 200억원의 투자로 NPV가 1,000억원인 혁신 제품을 개
발하려고 한다. NPV로 보면 결정은 당연히 "추진하자"이다. 그러나
과거에 전혀 해보지 않은 새로운 기술을 도입해서 적용해야 하고, 제
조공정도 까다로워서 기술개발에 성공할 확률이 50%이고, 그 이후
사업에 성공할 확률은 90%라고 가정해 보자. 그렇게 가정해서 ECV
를 계산해 보니 0이 나왔다. 과연 이 혁신 제품의 개발에 투자를 해
야 할 것인가? 그 답을 지금 여기서 굳이 '예', '아니오'로 하는 것은
리스크를 키우는 길이다. 정답은 "검토를 더 해보자"이다. 당연히 기
술에 대한 리스크를 더 줄일 수 있는 방법과 아이디어를 찾아야 한
다. 소위 혁신 투자의 시뮬레이션을 하는 것이다. 그러면서 몇 가지
의 서로 다른 리스크 시나리오들을 분석하고, 최종 결정에 도달하는
것이 적절한 수순이다.

혁신 프로젝트의 리스크가 클수록 단순한 현재 가치로 리턴을 추
정하기보다는, 리스크 요소들을 고려한 ECV와 같은 추정 방법을 통
해서 다양한 시나리오를 분석해 볼 수 있다.

9. Manage 사례 연구

"
혁신 리스크에 대한 실증적 사례 연구도 도움이 된다.
"

RDM 기법을 고안한 카이저 교수는 대형 다국적 기업의 다양한 혁
신 과제들, 특히 앞에서 분류한 인접과 도전 영역의 과제들을 연구하
여, 혁신 리스크에 대한 유용한 통찰들을 제시하였다. 8개의 하이리

스크 프로젝트들에 대해서 114명의 멤버들과 인터뷰를 진행하였고, 그 내용들의 분석을 통해서 하이리스크 프로젝트들의 대표적인 특성들을 파악하였다. 먼저, 우리가 하이리스크라고 말할 때, 어떤 상황을 뜻하는가를 다음과 같이 정의하였다.[8]

- 확실성Certainty이 낮다. 즉, 혁신에 필요한 적절한 솔루션을 구할 확률이 낮다.
- 통제성Controllability이 낮다. 즉, 제약에 맞추어서 내부 과정을 통제하기가 어렵다.
- 중요도Importance가 높다. 즉, 실패했을 경우에 결과가 미치는 영향이 크다.

이러한 세 가지 측면에서 인터뷰를 통해서 얻어진 리스크의 종류는 모두 653개가 되었는데, 이들을 다시 12개의 주된 리스크 카테고리와 142개의 핵심 이슈들로 정리하였다.

리스크 카테고리는 다음과 같았다

1. 제품 패밀리와 브랜드 포지션에 관한 리스크
2. 제품 기술의 리스크
3. 제조 기술의 리스크
4. 지적 재산 리스크
5. 공급망과 조달 리스크
6. 소비자 수용과 마케팅 리스크
7. 거래처 고객 리스크
8. 경쟁자 리스크
9. 사업화 가능성 리스크
10. 조직과 프로젝트 관리 리스크
11. 외부 리스크
12. 선별과 평가 리스크

이러한 카테고리들 내에서 142개의 핵심 이슈들 간의 관계를 분석하고, 각각에 대해서 위의 세 가지 측면에서 정량적 평가를 하였다. 그 결과 하이리스크 이슈들을 2가지 그룹으로 나누었는데, 8가지 프로젝트들 모두에서 높은 리스크로 판명된 '분명한 리스크'Unambiguous Risks 그룹과 서로 의견이 다른 '불분명한 리스크'Ambiguous Risks 그룹이다. 두 가지 그룹들의 리스크들은 다음과 같다.

분명한 리스크

- 제품 기술: 서로 다른 부품들 간의 올바른 밸런스, 제품 포맷이 기능적 요구를 만족
- 공급과 조달: 지속적이고 예측 가능한 품질 보장, 공급자들과의 적절한 계약 관계
- 소비자와 마케팅: 고객 표준과 요구에 맞는 제품 사양들, 소비자 습관이나 상태에 따라 제품에 변경이 필요

불분명한 리스크

- 공급과 조달: 각 선정된 공급자에 대한 비상시 옵션
- 소비자와 마케팅: 타깃 고객에 대한 신제품의 커뮤니케이션
- 조직과 프로젝트 관리: 팀 역할과 업무 정의, 팀 조직과 관리, 멤버 간의 커뮤니케이션, 소요 자원의 신뢰도 있고 적절한 산정

이 사례 연구의 목적은 하이리스크 혁신 프로젝트에서 주로 어떤 리스크들이 나타나는가를 알고자 한 것이다. 8가지 프로젝트 모두에서 높은 리스크로 나타난 것들은 우리가 일반적으로 하이리스크 상황에서 기본적으로 고려해야 하는 것들이다.

제품에서의 부품이 급격히 달라지거나, 기능을 만족하지 못하는 리스크, 공급 관계에서의 품질 문제와 계약 관계, 고객 기대에 맞지 않는 사양이나 제품이 실제 고객의 사용 방식에 맞지 않는 것들은 대부분의 신제품 개발에서 높은 리스크 요인들이 될 것이다. 불분명한 리스크 이슈들도 대개 하이리스크 혁신에서 자주 나타나는 불확실성들이라고 할 수 있다.

카이저 교수의 혁신 리스크 사례 연구는 우리가 어떤 측면에서 어떻게 리스크를 파악하고 분석하고, 이 결과를 활용하면 좋을지를 보

여준다. 먼저 위의 리스크 카테고리들에 대해서 다양한 리스크 요소들을 파악하고, 위의 세 가지 측면에 대한 이들의 수준을 파악하며, 이 평가를 결합하여 각 요소의 리스크 레벨을 판정할 수 있다. 이렇게 판정된 리스크 요소들에서 높은 레벨의 것들에 대해서 적절한 대비와 대응 방법을 찾아 내어 실행해 나가게 된다.

리스크 사례 연구를 통해서 알 수 있듯이, 혁신 리스크를 체계적으로 다룬다면 흔히 생각하고 경험하는 것처럼 혁신 리스크 관리가 '매우 어려운 일'이 아닐 수 있다.

10. Manage 실습

> 혁신 리스크의 적절한 관리를 위해서

앞 장의 실습 사례인 안전 보행보조기에 대해서 리스크 매트릭스로 프로젝트 리스크를 추정해 보자.

표 7-4 시장 불확실성 평가

	Intended Market					
	기존 시장과 같음	기존 시장과 일부 겹침	완전히 다르거나 전혀 새로움			
고객들의 행동과 의사 결정 과정이…	1	②	3	4	5	2
우리의 판매와 배송 과정이…	1	2	3	④	5	4
경쟁자들(기존 및 잠재적)의 구성이…	1	②	3	4	5	2

	밀접한 상관 있음		일부 상관 있음		전혀 상관 없음	
우리의 브랜드 이미지와…	1	2	③	4	5	3
우리의 현재 고객 관계와…	1	2	3	④	5	4
경쟁사들의 행동과 의도에 대한 우리의 지식과…	1	2	③	4	5	3
					Total(x-axis coordinate)	18

먼저 시장의 불확실성을 〈표 7-4〉와 같이 추정하였다. 이 추정에서 가정은, 우리 기업은 신생 스타트업으로, 판매 경험이 없고, 브랜드와 고객 관계가 이제 시작하는 상태로, 경쟁사들의 정보도 많지 않은 상황이다. 따라서 이러한 항목들에서 높은 점수가 나왔고, 그 결과로 시장의 불확실성은 30점 만점에 18점으로 추정하였다.

표 7-5 기술 불확실성 평가

	Product / Technology					
	완전히 활용 가능		상당한 변화 필요		적용 불가능	
우리의 기존 개발 역량이…	1	②	3	4	5	2
우리의 기술적인 역량이…	1	②	3	4	5	2
우리의 지적재산권 보호가…	1	2	③	4	5	3
경쟁자들(기존 및 잠재적)의 구성이…	1	②	3	4	5	2
	현재 제공되는 것과 같음		현재 제공되는 것과 일부 겹침		현재 제공되는 것과 전혀 다름	
필요한 지식과 과학적 기반이…	1	②	3	4	5	2
필요한 제품과 서비스 기능이…	1	2	③	4	5	3
요구되는 품질 수준이…	1	②	3	4	5	2
					Total(y-axis coordinate)	16

〈표 7-5〉로 기술의 불확실성에 대하여 평가해 본다. 기술은 비교적 불확실성이 낮다고 보았는데, 적용하려는 기술은 이미 잘 알려진 것들이고, 다만 우리 기업이 실제 이러한 기술을 바탕으로 보행보조기를 개발해 본 경험과 노하우가 부족하다고 가정하였다. 따라서 〈표 7-5〉에서 보는 것과 같이 35점 만점에 16점으로 평가하였다.

이제 이 두 가지 축의 값들을 이용해서 프로젝트 리스크를 추정해 본다. 〈그림 7-5〉와 같이 리스크 매트릭스 위에 위치를 잡은 결과, 프로젝트 리스크는 대략 40~50%이다.

📊 그림 7-5 리스크 매트릭스의 예시

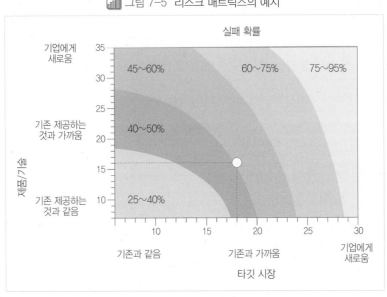

이 결과로부터 우리는 다음의 사항들이 필요함을 알 수 있다.

① 시장의 불확실성에 대해서 기술보다 상대적으로 더 높은 관심과 대응책이 필요하다. 고객과 경쟁자들에 대한 이해를 높이고, 시장에 진출하기 위한 전략을 신중히 수립해야 한다. 특히, 신형 보행보조기를 구매해줄 거래처나 소매점과의 관계를 잘 구축해야 한다.

② 기술의 불확실성에서는 지적재산권의 확보가 중요하고, 보행보조기가 고객이 기대하는 만큼의 성능을 발휘하도록 해야 한다. 또한, 만약의 사고나 오작동에 대한 대응책을 미리 준비해야 한다.

③ 프로젝트 리스크가 포트폴리오 구역에서 '인접 영역'의 범주에 드는 중간 이상의 리스크 수준이므로, 시장 및 기술과 더불어서 법적인 문제, 추진 프로세스, 공급망 등 다양한 요소들에서 충실한 리스크 관리가 필요하다.

혁신 리스크의 관리를 위해서 ISO의 프로젝트 리스크 관리 프레임워크, 리스크 매트릭스의 활용과 RWW 방법론, RDM 기법, 혁신 포트폴리오와 ECV 분석에 대해서 알아 보았다. 혁신 리스크에 직접 영향을 주는 프로젝트 리스크는 여러 가지 방법으로 관리가 가능하지만, 가장 중요한 것은 사전에 프로젝트 리스크의 총괄적인 분석을 통해서 "이 혁신 과제가 얼마나 리스크가 높은 것이며, 따라서 어느 수준의 리스크 관리가 필요한가?"를 명확히 하는 것이다. 그런 의미에서 혁신 포트폴리오 매트릭스 상에서 지속적으로 신규 및 진행 중인 혁신 과제들의 상대적인 포지션을 파악하고 분석하는 것이 필요하다. 모르는 불확실성이 리스크를 부르기보다, 우리가 소홀히 한 불확실성이 더 크게 리스크를 가져옴을 기억하자.

다음 장에서 리스크에 영향을 미치는 두 번째 요소인 혁신 경쟁우위에 대해서 살펴 본다.

참고문헌

1. https://www.iso.org/iso-31000-risk-management.html

2. George S. Day, "Is It Real? Can We Win? Is It Worth Doing?: Managing Risk and Reward in an Innovation Portfolio," Harvard Business Review, December 2007

3. Jimme A. Keizer, Johannes I.M. Halman, Michael Song, "From experience: applying the risk diagnosing methodology," The Journal of Product Innovation Management, 19, 213-232, 2002

4. Rita G. McGrath and Ian C. Macmillan, "Discovery-Driven Growth: A Breakthrough Process to Reduce Risk and Seize Opportunity," Harvard Business Press, 2009

5. Bansi Nagji and Geoff Tuff, "Managing Your Innovation Portfolio," Harvard Business Review, May 2012

6. https://www.investopedia.com/ask/answers/06/npvdisadvantages.asp

7. http://www.stage-gate.net/downloads/wp/wp_11.pdf

8. Jimme A. Keizer, Johannes I.M. Halman, "Risks in major innovation projects, a multiple case study within a world's leading company in the fast moving consumer goods," International journal of Technology Management, 48, 4, 2009

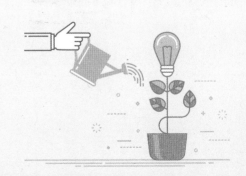

혁신 다이내믹스

Innovation Dynamics

CHAPTER
08

Achieve:
경쟁우위 확보

지속 성장을 위한 혁신의 원리와 길

CHAPTER 08
Achieve: 경쟁우위 확보

1. 경쟁우위 확보란

> 경쟁우위를 높일수록 혁신 리스크는 낮아진다.

혁신 경쟁우위는 '혁신 프로젝트와 관련된 전략적인 선택들에 의하여 결정되는 상대적 우위'라고 정의할 수 있다. 다시 말하면, 솔루션의 가치가 높아서 결정되는 우위도 있지만, 그와 더불어서 직간접으로 영향을 줄 수 있는 전략적 선택들Strategic Choices에 의해서 결정되는 우위를 의미한다. 가치가 높은 솔루션들이 때로 시장에서 큰 호응을 얻지 못하게 되는 이유들 중에서 큰 비중을 차지하는 것이 바로 이러한 전략적 선택에서의 실패이다. 그렇다면 어떤 전략적 선택들이 혁신 경쟁우위에 영향을 미치는 것일까?

이 장에서는 다음의 4가지 전략적 선택들에 대해서 집중적으로 살펴 볼 것이다.

- 타기팅 전략Targeting Strategy : 어떤 시장을 타깃으로 혁신 솔루션을 개발하고 출시할 것인가?
- 타이밍 전략Timing Strategy : 언제 혁신 솔루션을 개발하고 시장에 출시하는 것이 유리한가?
- 프로세스 전략Process Strategy : 어떤 방식으로 혁신 프로젝트를 추진할 것인가?
- 비즈니스 모델 전략Business Model Strategy : 어떠한 방식으로 혁신 솔루션을 고객에게 제공하고 리턴을 얻을 것인가?

이러한 4가지 전략들이 왜 어떻게 중요한가는 다양한 연구들과 사례들에서 이미 알려져 있다. 어떤 시장이나 니치 마켓Niche Market을 타깃으로 하는 것이 혁신의 경쟁우위를 높일 수 있는가는 이미 마케팅에서 많은 관심을 받아온 전략이다. 그러나 최근에는 기존의 시장 세분화Segmentation와 다른 전략과 방법들이 제시되고 있다. 타이밍 전략에 대한 연구는 지난 수십년간 혁신을 연구하는 학자들의 관심 분야였는데, 이에 대한 명쾌한 해석과 일관성 있는 해답은 여전히 찾아 보기 어렵다. 과거에 일반적으로 가정해온 퍼스트무버 이점First-Mover Advantage은 실제로 그다지 크지 않은 것으로 알려졌다.

어떤 프로세스로 혁신을 추진하는 것이 더 유리한가도 여전히 개척의 필요가 큰 연구 분야로 보인다. 스테이지-게이트 방법Stage-Gate Method으로부터 발견주도 기획Discovery-Driven Planning, 디자인씽킹 Design Thinking, 그리고 최근의 린 스타트업Lean Startup 등 다양한 방법들을 찾을 수 있지만, 여전히 어떠한 상황과 어떤 특성의 솔루션을 개발하는 경우에 어떤 프로세스가 적합한지는 미지의 영역이라고 할 수 있다. 따라서 이에 대해서는 다분히 주관적인 관점에서의 제안을 할 수밖에 없어 보인다. 끝으로, 혁신 솔루션과 더불어 새로운 비즈니스 모델을 결합하여 혁신 경쟁우위를 얻었던 사례들이 최근에 높은 관심을 받고 있다. 아이폰과 앱 생태계의 결합, 다양한 공유 서비스 등이 대표적인 사례로, 이러한 전략이 과거의 혁신 방식들에 비해서 빠르게 성장하고 있음을 알 수 있다. 따라서, 비즈니스 모델을 통한 혁신 경쟁우위에 대해서도 반드시 관심을 가지고 전략과 실행 능력을 구축해 나가야 한다.

물론 위의 4가지 선택들 외에도 많은 전략과 변수들이 혁신 경쟁우위에 영향을 미칠 것이다. 예를 들어서, 마케팅 및 브랜드 전략, 공급망관리Supply Chain Management, 기술적 리더십Technological Leadership, 보완재Complementary Goods & Services, 혁신 경로Innovation Trajectory 등이 영향을 줄 수 있다. 뛰어난 광고나 입소문을 통한 전파, 기존에 이미 우위를 점하고 있는 브랜드 등은 새로운 솔루션이 고객에게 더 빠르게 전파되는 효과를 낼 것이다. 우수한 공급망을 통해서 더 정확하게 수요와 공급을 일치시키고, 경쟁자에 비해서 원가 경쟁력을 가질수록 혁신 경쟁력도 높아진다. 기술적 리더십을 통해서 경쟁자들보다 앞선 기술을 솔루션에 구현함으로써 우위를 얻을 수 있다. 또한, 제공하는 솔루션과 더불어서 그 가치를 높여줄 수 있는 보완재와 서비스가 다양하고 우수할수록 고객의 만족도는 높아지고, 따라서 시장에서의 경쟁우위도 올라갈 것이다.

혁신 경쟁우위는 누구에게, 언제, 어떤 과정으로, 그리고 어떤 비즈니스 모델로, 솔루션을 개발하고 출시하는가에 대한 전략적 선택과 실행이 중요하다.

2. 타기팅 전략이란

> 고객에 따라서 느끼는 솔루션의 경쟁우위는 다르다.

"어떤 고객을 혁신의 초기 타깃으로 할 것인가?"는 일반적으로 혁신 경쟁우위에 큰 영향을 미치는 요소로 알려져 있다. 이 전략의 중요성에 대해서는 제프리 무어Jeffrey Moore의 유명한 캐즘 이론Chasm Theory을 통해서 일찍부터 잘 알려져 왔지만, 어떤 상황에서 어떤 선택이 더 나은 경쟁우위를 가져오는 것인지는 여전히 미지수이며, 정형화되기 어려운 난제의 하나이다. 무어는 "초기 고객들이 구매하는 목적을 완벽하게 만족시켜야만 한다."는 깃을 강조하였고, 당연히 타깃 고객들의 만족도가 높을수록 혁신의 초기 경쟁우위는 높아질 것으로 예상할 수 있다. 특히나 요즘과 같이 입소문이나 초기 사용기 등에 의한 바이럴 마케팅Viral Marketing의 영향력이 증가하는 상황에서는 더욱 그러하다.[1]

크리스텐슨 교수와 그의 동료들이 하버드 비즈니스 리뷰에 기고한 '당신의 고객이 성취하려는 과업을 알라'Know Your Customers' Jobs to Be Done에서 우리는 타기팅 전략의 실마리를 찾아 볼 수 있다. 크리스텐슨 교수는 자신의 오랜 혁신에 대한 경험을 기반으로, 다음과 같은 현실을 설파하였다.

"수십년간 위대한 기업들의 추락을 보면서, 우리는 상관관계 Correlation: 계량적 분석에 의한 고객 특성들과 판매 간의 관계에 대한 집착, 그리고 고객에 대해서 더욱 더 알게 되는 것이 기업들을 엉뚱한 길로 가게 한다는 결론에 이르렀다. 기업들이 진정으로 집중해야 하는 것은 고객이 주어진 상황에서 얻으려고 하는 진척Progress, 즉 고객이 달성하고자 하는 것에 있다. 이것을 우리는 고객 과업Jobs-To-Be-Done 이라고 부르게 되었다."**2**

고객 과업은 이미 5장에서 소개되었으므로, 어떻게 이러한 고객 과업의 원리를 기반으로 타기팅을 할 것인가를 크리스텐슨 교수가 소개하는 사례로 알아 보자.

"십년 전에 혁신 컨설턴트이자 친구인 봅 모에스타는 디트로이트 지역 건설회사의 새로운 콘도 판매를 돕고 있었다. 이 기업은 기존의 가족형 주택을 떠나려는 은퇴자들과 이혼한 싱글 부모들을 타깃으로 하고 있었다. 콘도는 고급스러움을 내세워서 12만달러에서 20만달러의 가격대에 출시되었다. 〈중략〉 많은 방문자들이 다녀 갔지만, 정작 판매로 이어지는 숫자는 적었다. 베이Bay형 창문이 더 나을까 해서 급하게 달기도 했지만, 판매는 나아지지 않았다. 〈중략〉 모에스타는 원인을 알기 위해서 특별한 방식을 택했는데, 그것은 집을 구매한 사람들로부터 어떤 과업을 위해서 콘도를 사게 되었는지를 파악하기로 한 것이다."

모에스타가 발견한 것은 특이하게도 식탁에 대한 것이었다. 애당초 콘도를 설계할 때에 잠재 고객들로부터 얻은 정보는, 넓은 거실, 방문객을 위한 큰 방, 아침식사용 바Bar가 필요하다는 것이고, 대신에 정식 식당Dining Room은 필요 없다는 것이었다.

그러나 실제 구매자들의 이야기에서는 식탁이 자주 거론되었는데, "식탁을 어떻게 처리할지를 결정하고서야 쉽게 이사를 하게 되었다."는 언급이 자주 있었다.

식탁이 가족을 대변하는 물건이었던 것이다. 따라서 방문자들이 쉽게 구매 결정을 하기 어려웠던 이유는, 추억이 담긴 식탁을 버리고 새집으로 이사를 와야 한다는 걱정 때문임을 알게 되었다. 결국 고객의 과업은 단순히 '새집으로 이사'가 아니라, '새 삶의 시작'이었던 것이다.

콘도 회사는 서둘러 식당을 만들고, 이사 서비스의 제공과 2년간 창고 제공 등을 추가하였고, 가격은 기존보다 3,500달러를 올리게 되었다. 그 결과 시장 전체의 매출이 49% 감소된 2007년에 이 회사는 25%의 매출 성장을 얻을 수 있었다.

이 사례에서 볼 수 있듯이, 혁신 솔루션이 타깃을 선정하고 그에 맞는 가치를 제공하려 할 때에는, 반드시 고객의 과업, 즉 고객이 주어진 상황에서 꼭 달성하고자 하는 것을 분명히 해야 함을 알 수 있다. 따라서, 타깃 고객을 선정하는 과정에서 필요한 것은 '어떤 속성의 고객'을 고려할 것이 아니라, '어떤 과업의 고객'을 고려해야 하는 것이다.

타깃 고객이 일반적인 인구통계학적인 요소들, 즉 나이, 성별, 연령, 취향, 소득 등에 의해서 결정되는 것이 아니라, 매우 분명하게 정의된 과업들과 그것을 완수하기 원하는 사람들로서 정의되어야 하는 것이다.

크리스텐슨 교수의 사례와 같이, 콘도를 원하는 고객들 중에서 '기존의 집을 떠나서 더 작은 집에서 새로운 삶을 시작하기'라는 과업을 가진 고객들을 타깃으로, 그들의 구체적인 요구와 문제를 해결해주는 솔루션을 제공한 것이 바로 타기팅을 통한 경쟁우위의 비결인 것이다.

혁신 기회 발견에서 본 것처럼 경쟁우위를 위한 타기팅을 위해서도 고객 과업의 깊은 이해와 그를 위한 전략적 선택들이 중요하다.

3. 타기팅 방법이란

> 고객 과업을 기반으로 타기팅을 한다

경쟁우위를 고객의 Gain과 Pain 사이의 차이로 설명할 수도 있다. 이 개념을 이용하여 어떻게 타깃 고객을 발견할 수 있는지를 알아 보자. 크리스텐슨 교수가 제안한 고객의 과업이 어떤 경우에 Gain은 크고, Pain은 작을 것인지를 살펴 봄으로써 그 해법을 찾을 수 있을 것이다.

먼저, 어떤 과업을 가지고 있는 고객일수록 Gain이 크다고 느끼는 지를 생각해 보자. 그 답은, '기존의 솔루션에서 여전히 해소되거나 해결되지 못하는 문제들'을 대상으로, 더 쉽고, 빠르고, 경제적으로 새로운 솔루션이 과업을 완수할 수 있도록 해주는 경우가 그것이다. 이러한 상황들을 고객의 삶과 행동 속에서 잘 찾아내어 그 속에서 명확한 타기팅의 기회를 발견하는 것이 해결책이 될 것이다.

운전자가 없는 자율주행차 시장을 선점하기 위한 기업들의 경쟁 이 치열해지고 있다. 그러나 아직 완전한 자율주행차가 사람을 태우고 도로를 달리기에는 많은 제약들이 존재한다. 최근의 자율주행 차에 의한 사망 사고로 인해서 이러한 제약은 쉽게 낮아지기 어려워 보인다. 따라서, 만약 우리가 자율주행차를 개발하고 있고, 이를 통해서 빠른 시일 내에 수익을 창출해야 하는 스타트업이라면 어떤 초기 타깃 고객을 발굴하고 그들을 대상으로 리턴을 얻을 수 있을까? 이러한 질문에 대한 답을 찾은 기업이 있는데, 바로 미국 샌마테오에

서 세계 최초로 자율주행차로 사업을 시작한 유델브Udelv라는 스타
트업이다.

유델브의 주황색 자율주행차는 배달을 전문으로 개발되었다. 무
인 배달차량으로 내부에 18개의 보관함들이 있고, 여기에 배송할 물
건을 탑재하고 고객이 요청한 곳으로 이동한다. 고객은 스마트폰 앱
을 터치해서 문을 열고, 자신의 물건을 가져간다. 실시간으로 배송
위치를 확인할 수 있고 물건을 받는 장소도 바꿀 수 있다. 2018년 미
국에서 열린 세계 최대 가전 박람회인 CES에서 최고 화두가 자율주
행 배달차였다고 한다. 유델브 CEO인 다니엘 로리Daniel Laury는 이
렇게 말한다. "실생활에서 자율주행이 적용된 첫 분야가 배달차량인
것은 사람을 태우는 것보다 화물을 나르는 것이 더 안전하기 때문입
니다."[3, 4]

구글이 완벽한 자율주행 승용차를 개발하기 위해서 9년간 800만
Km를 시험주행하는 사이에, 유델브는 이미 초기의 타깃 교두보를
찾아서 비즈니스를 시작하였다. 만약 유델브나 그와 비슷한 교두보
에서 성공한 기업이 이를 기반으로 후에 승용차 시장으로 진출한다
면, 누가 더 경쟁우위를 가지게 될까? 아직 이른 시점이기는 하지만,
배달용 자율주행차를 통해서 실제 경험과 데이터, 그리고 기술을 축
적한 쪽이 더 유리할 것이다. 그렇다면 자율주행 배달차의 고객들이
가지고 있는 과업은 무엇일까? 배송을 보내는 고객 입장에서는 "안
전하고 경제적으로 물건을 배송한다."일 것이고, 배송을 받는 고객
의 과업은 "필요한 시점과 장소에 배송을 받는다."라고 할 수 있다.
이 두 가지 과업들이 현재의 배송 체제에서 충분히 높은 만족도를
보이고 있을지는 의문이다. 기존의 방식은 사람에 의한 실수의 여지
가 있고, 언제 배송이 될지도 불확실하며, 또한 배송지를 실시간으로

바꾸는 것은 불가능하다. 따라서, 만약 자율주행 배송서비스가 이러한 과업을 좀 더 만족시키게 된다면 높은 우위를 가지게 될 것이다.[5]

가치증진 혁신에서는 타깃 고객을 정의하기가 비교적 쉽다. 기존의 고객들 중에서 더 높은 사양과 성능, 그리고 현재의 과업에 더 높은 만족을 제공받기 원하는 고객들이 타깃이 될 것이다. 그러나 가치창조 혁신에서는 이러한 고객들이 반드시 타깃이라고 할 수는 없다. 자율주행 배달차의 경우처럼, 사람을 운반하는 것보다 리스크가 낮고, 충분하게 과업의 만족을 누리지 못하고 있는 틈새 시장이나, 현재 시장과 다른 새로운 시장을 타깃으로 삼는 것이 필요하다. 이러한 타깃을 찾기 위해서는 초기의 혁신 기회 발견 중에서 타깃 기회들을 중심으로 고객들을 분류해 보는 것도 도움이 된다. 이를 ODI에서는 '결과를 기반으로 한 세그멘테이션'Outcome-based Segmentation이라고 하는데, 타깃 기회에 포함된 USR들에 대해서 군집화 기법Clustering Method을 활용하여 타깃 고객을 정의할 수 있다.[6]

초기 타깃 고객을 찾으려면 혁신 솔루션의 Gain을 가장 크게 느낄 고객을 대상으로 해야 하며, 기존 고객들 중에서 만족하지 못하는 과업을 가진 그룹이나 새로운 과업을 필요로 하는 그룹을 후보로 고려한다.

4. 타이밍 전략이란

> ❝ 타이밍이 빠르다고 반드시 유리한 것은 아니다. ❞

제품 출시의 타이밍은 때로 제품 자체의 가치를 실제보다 높이기도 하고 낮추기도 한다. 빠른 타이밍이 고객의 Gain을 더 크게 보일 수도 있지만, 늘 그러한 것은 아니다. 때로 너무 이른 타이밍으로 고객의 Pain이 커서 실패한 경우들도 많다. 초기 진입자의 우위가 더 큰지, 아니면 빠른 추격자의 우위가 더 큰지는 여전히 일관된 답을 찾기 어려운 숙제이다. 일반적인 상식으로는 초기 진입자가 상대적으로 더 큰 우위를 가질 것으로 예측할 수 있다. 이에 대한 연구와 사례들을 토대로 리버만Marvin B. Lieberman과 몽고메리David B. Montgomery는 다음의 세 가지 요소들로 인해서 초기 진입자 우위가 가능함을 설명하였다.[7]

- 기술적 리더십Technological Leadership : 제품과 제조에서의 기술적 우위를 지속적으로 유지함으로써 얻어지는 리더십.
- 희소 자산의 선점Preemption of Scarce Assets : 희소성이 높은 자산을 선점함으로써 우위를 얻는 것
- 스위칭 비용Switching Costs과 불확실성하에서 구매 선택: 스위칭 비용을 높임으로써 후발 진입자를 불리하게 하거나, 고객이 무엇을 선택할지가 불확실한 경우에 첫 번째로 나온 제품을 선택하게 되는 것

반대로, 초기 진입자에게 불리한 상황을 만드는 요소들로는 다음의 것들을 제시하였다.

- 프리라이더 효과Free-Rider Effects : 후발 진입자가 연구개발, 구매자 교육Buyer Education, 그리고 인프라 구축에서 초기 진입자의 투자에 편승하는 것
- 기술—시장 불확실성의 해소Resolution of Technological or Market Uncertainty : 기술과 시장의 불확실성이 시간과 경험에 따라서 해소가 됨으로써 후발 주자에게 유리한 상황이 되는 것
- 기술이나 고객 니즈의 속동Shifts in Technology or Customer Needs : 초기 진입자가 구사하는 기술이나 기존에 만족시켜온 고객 니즈가 급격하게 변화하는 상황에서 초기 진입자의 대응이 늦어지는 것

따라서, 일반적으로 초기 진입자에게 경쟁우위가 지속적으로 가능한 것은 아니고, 초기의 경쟁우위를 지키기 위해서 어떻게 자원과 역량을 보완해 나가느냐에 따라서 장기적인 성패가 판가름 난다고 하였다. 이들의 연구는 10년 후에 보완이 되었는데, 그 결론은 여전히 "서로 다른 환경 조건하에서 어떤 전략적 선택을 하는 것이 나은지에 대한 연구가 더 필요하다."이다.8

골더P. N. Golder와 텔리스G. J. Tellis는 36개의 제품군을 선정하여 세 가지의 경우를 분석했는데, 초기 진입자를 발명가Inventor: 최초로 특허나 기술을 개발한 기업, 제품 개척자Product Pioneer: 최초로 제품을 개발한 기업, 그리고 시장 개척자Market Pioneer: 최초로 제품을 출시한 기업로 구분하였다. 그 결과, 통상 초기 진입자로 인식되는 시장 개척자의 경우에 실패율이 47%이고, 평균 시장 점유율이 10%임을 발견하였다. 그와는 다르게, 시장 개척자는 아니었지만 초기 시장 선도자Market Leader는 실패율이 8%, 평균 시장 점유율이 28%인 것으로 나타났다. 이 결과에 따르면, 이전의 연구와 사례에서 알려졌던 초기 진입자의 높은 경쟁우위는 초기 시장 선도자가 초기 진입자로 잘못 인식되었던 탓에 과장되었던 것으로 생각할 수 있다.9

과연 혁신 경쟁우위를 위해서 어떻게 타이밍을 선택하는 것이 유리한가는 여전히 명확한 해답이 없지만, 최근의 한 연구에서 상황을 고려하여 언제 어떤 전략이 유리하거나 불리한가를 판단해 볼 수 있는 가이드라인이 제시되었다. 수아레즈Fernando Suarez와 란졸라Gianvito Lanzolla는 다음과 같은 전제를 가지고 자신들의 연구 결과를 제안한다. "면도기의 질렛Gillette과 개인 음악기기의 소니와 같이 초기 진입자 우위에서 성공한 케이스도 있지만, 팩스기기에서 제록스Xerox와 인터넷 소매에서 이토이즈eToys와 같이 실패한 사례들도 있다. 결과의 차이가 우연이 아니라는 것과 초기 진입이 우위를 항상 제공하는 것이 아니라는 것을 우리의 연구를 통해서 발견하였다. 많은 것들이 경쟁우위를 좌우하는 상황Circumstances에 달려 있음을 알 수 있다."10 다음 절에서 이들의 연구에 대해서 좀 더 알아 본다.

타이밍이 빠른 것이 일관성 있게 좋은 것이 아님은 실증 연구에서 밝혀졌는데, 그렇다면 언제 어떤 상황에서 빠르거나 늦은 것이 더 나은지를 이해해야 한다.

5. 타이밍 방법이란

> 타이밍은 상황에 따라 다른 전략이 필요하다.

앞에서 소개한 타이밍의 연구는 혁신 프로젝트와 그를 통하여 등장하는 솔루션이 처한 상황에 따라서 타이밍에 따른 우위가 좌우된다는 것을 전제로 하고 있다. 이 전제는 앞서 다른 연구들에서도 중요한 사항으로 인식은 되었지만, 구체적으로 어떻게 상황들을 정의할 것인가는 알려진 바가 없었다. 따라서, 수아레즈와 란졸라는 혁신 솔루션이 처하는 상황들을 다음의 두 가지 변수들로 정의할 것을 제안하였다.10

- 기술의 진화 속도: 기술이 S-커브를 따라서 발전하는 것은 분명한 사실이지만, 그 커브가 얼마나 빠르게 도입–성장–성숙의 길을 가는가는 제품 카테고리에 따라서 매우 큰 차이를 보인다. 따라서, 기술이 진화하는 속도에 따라서 초기와 후기 진입자들 간의 경쟁우위 차이를 분석할 필요가 있다.

- 시장의 진화 속도: 기술과 더불어서 시장에서의 확산Diffusion도 제품 카테고리에 따라서 속도의 큰 차이가 있다. 제품의 확산 속도가 달라짐에 따라서 그에 따른 초기와 후기 진입자들 간의 경쟁우위에도 차이가 있을 것이다.

따라서 위의 두 가지 변수들을 축으로 하여, 현재 혹은 미래에 혁신 솔루션이 처하는 상황에 따라서 어떤 타이밍이 우위를 가질 수 있는지, 또한 이러한 우위가 얼마나 지속 가능할 것인지를 분석하고, 그를 기반으로 예측할 수 있는 프레임을 〈그림 8-1〉과 같이 제공하였다.

📊 그림 8-1 시장과 기술 상황의 분류

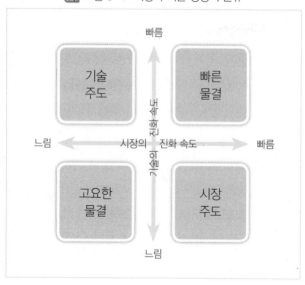

각 상황에서 어떠한 경쟁우위가 가능할지를 알아 보자.

고요한 물결Calm Waters: 기술과 시장의 진화 속도가 모두 느린 경우

초기 진입자가 지속 가능한 경쟁우위를 누리기에 가장 좋은 상황이다. 기술과 시장의 성장 속도가 느린 것은 상대적으로 초기 진입

자에게 충분한 자원과 역량을 축적할 시간적인 여유를 가질 수 있게 해준다. 만약 혁신 솔루션이 경쟁해야 하는 상황이 이러한 경우라면, 초기 진입자가 될수록 상대적으로 유리할 것임을 예상할 수 있다.

시장 주도 Market Leads : 기술의 변화 속도에 비해서 시장의 확산이 더 빠르게 일어나는 경우

시장 주도적 상황에서는 초기 진입자가 단기적으로 경쟁우위를 얻는 것이 충분한 가능성이 있다. 기술적으로 새로운 것을 제공하기가 어렵기 때문에, 새로운 경쟁자들이 차별화된 제품을 내놓기가 쉽지가 않고, 대신에 빠르게 성장하는 시장으로부터의 높은 리턴으로, 초기 진입자가 다음 제품을 내놓을 수 있는 충분한 여력과 자원을 확보할 수 있기 때문이다.

기술 주도 Technology Leads : 시장의 성장 속도보다 기술의 변화 속도가 매우 빠르게 전개되는 경우

기술의 변화 속도가 시장의 성장 속도보다 빠른 경우는, 초기 진입자의 경쟁우위를 지켜 내기가 매우 어려울 것이다. 또한, 초기 경쟁우위를 장기간 지속하는 것도 어려운데, 후기 진입자들이 상대적으로 더 새롭고 발전된 기술로 무장한 신제품으로 시장을 공략할 가능성이 크기 때문이다. 물론, 이러한 경쟁의 시기를 버텨낼 만큼의 자원과 역량이 있는 경우는 다르지만, 일반적으로 자원이 부족한 벤처들이 이러한 경쟁을 이겨 내기는 쉽지 않다.

빠른 물결 Rough Waters : 시장과 기술이 모두 빠르게 진화하는 경우

빠른 물결의 상황이 예상되는 혁신에서는 초기 진입자의 경쟁우위가 빠르게 잠식될 수 있음을 최대한 염두에 두어야 한다. 초기에

얻어진 경쟁우위가 빠른 기술적 발전과 경쟁을 통해서 쉽게 사라질 것을 감안해서, 이에 대한 대비와 전략적 선택을 준비해야 한다.

이 절에서 살펴본 바와 같이, 타이밍 전략에는 여전히 'OO이면 초기 진입이 유리하다'는 확실한 답은 찾기 어려움을 알 수 있다. 그러나, 주어지는 상황 변수들에 따라서 적절하게 유연한 타이밍 전략과 그에 상응하는 자원과 역량에 대한 투자와 확보를 해나간다면, 과거 역사에서처럼 초기 진입자가 절반 수준의 실패율을 나타내는 것은 피할 수 있을 것이다.

타이밍은 시장과 기술이 진화하는 속도에 따라서 적절히 선택해야 한다.

6. 프로세스 전략이란

> 프로세스 선택이 솔루션의 경쟁우위에 영향을 미친다.

"어떤 상황에서 어떤 프로세스를 혁신에 적용하는 것이 좋은가?"의 답을 찾는 것이 프로세스 전략이다. 이 전략이 어떻게 혁신 경쟁우위에 영향을 주는가를 다음 사례를 통해서 알아 보자. 2016년 3월 삼성전자의 갤럭시S7 미디어데이가 열렸다. 이 자리에서 고동진 무선사업부 사장은 이같이 말했다. "이번처럼 치열하고 뜨겁게 고민했던 적은 없었다. 소비자들이 원하는 혁신을 이루기 위해 당연하지만 지금까지 구현하지 못했던 꼭 필요한 기능들을 제품 안에 담기 위해

노력했다."[11] 삼성을 무선사업의 부진에서 탈출하게 만든 갤럭시S7의 비결은 무엇이었을까?

고동진 사장의 인터뷰에서 그 힌트를 찾을 수 있는데, 그것은 '소통 리더십'을 기반으로 한 '소통 프로세스'라고 할 수 있다. 그는 임직원과 끊임없이 대화하며, 제품개발 과정에서 생기는 문제점을 스스럼없이 털어놓고 해결책을 같이 고민했다. 그의 표현대로 소비자가 원하는 기술적 발전을 추구한다는 철학을 기반으로, "치열하고 뜨겁게" 고객이 완벽하게 구현되기를 원하는 기능들과 요구사항들을 묻고, 찾고, 들었던 것이다.[12] 그러나 실제로 이러한 과정을 어떻게 현실에서 구현하고 있을까? 그 답은 장세영 삼성전자 상무의 인터뷰 기사에서 찾을 수 있다. "갤럭시S1 때부터 개발에 참여하면서 느꼈던 점은 성능 과시에 치중했다는 것이다. 이전보다 성능을 이만큼 개선했다고 광고하는 등 이른바 '스펙제품 규격'을 중요시했다. 갤럭시S7은 군살을 뺀다는 느낌으로 접근했다. 과시욕을 버렸다. 스펙 경쟁에서 벗어나 실질적으로 이용자들이 원하고 필요로 하는 부분에 집중했다."[13]

결국 삼성의 갤럭시S7이 고객들에게 더 높은 경쟁우위를 가진 제품으로 인정받을 수 있었던 비결의 하나는 이전과 달라진 '혁신 프로세스의 변화'였던 것이다. 이전의 프로세스는 각 기능을 담당하는 파트가 각자에게 주어진 스펙 개선을 달성하기 위해서 최선을 다했을 것이다. 그러다 보면 자연스럽게 부문 간의 소통은 줄어들게 된다. 서로 드러나지 않는 치열한 경쟁 속에서 자신에게 부여된 목표만을 달성하게 되고, 만약 누군가 일정을 놓치거나 문제가 생기면, 그 부문은 전적으로 그가 책임을 지게 된다. 소통이 줄어들수록, 함께 고객의 니즈와 중요한 요구들에 대해서 공유하고 그에 대한 더 나은 솔루션을 찾는 과정은 줄어든다. 따라서, 스펙 경쟁에서는 승리한 제품을 만들기는 하지만, 그 솔루션이 구현하는 가치와 실질적인 Gain은 고객에게 여전히 부족하게 느껴지게 된다.

어떻게 적절하게 프로세스를 선택하고 적용하는 것이 좋은가에 대해서, 다시 크리스텐슨 교수의 조언을 들어 보자.

"고객 과업을 위한 퍼즐의 마지막 조각은 프로세스—기업이 고객 과업을 지원하기 위해서 기능들을 통합하는 방식—이다. 프로세스는 잘 보이지는 않지만, 깊숙한 영향력을 가지고 있다. MIT의 에드가 셰인Edgar Schein이 언급한 바와 같이, 프로세스는 조직 내에 소리 없이 존재하는 문화의 핵심 파트이다. 그것은 '이것이 우리에게 제일 중요한 것이다'를 가르쳐준다. 고객 과업에 집중한 프로세스는 팀의 모두에게 명확한 가이드를 제공한다. 그것은 기업이 애초에 성공할 수 있었던 통찰을 본의 아니게 깜박하는 것을 막아주는 단순하지만 강력한 길이다."14

프로세스는 기업이 무엇에 집중할 것인지, 그리고 무엇이 우선순위가 높은지 등을 소리 없이 결정하는 과정이다. 삼성이 갤럭시S7에서 이러한 방식으로 혁신 프로세스에서 변화를 가져온 것이 "전작에서 크게 달라진 것이 없다."는 초기의 냉담한 평가에도 불구하고 놀라운 실적을 거둔 비결이었다. 기업 내의 모든 관계자들과의 소통을 중요시하고, 고객이 원하고 필요로 하는 것들에 집중하고, 기술의 과시보다 더 완벽한 솔루션을 위해서 해결책을 찾는 프로세스가 높은 경쟁우위를 불러온 것이다.

혁신을 추진하는 프로세스에 따라서 그 결과로 얻어지는 솔루션의 경쟁우위도 달라지게 되며, 따라서 혁신의 목적과 부합되는 프로세스를 선택해야 한다.

7. 프로세스 선택이란

> ❝
> 기술과 시장의 상황에 따라서 프로세스를 선택한다.
> ❞

프로세스 선택을 좌우하는 중요한 변수들은 무엇인가를 살펴 보자. 앞에서 다양한 경우에 기술과 시장을 중심으로 생각해 보았던 것처럼, 시장과 기술의 어떠한 측면이 프로세스에서의 차이점을 가져올 것인지를 고려해 본다. 이를 위해서 다양한 혁신 사례들이 처할 수 있는 기술과 시장의 상황들을 먼저 파악하고, 이러한 상황들 중에서 프로세스의 차별화를 가져오는 데 영향력이 높은 것들을 찾아 보았다.

📊 그림 8-2 기술 – 시장 상황에 따른 프로세스 분류

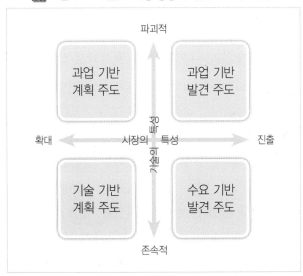

그 결과로, 기술의 상황에서는 크리스텐슨 교수가 제안한 존속적-파괴적 기술Sustaining-Disruptive Technologies을 기준으로, 시장의 상황은 기존 시장의 확대 혹은 신시장으로 진출의 두 가지로 구분해 보았다. 이러한 4가지 상황에 따라서 적절한 프로세스의 종류를 〈그림 8-2〉에 표현하였다.

존속적 기술로 기존 시장 확대: 기술 기반 – 계획 주도 프로세스

존속적 기술을 대상으로 시장의 확대는 대개 기술 기반Technology-Based의 방식이 될 것이다. 우리가 익히 잘 아는 기술에 대해서 더 나은 퍼포먼스의 향상 목표치를 설정하고, 이를 달성하기 위해서 필요한 것들을 R&D를 통한 개발이나 외부 도입과 협업 등을 통하여 확보해 갈 수 있다.

가치증진을 위한 기술개발 로드맵이 작성되고, 이미 시장에서 얻은 정보와 경험을 기반으로 다음 세대 솔루션의 출시 계획을 세우고, 그 계획에 따라서 얼마나 정확하게 개발이 진행되는가가 중요한, 이른바 계획 주도Plan-Driven의 프로세스가 주로 사용될 것이다. 이 영역에서 혁신의 경쟁우위는 구체적으로 정의되고 실행되는 체계적인 프로세스와 그를 뒷받침하는 탄탄한 기술력이라고 할 수 있다.

존속적 기술로 새로운 시장 진출: 수요 기반–발견 주도 프로세스

존속적 기술로 새로운 시장으로 진출하는 경우는, 기존 기술을 기반으로 계획을 따라서 개발하거나, 기존 시장에서의 노하우를 활용하기가 상대적으로 어렵다. 따라서, 정밀한 시장 조사와 자신의 개발 계획에 의존하기보다는, 시장에서의 요구에 기반한Market-Based 방식이 적합할 것이다. 기존과 겹치지 않는 새로운 시장으로의 첫 진입 시도로, 이러한 경우의 프로세스는 시장 확대의 경우와는 매우 다를 것이다. 이 경우의 프로세스는 시장의 수요를 기반으로 하지만, 사전에 충분한 정보와 분석 대신에, 실제 시장에서의 피드백과 그에 따른 학습을 기반으로 한 발견 주도Discovery-Driven 프로세스가 유리하다.[15]

파괴적 기술로 기존 시장 확대: 과업 기반 – 계획 주도 프로세스

파괴적 기술은 기존의 기술과는 다른 베이스Base에서 새로운 기능과 성능을 제공하기 위한 기술이다. 기술이 새롭게 제공할 수 있는 가치제안을 고객이 여전히 불만족을 느끼는 과업과 매칭시키는 과업 기반Job-Based의 방식이 효과적일 것이다.

파괴적 기술로 시장의 확대를 하는 경우는, 확대할 시장의 과업 기반 세그먼트에 대한 분석을 통해서 계획을 수립하여 이를 중심으로 혁신 프로세스를 운영하는 것이 리스크를 줄이는 방법이다. 흔히 파괴적 기술을 동원해서 시장을 확대하려고 하는 혁신이 실패하는 것은, 이 경우에 기술 기반의 프로세스로 기존 고객의 요구를 만족시키고자 했기 때문이다.

파괴적 기술로 새로운 시장 진출: 과업 기반 – 발견 주도 프로세스

끝으로, 파괴적 기술로 신시장을 창출하려는 경우에는, 앞에서 소개한 크리스텐슨 교수의 '고객 과업에 집중한 프로세스', 즉 고객 과업 기반 프로세스가 현명한 선택이다. 고객이 기존에 충분히 제대로 해결하지 못하는 일이나 문제, 혹은 기존 솔루션으로는 해결할 수 없었던 과업 등에 포커스를 맞추어서, 그곳에서 확실한 가치와 경쟁우위를 얻을 수 있는 솔루션을 찾고 개발하는 과정이 필수적이다. 이 경우에는 당연히 예측에 기반한 계획보다는 발견 주도의 프로세스가 우위를 제공할 것이다.

혁신 프로세스의 선택은 기술의 속성과 시장에 대한 전략을 축으로 해서, 어떤 조합에서 어떤 유형의 프로세스가 유리할 것인가를 고려하여 선택해야 한다.

8. 비즈니스 모델 전략이란

> 비즈니스 모델의 선택으로 혁신의 경쟁우위도 달라진다.

혁신 경쟁우위를 위해서 고려해 볼 네 번째의 전략은 "어떤 비즈니스 모델을 통해서 경쟁우위를 얻을 수 있을까?"를 고민하고, 그 결과로 기존의 솔루션들이 제공하지 못하는 새로운 비즈니스 모델을 혁신 솔루션에 결합시키는 것, 즉 비즈니스 모델 혁신이다. 비즈니스 모델이란, 혁신 솔루션이 어떠한 과정을 통해서 수익을 얻을 것인가를 결정하는 틀이라고 할 수 있다. 단순히 제품을 열심히 만들어서 그것의 판매를 통해서 수익을 얻는 길도 있지만, 거기에 추가적인 서비스나 소프트웨어를 더해서 더 큰 수익을 얻는 방식도 있다. 때로는 제품이나 서비스를 판매하는 대신에, 사용하는 기간에 따라서 사용료를 지불하게 하는 방법도 있다. 혹은 제품은 공짜로 제공하고, 그것을 사용하는 단계에서 필요한 소모품이나 추가 서비스를 구입하도록 하는 방식도 있다. 또한 제품이나 서비스를 렌털이나 월사용료Subscription 방식으로 사용하게 하면서, 그를 통해서 다른 추가적 제품이나 서비스를 구매하도록 유도하는 모델도 있다.

이렇게 비즈니스 모델은 과거의 단순한 '판매 모델'에서 지속적으로 발전하여 나날이 '복합 모델'로 혁신을 해오고 있다. 보스턴 컨설팅 그룹의 2014년도 보고서에 따르면, 1,500명의 기업 임원들을 대상으로 조사한 결과, 94%가 자신의 기업에서 어느 정도의 비즈니스 모델 혁신을 한 경험이 있다고 응답했다고 한다.16 이처럼 비즈니스 모델은 혁신에서 빼놓기 어려운 화두이자 경쟁우위의 한 축이 되었다. 어떤 방식으로 비즈니스 모델의 혁신 전략을 세우거나 새로운 모델을 구상하는 것이 경쟁우위를 위해서 올바른 길인가에 대한 힌트를 크리스텐슨 교수가 2016년 Sloan Management Review에 기고한 글에서 찾을 수 있는데, 그는 다음과 같이 강조하였다. "비즈니스 모델 혁신의 많은 시도들이 실패한다. 그것을 바꾸기 위해서 경영진은 어떻게 비즈니스 모델이 시간에 따라서 예측 가능한 단계를 거치는가를 이해하고, 그러한 이해를 새로운 비즈니스 모델에 대한 핵심 의사결정에 활용해야 한다."17 그를 위해서 먼저 비즈니스 모델을 구성하는 핵심 요소들에 대해서 알아 보자.

크리스텐슨 교수가 제안하는 구성요소들은 4가지인데, ① 고객에 대한 가치 제안, ② 사람, 돈, 기술과 같은 자원, ③ 최종 제품이나 서비스를 만들어 내는 프로세스, 그리고 ④ 마진, 자산 스피드Asset Speed, 그리고 리턴을 위한 규모Scale를 결정하는 이익 공식Profit Formula이다. 이러한 정의를 통해서 비즈니스의 능력을 파악할 수 있고, 또한 요소들이 어떻게 관련되고 무엇을 할 수 없는지를 분명히 해준다. 비즈니스 모델이 진화하는 과정은 다음의 세 가지 단계로 설명된다.

- 창조 Creation : 비즈니스의 초기에는 고객에게 의미 있는 가치제안 Value Proposition을 찾아내고, 그에 맞는 제품과 서비스를 개발하게 된다. 이를 위해서 고객의 과업과 해결하기 어려웠던 문제들에 집중하게 되고, 답변보다는 질문을 더 많이 하게 된다. 따라서, 비즈니스가 매우 유동적인 상태이다.

- 존속적 혁신 Sustaining Innovation : 탄생 과정을 잘 넘긴 비즈니스 모델은 커져가는 수요에 대해서 얼마나 잘 대응할 수 있는가가 중요해진다. 탄생 단계가 고객을 만들어 내는 것이라면, 존속적 혁신 단계는 고객 기반을 굳히고 확장해 가는 단계이다. 효율적인 프로세스의 구축이 중요해지고, 주요 고객에 대한 더 나은 솔루션의 개발을 빠르게 추진하는 것이 핵심이 된다.

- 효율 Efficiency : 존속적 혁신의 일정 단계에 도달하면, 솔루션의 성능을 높이는 투자가 추가 이익을 창출하지 못한다. 이때부터는 얼마나 더 낮은 원가에 제품을 만들거나 서비스를 제공하는가가 관건이 된다. 효율을 높이기 위한 곳으로 혁신의 중심이 옮겨가는 것이다.

이러한 세 가지 단계들을 거치는 비즈니스 모델의 진화를 바탕으로, 크리스텐슨 교수는 다음과 같은 통찰을 제공한다. "성공적인 비즈니스 모델 혁신을 하려면, 기존의 비즈니스 모델을 바꾸려고 하는 대신에, 새로운 것을 창조하는 데에 집중하라. 비즈니스 모델 요소들 간의 의존도가 커질수록, 기존 비즈니스 내에서 새로운 비즈니스를 만드는 능력은 상실된다. 오리지널 비즈니스 모델에서 완벽하게 작동하는 자원과 프로세스가 현재 모델의 우선순위를 위해서 최적화되어 있기 때문에 그럴 수밖에 없다." 그의 가르침을 따른다면, 비즈니스 모델 혁신을 위해서 기존 비즈니스를 뒤엎고자 애쓰기보다는, 새로운 모델을 스핀오프 Spin-Off 방식으로 솔루션과 함께 창출하는 것이 더 바람직하다고 하겠다.

비즈니스 모델은 창조–존속–효율의 경로를 따라서 진화하는데, 가치창조 혁신의 솔루션일수록 새로운 비즈니스 모델을 결합하여 경쟁우위를 높이는 것이 필요하다.

9. 비즈니스 모델 사례

> 비즈니스 모델은 지금 이 순간에도 진화하고 있다.

온라인 판매가 날이 갈수록 커지고 있지만, 여전히 틈새 판매 채널로 꾸준히 성장하고 있는 비즈니스 모델이 있는데, 바로 방문판매 모델이다. 국내의 방문판매시장 매출은 2016년 3조 3천억원 수준으로 전년대비 16% 증가했다. 2013년 2조원 수준에서 1조원 이상이 증가한 것이다. 고용창출 역할도 톡톡히 하는데, 2016년 말 기준 37만2천명으로 1년 사이 34%가 증가했다. 온라인 쇼핑으로 인해서 점점 아쉬워지고 있는 판매자와의 '스킨십'과 "대우받고 있다"는 느낌을 고객이 더욱 중요하게 생각하기 때문이다.[18]

배달해주는 고급 인스턴트커피인 '콜드브루 by 바빈스키'는 야쿠르트사의 성공적인 혁신 제품이 되었다. 이 혁신의 경쟁우위는 단순히 더 맛있는 커피에 있지 않다. 전문가가 고심해서 만든 고급 커피라는 브랜드 이미지도 중요하지만, 전 세계 그 어디에도 없는 '배달 인스턴트 커피'라는 특유의 모델에 있다. 과거 우리 민족은 커피도 배달시켜서 즐겼었는데, 그 특유의 문화 속에 담긴 우리만의 DNA에 어필한 것이다. 우리가 왜 배달을 선호하는가는 연구된 바가 없겠지만, 아마도 '대접받는 것'에 대한 깊은 선호가 있기 때문일 것이다. 1971년 서울 종로에서 47명으로 출발한 야쿠르트 아줌마는 현재 1만 3천명이 또 다른 혁신 솔루션의 하나인 소형 전동카트를 운전하면서 활동하고 있다.

아모레퍼시픽의 화장품 방문판매는 타의 추종을 불허하는데, 2016년 방문판매 매출만 1조 797억원이며, 이 매출은 지속적으로 늘고 있다. 이 기업은 방문판매에 디지털 혁신을 결합했다. '뷰티Q' 앱을 통해서 고객에게 미용 정보와 특정 제품 사전 예약 등의 혜택과 구매 결제도 제공한다. '카운셀러 찾기 서비스'로 쉽게 방문판매 서비스를 경험할 수 있게 하며, 이 앱의 다운로드는 100만건을 넘었다고 한다. 아모레퍼시픽 카운셀러 수는 3만6천명이며, 방문판매 채널의 이용객 수는 약 250만명이다. 방문판매와 디지털 혁신이 만나서 새로운 비즈니스 모델을 만들어가고 있다.

웅진그룹의 윤석금회장은 '릴리에뜨'라는 새로운 브랜드로 화장품 사업에 나서면서, 자신이 직접 구상한 '온라인 방문판매' 방식을 새롭게 제안했다. 2016년 5월에 첫 오픈 이후 열흘 만에 1만명 가까운 회원을 모집했고, 이에 대해서 윤회장은 "정수기 판매에 렌털 방식을 처음 도입해 매출 2조원대 코웨이를 일궜듯이 온라인 방문판매로 화장품시장에서 새로운 사업 모델을 창출하겠다."고 말했다. 릴리에뜨는 건강식품, 홈케어, 렌털숍 등으로 확장하고 있다.[19]

렌털과 월사용료 비즈니스 모델들도 점점 다양화되고 있다. 가정에서 사용하는 소형 가전제품들이 렌털 모델로 선택의 폭을 넓혀가고 있다. 초기에는 비데나 정수기 등 일부 제품에서만 가능했으나, 이제는 건조기, 가스레인지, 세탁기 등 다양한 제품들이 빌려 쓰는 서비스 모델로 제공된다.

안마의자를 렌털로 서비스하는 비즈니스 모델로 급성장을 해오고 있는 바디프랜드는 정수기, 침대 매트리스로 사업을 넓혔다. 이처럼 렌털시장이 커지자 대기업들도 참여하여 공기청정기 시장에서는 코웨이와 LG전자, 삼성전자가 3각 경쟁을 벌이고 있다. 2006년 3조원

이었던 국내 렌털시장은 2017년에 약 26조원으로 11년만에 9배 가까이 성장했다.[20]

비즈니스 모델을 통해서 경쟁우위를 얻기 위해서는 다음과 같은 질문을 던지고 그 답을 찾아야 한다. "고객의 과업들 중에서 더 높은 만족을 줄 수 있는 중요한 것들은 무엇인가? 그리고 그 과업에 대해서 기존과 다르게 더 빠르고 쉽고 싸게 가치제안을 할 수 있는 길은 무엇인가?" 과거 웅진 코웨이가 기존의 정수기 판매에서 렌털 방식으로 전환하면서 고객에게 제공한 새로운 가치는 '더 좋은 정수기'가 아니라, '신경 쓰지 않아도 되는 정수기'이다. 청소와 필터 교체라는 수고스러운 고객 Pain에 대해서 더 빠르고 쉽고 경제적인 Gain을 가진 솔루션을 제공한 것이다. 그와 같이, 앞에서 혁신의 기회 발견에 적용했던 방식을 새로운 비즈니스 모델을 찾고 아이디어를 얻는 데에도 적용한다면 효과적일 것이다.

비즈니스 모델은 솔루션의 경쟁우위를 결정하는 새로운 요소로 각광받고 있는데, 더 높은 고객 Gain과 더 낮은 고객 Pain을 위한 새로운 가치제안의 길을 찾아 봐야 한다.

10. Achieve 실습

안전 보행보조기의 경쟁우위 전략을 찾아 본다.

혁신 다이내믹스 실습에서 활용했던 안전 보행보조기를 이용해서 어떻게 경쟁우위를 얻을 수 있을까? 먼저, 이 보행보조기의 장점은 다음과 같다.

- 기존 저가 보행보조기에는 없는 미끄럼이나 넘어짐 방지 장치를 제공
- 기존에 비해서 추가된 바퀴로 인해서 사용 시에 더 큰 편안함을 제공
- 무게가 크게 늘지 않고, 사용이 쉽고, 가격에서도 경쟁력이 있는 새로운 솔루션

따라서, 이러한 장점들과 가격 경쟁력을 바탕으로 어떠한 추가 전략들을 통해서 경쟁우위를 높이고, 따라서 더 큰 리턴을 얻을 수 있을지를 알아 본다. 다음의 4가지 전략들을 고려해 본다.

1) 누구를 위한 솔루션인가? 초기 교두보의 고객은? 왜 이 타깃이 중요한가?

이 솔루션은 '안전성이 최우선으로 요구되는 곳과 고객'을 타깃으로 했을 때 성공할 수 있다. 따라서, 환자나 노약자들의 재활치료에 필요한 솔루션이 될 수 있다. 초기 교두보 고객은 병원과 요양원의 재활치료사와 장비 구매부서가 될 것이다. 이 타깃이 중요한 이유는 여기서의 경험을 통해서 개인 구매로도 확대될 것이기 때문이다.

2) 언제가 적기인가? 시장과 기술은 어떻게 변화할 것인가?

이 솔루션의 개발과 출시는 빠를수록 좋다. 시장을 선점할수록 경쟁우위가 높아질 것이고, 상대적으로 시장과 기술의 변화 속도는 느릴 것이다. 따라서, 한 번 경쟁우위를 점하게 되면 그것이 오래 지속될 가능성이 크다. 또한, 퍼스트무버가 누릴 수 있는 뉴스나 온라인 매체의 관심과 홍보 효과가 기대된다.

3) 혁신 추진 프로세스는 어떤 방식이 좋은가? 어떤 기반과 어떤 주도로 할 것인가?

이 혁신의 패턴은 가치증진이며, 이미 알려진 존속적 기술로 기존

시장의 니치 마켓우리에게는 신시장으로 진입하는 상황이다. 따라서 수요 기반으로 발견 주도 방식의 프로세스를 선택하는 것이 좋다. 우리는 니치 마켓의 요구와 수요를 더 정확하고 깊이 있게 알아야만 하고, 이를 기반으로 솔루션의 검증과 학습을 통해서 발견 주도적으로 일을 해야 한다. 즉, 완성품을 개발하기 전에 프로토타입을 통해서 충분히 고객 사용성과 실제 수요를 테스트한다.

4) 어떤 비즈니스 모델이 가치와 경쟁력을 더 높일 수 있을까? 새로운 수익 모델은 무엇이며, 경쟁자들은 어떤 시도를 하는가?

기존의 수익 모델은 대리점을 통한 판매나 직접 판매일 것이다. 우리는 두 가지 새로운 모델을 테스트해 볼 수 있는데, 하나는 온라인 구매이고, 또 하나는 렌털 방식이다. 온라인 직접 구매는 고객이 키워드 검색을 통해서 판매 사이트로 들어와 주문을 하도록 하며, 따라서 검색 키워드를 적극 활용한다. 또한 SNS 등의 사용후기를 적극 활용하여 신제품 홍보를 한다. 렌털 방식은 매우 낮은 비용으로 회원으로 등록하고 장기에 걸쳐서 부담하도록 한다. 렌털의 경우에는 정기적인 점검과 유지보수 및 업그레이드 등을 포함하여 고객 만족도를 높이고, 동시에 사용자 피드백도 수집하여 향후 개선에 활용한다.

위의 예시들을 모아서 어떤 고객의 Gain과 Pain에 대한 장점들이 있을지를 정리해 보자.

- 고객의 Gain: 안정성이 매우 중요한 타깃 고객들에게 기존에 얻지 못했던 높은 만족도의 기능과 성능을 제공한다. 구입하는 보호자나 병원 관계자의 입장에서는 "고객의 안전에 큰 관심을 쏟고 있다."는 자부심과 홍보 효과를 가지게 한다. 소재와 디자인에서의 차별화로 사용자의 감성적 만족도를 높인다. 다른 사람들의 호기심에 찬 시선도 플러스 요인이 될 수 있다.

- 고객의 Pain: 고가의 보조기에는 자동 제어장치가 있는 것이 있지만, 가격은 큰 제약이다. 이 부분을 적절한 가격으로 해소하고, 또한 렌털 방식을 통해서 부담을 크게 낮출 수 있고 사용 시의 만족도를 높일 수 있다. 사용법에서도 기존에 비해서 별다른 차이가 없으므로 손실은 없다. 대신에 기존에 느끼던 불안감을 해소해줌으로써 실질적으로 고통을 낮출 수 있다.

위의 상황은 물론 가상의 시나리오이지만, 다양하고 유익한 질문들에 대해서 전략적 해법들을 구상함으로써 솔루션의 경쟁우위를 높이도록 할 수 있다.

혁신 경쟁우위를 위해서 타기팅-타이밍-프로세스-비즈니스 모델의 4가지 전략적 선택들을 살펴 보았다. 물론 이러한 전략들 외에도 다양하게 중요한 선택들을 고려해야 하지만, 대표적인 전략들에 대해서 연구 및 응용된 내용들을 소개하였다.

경쟁우위의 전략과 더불어서 중요한 요소는 혁신을 위한 핵심역량이다. 핵심역량의 중요성과 계발 방법 등에 대해서는 이미 많은 책들과 글들이 있으므로, 여기서는 자세히 다루지 않았다. 그러나 핵심역량의 의미와 필요성은 다른 요소들에 못지않게 중요하다. 뛰어난 혁신 전략이 성공하지 못하는 대표적인 원인은 바로 '그 전략을 수행할 사람이 없어서'이다. 다음 장에서 결과적으로 어떻게 높은 리턴의 혁신이 가능한가를 살펴 본다.

참고문헌

1. Geoffrey A. Moore, "Crossing The Chasm: Marketing and Selling H Products to Mainstream Customers," HaperBusiness, 2006

2. Clayton M. Christensen, Taddy Hall, Karen Dillon, and David S. Duncan, "Know Your Customers' Jobs to Be Done", Harvard Business Review, September 2016

3. http://news.naver.com/main/read.nhn?mode=LSD&mid=shm&sid1=105&oid=214&aid=0000814133

4. http://www.supermarketnews.com/online-retail/are-self-driving-delivery-vehicles-closer-we-think

5. https://www.udelv.com/

6. https://strategyn.com/outcome-driven-innovation-process/market-segmentation/

7. Marvin B. Lieberman and David B. Montgomery, "First-Mover Advantages," Strategic Management Journal, Vol. 9, 41-58, 1988

8. Marvin B. Lieberman and David B. Montgomery, "First-Mover (Dis) Advantage: Retrospective and Link with The Resource-Based View," Strategic Management Journal, Vol. 19, 1111-1125, 1998

9. Golder, P. N. and G. J. Tellis, "Pioneer advantage: Marketing logic or marketing legend?" Journal of Marketing Research, 30(2), 158-170, 1993

10. Fernando Suarez and Gianvito Lanzolla, "The Half-Truth of First-Mover Advantage," Harvard Business Review, April 2005

11. https://news.samsung.com/kr/스마트폰의-새로운-가능성을-열다-갤럭시-s7-미디어데

12. http://biz.newdaily.co.kr/news/article.html?no=10111246

13. http://biz.chosun.com/site/data/html_dir/2016/04/15/2016041500397.html

14. 클레이튼 크리스텐슨, "혁신기업의 딜레마," 이진원 역, 세종서적, 2009

15. Rita G. McGrath and Ian C. Macmillan, "Discovery-Driven Growth: A Breakthrough Process to Reduce Risk and Seize Opportunity," Harvard Business Press, 2009

16. https://www.bcgperspectives.com/content/articles/growth_innovation_driving_growth_business_model_innovation/

17. Clayton M. Christensen, Thomas Bartman and Derek Van Bever, "The Hard Truth About Business Model Innovation," Sloan Management Review, Fall 2016

18. http://biz.chosun.com/site/data/html_dir/2017/11/10/2017111001802.html

19. http://news.hankyung.com/article/2016051652661?nv=3

20. http://www.hankookilbo.com/v/79debb90656945f2905f9c474af32c29

혁신 다이내믹스
Innovation Dynamics

CHAPTER
09

하이리턴 혁신

지속 성장을 위한 혁신의 원리와 길

CHAPTER 09

하이리턴 혁신

1. 하이리턴 혁신이란

> 혁신의 목적은 하이리턴High-Return을 얻는 것이다.

성장은 혁신으로 가능하지만, 단순히 혁신 그 자체가 아니다. 혁신을 통해서 얻어진 리턴이 클 때에만 가능한 것이 성장이다. 흔히 우리는 이러한 평범한 사실을 간과하고, "혁신이 곧 성장이다."라는 믿음으로, 또는 "경쟁자가 하니까 우리도 혁신을 해야 한다."는 판단으로, 혁신에 뛰어든다. 그러나 때로 혁신이 성장을 가져오는 요인이 아니라, 거꾸로 성장의 급격한 정체, 즉 스톨Stall을 가져오는 원인이 된다. 이를 방지할 수 있는 유일한 길은 원리와 원칙에 근거하여 추진되는, 리턴이 큰 혁신, 바로 '하이리턴 혁신'High-Return Innovation: 이하 HRI이다.

이 장에서는 앞서 설명한 혁신 다이내믹스의 원리, DCMA 전략과

방법, 그리고 사례들을 통해서 본 HRI의 핵심적인 원칙들을 소개하려
한다. 총 5가지의 원칙들을 제시하고자 하는데, 그들은 다음과 같다.

- HRI 원칙 1: 고객의 중요하고 만족도가 낮은 불충족 요구에서 큰 기회를 찾는다.
- HRI 원칙 2: 혁신 솔루션이 고객에게 큰 혜택을 높은 가격 경쟁력에 제공한다.
- HRI 원칙 3: 시장과 기술이 불확실할수록 리스크 관리에 더 주력한다.
- HRI 원칙 4: 높은 경쟁우위를 가질 수 있는 다양한 혁신 전략을 구사한다.
- HRI 원칙 5: 고객과 기술을 더 깊이 이해하고 존중할수록 하이리턴이 가능하다.

원칙 1번은 혁신 다이내믹스의 기회 발견Discover에서 강조되었던
것이다. 모든 혁신의 성패는 "시작이 반이다."라는 우리 속담처럼 출
발점에서 절반이 결정된다. 어떤 이유와 목적으로 혁신 여정을 시작
했는지는 결국 어디에 도착할 것인지를 결정하기 때문이다. 목적지
가 잘못 설정된 여정은 설사 그 목적지에 정확하게 도착했다 해도,
성공적인 여정은 아니다. 씨앗이 땅에 묻혀서 싹이 트는 것처럼, 큰
기회와 높은 우위의 솔루션이 결합해야만 고객이 가치를 인정할 수
있는 혁신의 뿌리가 만들어진다. 씨앗이 떨어진 곳이 좁고 어두운
땅이라면 아무리 좋은 씨앗이라도 크게 자라기 어려울 것이다.

원칙 2번은 혁신 다이내믹스의 가치우위 창출Create을 통해서 알
아 보았던 내용들의 핵심이다. 가치우위 비율과 가치 맵을 이용해서
"어떤 가치우위가 필요한가?"를 분석해 보았다. 가치우위가 높아야
한다는 것은 너무나 당연한 것이지만, 실제 그 정도와 수준을 객관
성 있게 파악하거나 비교해 보는 것은 부족하기 쉽다. 만약 혁신 기
업이 진정으로 관심과 공을 들여서 객관적이고 공정하게 자신의 솔
루션이 얼마나 가치우위가 있을 것인가를 판단한다면, 솔루션을 개
발 후에 시장에 내놓고 나서 후회하는 일들은 크게 줄어들 것이다.

"고객의 니즈를 몰랐다."거나 "시장이 불확실했다."는 사후 분석은 이후의 혁신이 하이리턴으로 바뀌는 데에 아무 도움이 되지 못한다. 대신에 같은 실수와 실패를 반복하지 않도록 더 정밀하고 객관적인 가치우위 분석을 해야만 한다.

원칙 3번은 혁신 다이내믹스의 혁신 리스크 관리Manage에서 온 것이다. 높은 가치를 앞세운 혁신 솔루션이 의외의 변수나 변동으로 기대와 다른 결과를 가져오는 사례들이 많다. 이 사례들을 들여다보면 공통적으로 발견되는 것은, "혁신에 관련된 불확실성들을 관리하지 못했다."이다. 고객의 진짜 요구를 이해하지 못하는 것도 리스크의 요인이다. 기술의 성능을 오판하거나 단순한 가정으로 채용하는 것도 리스크를 부른다. 경쟁자가 누구일지, 그들이 무엇을 어떻게 할지를 사전에 모른 채로 오직 내부의 혁신 과제에만 몰두하는 것도 리스크를 키우는 일이다. 상황이 불확실할수록 더 좋은 제품보다 더 필요해지는 것은 바로 리스크의 적절한 관리이다.

원칙 4번은 혁신 다이내믹스의 경쟁우위 확보Achieve를 통해서 알아본 내용이다. 우리가 흔히 "좋은 제품이 성공한다."라고 하는 것은 동전의 한 면을 이야기하는 것이다. 제품이 좋아야 하는 것은 당연하지만, 동전의 뒷면에 있는 '경쟁우위'도 높아야만 한다. 좋은 제품이 다 성공하지 않는 것은, 앞면인 제품만을 보고 혁신을 했기 때문이다. 그러나 그 뒷면에는 제품을 떠나서 다른 경쟁자들에 비해서 더 우월한 전략들이 있어야 한다. 이 면을 무시한 채로 아무리 더 월등한 제품을 고객에게 제시해 보아야 고객들은 이렇게 말한다. "제품은 좋네요, 하지만…"

원칙 5번은 당연한 원칙이지만, 그래서 때로 잊거나 소홀하게 된다. 불확실성이 커지고 변화의 속도가 빨라질수록 고객과 기술에 대한 지속적인 이해와 학습은 혁신의 가장 중요한 기본기이다. 이에 대한 관심과 투자가 경기에 따라서 들쭉날쭉하면 지속적인 성장은 기대하기 어렵다. 또한 이들에 대한 경영진의 실질적인 존중이 기업 문화와 경영 철학에 배어 있어야 한다. 고객 제일과 인재 중시를 외치기만 하고, 실제 존중이 없는 기업에서는 진정한 혁신이 불가능하다.

성장은 단순히 혁신에서 오는 것이 아니라, 반드시 높은 리턴을 가져오는 혁신, 소위 '하이리턴 혁신'을 통해서만 가능하다.

2. 하이리턴 혁신의 원칙 1

> "
> 고객의 중요하고 만족도가 낮은 불충족 요구에서 큰 기회를 찾는다.
> "

흔히 학생들에게 혁신 과제에 대해서 기획을 해오라고 하면, 가장 먼저 그 기획서에 등장하는 것은, "이러한 아이디어로 혁신 과제를 하고자 한다."이다. 이러한 기획서는 늘 재작업을 지시하는데, 그 이유는 분명하다.

혁신 기획의 출발점은 결코 '아이디어'가 되어서는 안 되기 때문이다. 혁신 과제가 HRI가 되려면 그 출발점은 반드시 "어떤 큰 기회를 타깃으로 하는가?"의 명확하고 의미 있는 답이 되어야 한다. 학생들이 늘 당황하고 불편해 하지만, 이 통과의례를 거치고 나면 모든 학생들의 피드백은, "잘 배웠습니다."이다.

기업에서 벌어지는 혁신도 이와 크게 다르지 않다. 대부분의 혁신 프로젝트는 그 출발점에서 이러한 일이 벌어진다.

"자, 우리가 이번에 이런 시스템을 도입하여 생산성을 크게 올려 봅시다."
"디지털 기술을 업무 프로세스에 접목하여 스피드와 정확성을 향상시킵시다."
"신제품에 이러한 기술을 도입하고 이렇게 성능을 높여서 고객 가치를 높입시다."
"우리의 경쟁사가 다음 제품에 이런 사양을 추가한다고 하니 서둘러 개발합시다."

이렇게 출발한 혁신의 도착점에는 자주 다음과 같은 반성들이 나타난다.

"시스템 도입은 잘 되었지만, 여전히 생산성은 기대에 못 미칩니다.
더욱 분발합시다."
"스피드와 정확성은 향상되었지만, 업무 로드가 너무 많고,
입력할 정보도 많습니다."
"신제품에 기술을 제대로 적용했지만, 고객이 실제 그런 성능에는
큰 관심이 없습니다."
"경쟁사보다 매우 뛰어난 신제품을 출시했습니다.
그러나 판매가 증가하지는 않습니다."

무엇이 문제인가? 모두가 "어떤 큰 기회가 있어서 혁신을 하고자 하는가?"라는 질문 대신에, "무엇으로 혁신을 하고자 하는가?"에서 출발했기 때문이다. 다시 말하면 왜Why보다 무엇을What 혹은 어떻게How가 먼저 제시되고, 그것을 위해서 바로 달리기를 한 것이다. 달리면서 종종 "이 방향이 진짜 옳은 것인가?"라는 의문도 들지만, 대개 이미 너무 멀리 왔기 때문에 그대로 달려 나간다. 결국 목적지로 정해진 곳에 와서야 비로소 알게 된다. "아, 여기보다는 저기가 더 나을 뻔 했는데…"

이러한 방식을 수정하기 위해서는, 누구보다도 혁신의 리더가 출발점에서 왜에 대한 중요성을 강조하고, 어떤 기회를 타깃으로 할

지에 대해서 충분한 사전 조사와 분석을 하도록 요구해야 한다. Discover 사례에서 보았던 허스만사의 냉장박스를 기억하자. "LED 조명을 장착한 효율적 냉장박스"를 출발점으로 삼은 탓에 연 매출 4천달러의 '로우리턴 혁신'Low-Return Innovation이었던 실패작이 단지 고객들이 원하는 것이 무엇인가를 더 정밀하게 정량적으로 파악하고 분석한 덕분에 HRI로 파격적인 변신을 하게 되었다. 비슷해 보이는 제품이지만, 그것이 진정으로 고객의 과업과 불충족한 요구들에 명확하게 타기팅을 하자, 놀랍게도 4천만달러의 하이리턴 효자 제품이 된 것이다.

HRI의 기획서는 반드시 '고객 요구 분석'을 주 내용으로 하는 왜에 대한 설명으로 시작되어야 한다. 우리 기업에 지금 왜 이러한 혁신이 필요한지, 이 혁신이 해결하려는 고객의 요구와 문제는 무엇인지, 그 기회가 얼마나 중요하고 만족도가 커졌을 때 가치가 큰지가 명시되어야 한다. 이러한 내용이 뒤로 가거나 빠지고, 먼저 "이러한 멋진 솔루션 아이디어를 제안한다."로 시작하는 기획서는 반드시 재작업을 지시해야 한다. 혁신 솔루션의 대단한 아이디어가 혁신 출발점이 되는 것이 아니라, 혁신의 커다란 기회가 출발점이 되어야만 하이리턴의 여정이 시작되기 때문이다.

HRI의 출발점은 고객이 처한 현재와 앞으로의 상황, 그 안에서의 주요한 과업들, 그리고 현재와 미래의 불충족된 요구들이 무엇인가를 명확하고 의미 있게 설명하는 혁신의 커다란 기회Big Opportunity가 되어야 한다.

3. 하이리턴 혁신의 원칙 2

> 혁신 솔루션이 고객에게 큰 혜택과 높은 가격 경쟁력을
> 제공하도록 한다.

혜택이 높은 것이 혁신 솔루션에는 필수조거이다. 이 부분이 없으면 그 이후는 박리다매일 뿐이다. 20세기에는 박리다매도 하나의 전략이 될 수 있었지만, 글로벌 경쟁 시대인 21세기에는 더 이상 통하지 않는다.

박리다매로 성공했던 기업들이 여전히 그 전략으로 성장을 이어오지는 못하고 있다. 모나미 볼펜 '모나미 153'은 한때 문구계의 대표주자였다. 요즘도 보이기는 하지만, 이 제품으로 모나미가 더 성장할 수는 없다. 그래서 모나미는 다양하게 혜택이 높은 신제품들을 개발하여 출시하고 있다. 여성들이 좋아할 '네일아트펜', 고객이 만들어 쓸 수 있는 맞춤형 잉크, 추억을 회상하며 고급스러운 필기를 위한 '모나미 153 한정판' 등, 다양하고 혜택이 큰 제품들과 매장들을 제공하고 있고, 그 결과 수익률이 꾸준히 높아지고 있다.[1]

HRI를 위한 솔루션을 구상할 때에 중요한 포인트는 단순히 "혜택을 더 높인다."가 아니다. 이미 잘 알려진 혜택을 더 높이는 것은 우리뿐 아니라 모든 경쟁자들이 다 하고 있거나 하려고 하는 것이다. 남들이 잘 하는 것을 나도 잘 하는 것은 결코 쉽지가 않다. 대신에, 남들이 잘 하지 못하거나 또는 하지 않고 있는 것을 잘 하는 것은 노력에 비해서 결과가 좋다.

따라서, HRI 솔루션의 혜택을 높이고자 할 때에는 가장 먼저 다음과 같은 질문을 해보아야 한다.

- Strength: "우리 솔루션이 고객이 느끼는 혜택에서 가장 크게 강점을 가질 수 있는 것은 무엇인가?"
- Weakness: "우리 솔루션이 고객이 보는 관점에서 가장 약점으로 보이는 것은 무엇인가?"
- Opportunity: "우리 솔루션을 사용하는 고객에게 어떤 혜택이 더 필요할 것인가?"
- Threat: "우리 솔루션을 사용하지 않는 고객은 어떤 이유로 그러한가?"
- Creation: "우리 솔루션이 기존에 없는 새로운 혜택을 제공한다면 무엇인가?"

이 질문들은 경영전략에서 쓰이는 SWOT Strength-Weakness-Opportunity-Threat 분석 방법과 유사하다. 다만, 차이점은 모든 질문들이 '우리 관점'이 아니고 '고객 관점'이어야 한다는 것이다. 마지막 질문에서만 예외적으로 고객과 우리의 관점들을 동시에 고려할 수 있다. 중요한 것은, 이 질문들을 반드시 혜택의 측면에서만 고려해야 한다는 것이다. 첫 번째 질문의 답이 "가격이 싼 것이 강점이다."라고 하면, 이는 오답이다. 반드시 "이런 혜택이 강점이다."가 되어야 한다.

모나미의 혜택 면에서 강점은 무엇일까? 아마도 '친근한 브랜드'일 것이다. 이미 고객들에게 매우 친근하고 익숙한 제품인 모나미153의 디자인 또한 강점이 될 수 있다. 우리에게 이미 익숙한 브랜드와 디자인은 그 생명력이 매우 강하다. 그 강점에 비해서 약점은 바로 '싸다는 이미지'이다. 따라서, 이 두 가지를 결합해서 보완한 혁신 제품이 '모나미153 한정판'이다. 친근한 브랜드에 고급화된 디자인과 필기감을 결합하여 강점은 살리고 약점은 보완한 새로운 경쟁우위를 창출하였다. 153시리즈는 블랙과 골드 등 프리미엄 제품들로 진화하고 있다.

더 나아가서 "우리 고객은 어떤 혜택을 더 필요로 하는가?"와 "새로운 혜택은 무엇인가?"에 대해서 모나미는 새로운 쇼핑 및 체험을 제공하고 있다. 수지 본사의 '스토리연구소'와 더불어서 '모나미 스토어'는 백화점 등에 다양한 고객 체험과 쇼핑을 겸한 프리미엄 공간이다. 신제품 153네오 만년필 등 고급 필기구와 연관 상품들, 그리고 해외 유수 브랜드의 문구류들을 판매한다.

더불어서 작업실 컨셉의 공간에서 나만의 잉크 만들기 체험, 수제노트 만들기 등 다양한 DIY 체험 기회도 제공한다. 고객이 원하는 컬러를 조합하여 자신만의 맞춤형 잉크를 사용한다는 새로운 고객 Gain을 창출한 것이다.

이와 같이 위의 다섯 가지 질문들에 대한 다양하고 깊이 있는 답들을 찾고 시도해 본다면, 기존에 집중해오던 가치증진 패턴의 아이디어들에서 벗어나서 새로운 가치와 경쟁우위를 가질 수 있는 혁신 아이디어들이 나타날 것이다. 물론 그들과 더불어서 적절한 가격 경쟁력이 유지되도록 하는 것은 필수이다.

HRI의 솔루션은 반드시 고객에게 큰 혜택을 제공해야 하고, 더불어서 그에 상응하는 가격 경쟁력을 유지해야 하는데, 이를 위해서 SWOT+C의 질문들과 솔루션에 대한 정량적인 가치우위 분석이 도움을 줄 수 있다.

4. 하이리턴 혁신의 원칙 3

> "
> 시장과 기술이 불확실할수록 리스크 관리에 더 주력한다.
> "

높은 리턴은 대개 높은 리스크를 수반한다. 리스크가 낮은 곳에는 이미 여러 경쟁자들이 있고, 고객들의 요구가 잘 알려져 있다. 기술은 이미 보편화되어 있고, 제품의 기능과 성능 등에서 이미 만족할 만한 수준이다. 따라서 성장을 지속하려면 리스크가 높은 곳에서 뭔가를 해야만 한다. 새로운 시장으로 뛰어 들거나, 새로운 기술을 먼저 채택하거나, 아니면 두 가지 모두를 동시에 해야 한다. 가보지 않은 길을 지도도 없이 가야 하므로 목적지에 도달한다는 보장은 없고, 중간 중간에 길을 잃는 것은 당연한 것이다. 이 상황에도 불구하고 하이리턴을 얻는 것은, 마치 골프공이 오비OB 말뚝에 맞고 카트길에 튀어서 다시 해저드의 돌을 맞고 그린으로 올라가 홀 속으로 굴러들어가는 것과 같다.

HRI의 리스크 관리는 초반에 얼마나 리스크에 대해서 중요도를 인식하는가에 달려 있다. 큰 리스크가 우리에게 큰 해를 입히는 것은, 그 리스크를 크지 않게 생각했거나, 혹은 아예 무시하는 경우이다. 큰 리스크를 사전에 크다고 인식하면 그 리스크의 영향이 줄어들게 된다. 큰 돌부리는 멀리서도 보여서 대비를 하지만, 오히려 작은 돌부리는 모르고 걸려서 큰 코를 다친다. 또한 리스크는 그것에 대해서 알려고 하면 할수록 더 잘 보이지만, 무시하기로 하면 눈 앞에 닥쳐서도 그것을 보지 못하게 된다. 리스크가 우리를 해치기보다는 도리어 우리의 태도와 노력이 리스크를 키우기도 하고 낮추기도 한다.

1911년 최초로 남극점에 도달한 로알 아문센Roald Amundsen의 치밀하고 정교했던 리스크 관리는 유명한데, 극지 탐험을 준비하기 위해서 실제 에스키모 부족과 수년간 생활하면서 그들로부터 극지에서의 생존 기술들을 배우기도 했다.

개썰매의 사용법, 극지에서의 의상과 신발, 음식과 장비 등을 수년간에 걸쳐서 연구하고 테스트했다. 아문센이 선택한 탐험 의상은 누가 봐도 우스꽝스러웠다. 에스키모들이 입는 옷을 본떠서 순록 가죽으로 만들었는데, 위대한 탐험가들이 입을 만한 의상이 아니었다. 대신에, 외부의 물기를 차단하면서도 내부의 땀에 의한 수증기를 잘 배출해 주었다.

지금의 고어텍스가 가진 기능의 원단과 사용법을 극지 전문가인 에스키모로부터 배운 것이다. 개썰매를 활용한 것도 마찬가지이다. 아문센은 썰매만이 아니라, 대원 중에 세계 개썰매 선수권 우승자를 포함시켰다. 대원 중 한 사람은 포경선 사수 출신이었다. 그의 역할은 탐험 도중에 바다표범을 발견하면 바로 사냥을 하는 것이었는데, 비타민 부족을 바다표범의 고기로 해결하기 위한 것이다.

아문센과 동시에 남극 정복에 나섰던 로버트 스캇Robert Scott의 상대적으로 부실했던 리스크 관리 또한 유명하다. 그는 개썰매 대신에 말이 끄는 썰매와 엔진이 달린 썰매를 준비했는데, 말들은 추위에 동사하고, 엔진은 얼어서 파손되고 말았다. 아문센은 1911년 12월 14일에 남극점에 도달했고, 스캇은 1912년 3월 29일 귀환 중에 숨졌다.[4, 5]

HRI를 위한 리스크 관리에 필요한 것은 무엇보다도 "무엇을 누가 어떻게 책임질 것인가?"에 달려 있다. 리스크 요소가 무엇인지를 우선 알아야 하고, 그 다음으로 누가 이에 대한 계획과 실제 대응을 책임질 것인가를 명확하게 해야 한다.

어떤 불확실성이 후에 문제가 될지는 잘 알더라도, 누가 언제 어떻게 무슨 대비를 할지를 지정하고 계획하지 않으면 아무 소용이 없다. 흔히 우리는 리스크 관련 회의를 하면서 주요 리스크들을 잘 도출해 낸다. 그리고 나서, 그 리스크의 리스트를 만들어서 전원이 가지고 현업에 돌아간다. 그리고 나서는 아무도 그 후속 작업을 하지 않는다. 리스크를 알았으니, 이제 누군가는 알아서 해결할 것이라 믿는 것이다.

신시장-신기술의 영역에서는 가치가 높은 뛰어난 솔루션 개발보다 더 중요한 혁신의 임무가 리스크를 얼마나 잘 관리하는가이다. 이 영역에서는 경쟁자가 거의 없기 때문에 아주 뛰어난 솔루션은 때로 고객에게 부담이 될 수도 있다.

가격이 너무 높고 사용법이 너무 복잡하기 때문이다. 그 대신에, 좋은 솔루션을 가지고 어떻게 예상하지 못한 고객의 요구, 시장의 수요, 기술적 안정성, 적절한 품질, 공급 채널, 브랜드 포지션 등을 확보하는가가 더 큰 관건이다. 애플의 아이폰이 처음 나왔을 때 화면 사이즈는 3.5인치, 카메라는 200만 화소에, 지금은 너무나 당연한 앱 스토어도 없었다. 아이폰 자체도 놀라운 혁신 솔루션이기는 했지만, 더 크게 혁신의 리스크를 낮춘 것은 바로 스티브 잡스의 전설적인 프레젠테이션이었다. 고객은 반드시 솔루션의 가치만으로 모든 것을 평가하지는 않는다.

HRI의 리스크 관리는 시장과 기술이 기존으로부터 멀어질수록 중요해지는데, 가치를 높이는 것보다 더 큰 관심과 노력이 여기에 필요한 경우가 있다.

5. 하이리턴 혁신의 원칙 4

> 솔루션이 높은 경쟁우위를 가질 수 있는 다양한 전략을
> 구사한다.

솔루션의 경쟁우위는 기업의 그것과 반드시 비례하지 않는다. 기업의 브랜드 가치가 높아도 고객이 혁신 솔루션을 외면하거나 부정하는 사례들도 많다. 대표적인 사례가 구글이 2010년 내놓은 스마트폰인 넥서스 시리즈이다. 안드로이드 운영체제를 개발하는 회사이고, IT산업에서 가장 유명한 브랜드이자 전 세계 브랜드 가치 1등인 구글이 내놓은 제품이니 당연히 시장에 큰 영향을 미칠 것으로 예상했겠지만, 그 결과는 미미했다.[6] 구글의 경쟁우위가 곧 넥서스라는 제품의 경쟁우위가 되는 것은 아니었다.

HRI 솔루션의 경쟁우위를 위해서 다음의 질문들이 필요하다.

① "누구를 위한 솔루션인가? 초기의 교두보에는 어떤 고객들이 있는가? 왜 이 타깃 시장이 우리에게 중요하고 필요한가?"

② "언제가 적기인가? 빠른 것이 좋은가 혹은 기다리는 것이 나은가? 시장과 기술은 앞으로 어떤 속도와 상태로 변화할 것인가?"

③ "혁신을 추진하는 프로세스는 어떤 방식을 선택할 것인가? 기술 기반인가 수요 기반인가 아니면 과업 기반인가? 계획 주도인가 발견 주도인가?"

④ "어떤 비즈니스 모델이 솔루션의 가치와 경쟁력을 더 높일 수 있을까? 새로운 수익 모델을 통해서 경쟁우위를 높이는 길은 무엇인가? 경쟁자들은 어떤 모델을 시도하고 있는가?"

이 질문들 외에도 다양하게 경쟁우위와 관련된 질문들이 가능할

것이다. 예를 들어서, "제도적 혹은 환경적 요소들의 변화는 무엇인가? 어떻게 그들을 우리에게 유리하게 활용할 수 있을까?" 혹은 더 거시적으로 "경제적 상황은 어떻게 변할 것인가, 따라서 우리가 경쟁우위를 얻으려면 어떤 전략이 필요할까?"와 같은 경영전략 수준의 질문도 가능하다. HRI의 솔루션이 결정되고 개발에 들어가기 이전에 혁신의 이해관계자들 모두가 참여하는 소위 '혁신 경쟁우위를 위한 전략 포럼'을 열어서, 참가자들 모두의 전문성과 지혜를 모은다면 바람직할 것이다. 대개 혁신을 위한 '킥오프 미팅'에서는 경과 보고, 추진 계획, CEO 격려사로 끝난다. 형식적인 보고와 격려로 마치기보다는, 킥오프에 이어서 바로 이러한 전략 토론회를 열어서, 이해관계자들의 참여와 아이디어 제공을 시도하면 좋을 것이다. 멋진 포스터와 사내 방송도 좋지만, 열 마디 말보다 한 번의 참여가 더 큰 변화관리Change Management의 효과를 가져올 수 있다.

변화관리가 혁신의 리턴을 직접 높이지는 못한다. 그러나 적절한 변화관리가 내부의 리스크를 낮추고, 이해도와 참여도를 높이고, 그 결과 어려운 혁신 프로젝트가 조금이나마 부드럽고 저항이 적게 진행되도록 한다. 더불어서, 변화관리가 잘된 혁신은 그 결과로 경쟁우위가 높아지는 효과도 볼 수 있다. 1990년대 중반에 국내 굴지의 중공업 회사에서 PMSProject Management System 개발이라는 프로세스 혁신을 수행했다. 당시 CEO의 탁월한 리더십과 담당 임원의 뛰어난 통찰력, 그리고 팀원들의 우수한 능력과 헌신으로 그룹 최고의 혁신상을 받았다. 이 과정을 내부에서 지켜본 바로는, 가장 큰 성공의 원동력은 바로 탁월한 혁신 프로젝트의 변화관리였다. 우수한 혁신 솔루션도 있었고, 타기팅과 타이밍도 적절했고, 내부 프로세스도 훌륭했지만, 거기에 더해서 모든 이해관계자들로부터 최대한의 이해와 최선의 참여를 이끌어냈던 것이 혁신 프로젝트의 경쟁우위를 얻은 핵심이었다.

혁신의 경쟁우위는 솔루션이 제공하는 단순한 혜택과 가격의 차이가 아닌, 경쟁자들이 따라하기 힘든 차원으로 경쟁력을 높여주는 전략과 실행의 산물이다. 결국 핵심은 고객이 판단하고 느끼는 Gain과 Pain의 차이를 최대화하는 것이다. 하이리턴 혁신 사례들의 공통점을 한 가지만 꼽으라고 한다면, 아마도 다음과 같이 말할 수 있을 것이다.

HRI의 요인을 한 마디로 요약한다면, "솔루션의 높은 가치와 적절한 리스크, 더불어 차별화된 경쟁우위의 전략이 존재했고, 그것을 완벽하게 실행에 옮기는 역량이 함께 했기 때문이다."

6. 하이리턴 혁신의 원칙 5

> "
> 고객과 기술을 더 깊이 이해하고 존중할수록 하이리턴이
> 가능하다.
> "

마지막 HRI의 원칙은, 가장 근본적이면서 실현이 어렵거나 잘 되지 않는 상식이다. 그것은 고객을 이해하고, 기술을 존중하는 것이다. 또한 기술을 이해하고, 고객을 존중하는 것이다. 이 두 가지를 모두 잘 하게 되면, 그 결과로 따라오는 것이 하이리턴이라고 생각된다. 왜 굳이 고객과 기술인가? 이 두 가지를 더 이해하고 존중하면

반드시 더 혁신 성과가 나아진다는 연구나 증거가 있는가? 그런 것들은 없다. 하지만 오랜 학계의 연구나 사례 분석에서 우리가 얻을 수 있는 하이리턴의 비결은 바로 이것이다.

크리스텐슨 교수의 연구를 빌려 오면, 그가 20년 이상 일관성 있게 주장하는 성공 요소는 두 가지이다. 하나는, 새로운 혁신이 기존의 혁신을 이기는 원리는 숨은 고객의 요구와 파괴적 기술의 조합이라는 것이다. 고객 과업이 있고, 그 과업에 대해서 낮은 만족을 느끼는 고객이 존재하며, 그 고객과 과업에 대해서 혁신 기업들이 파괴적 기술을 기반으로 혁신 솔루션을 제공하여 지속적으로 거의 유사한 패턴으로 기존 기업들을 무너뜨려 왔다는 것이다. 결국 혁신의 성공 방식은 여전히 그리고 앞으로도 고객과 기술의 새로운 조합이라는 것이다. 캐즘 이론으로 유명한 무어의 주장도 마찬가지이다. 그는 혁신 솔루션이 초기 수용자들을 넘어서서 주류 고객들에게까지 도달하지 못하고 계곡에 빠지는 원인을 '주류 고객에게 만족스럽지 못한 이도 저도 아닌 제품' 때문이라고 하였다. 캐즘이라 불리운 이 계곡을 넘어서려면 반드시 초기 교두보에서 성공작을 출시하고, 이를 발판으로 주류로 나아갈 것을 제시했다. 그 이후 거의 모든 기업들과 스타트업들이 이를 참고로 하고 있다. 무어의 가르침도 크리스텐슨 교수와 같다. 혁신의 성공은 고객과 기술에 대한 이해와 조합인 것이다.

존중Respect의 개념은 혁신에서 흔히 등장하지 않는다. 그러나 우리의 경험은 이의 가치가 매우 높음을 가르쳐주었다. 우리는 흔히 '고객이 중심인 기업', '기술이 중요한 시대' 같은 말들을 접한다. 그러나 우리가 자주 듣는 용어와 표현들이 곧 실제를 말하는 것은 아니다. 아직도 기업 내부로 깊이 들어가 보거나 혁신에 대한 논의나 교육이 이루어지는 현장에 있으면, 이러한 표현들과 실제 상황과는 100% 일치하지 않음을 알게 된다. 고객이 중심인 것은 맞지만, 그것은 자주 우리가 '잘 아는 고객'일 때이다. 기술이 중요한 것은 사실이지만, 그것은 여전히 '꼭 필요할 때에' 한해서이다. 그 외의 경우에는 여전히 그다지 중요하거나 존중하지 않는 것이 현실이다. 그 이유로, HRI가 여전히 어렵고 확률이 낮은 것이다.

　고객은 모두가 중요하다. 단 하나의 고객도 예외가 될 수 없다. 온라인 사업들의 성장을 조사한 와튼경영대학원 데이비드 벨David Bell 교수의 연구를 보면, 초기에 온라인 주문들은 미국 여기저기에서 거의 무작위로 나타난다고 한다. 그러나 시간이 가면서 새로운 주문들은 초기의 주문들이 일어난 주변에서 대부분 나타나는데, 그 이유는 고객의 입소문과 사용하는 모습을 보고 주문하기 때문이다. 그러다가 더 시간이 지나면, 미국 전역에서 유사한 특성을 가진 고객들의 새로운 주문들이 들판의 불이 번지듯이 퍼져간다고 한다. 우리가 지금 고객에만 매몰되고 그들만을 존중한다면, 이후에 어딘가에서 나타날 미래 고객들은 영원히 우리 고객이 될 수 없을 것이다. 월마트의 리테일 유통 지배가 온라인 유통의 등장으로 끝나게 될지는 누구도 쉽게 예측하기 어려웠다. 월마트가 매장을 찾는 고객들에 매몰된 사이에 아마존과 알리바바는 모든 고객들에게 관심을 쏟고 그들의 의견을 존중했던 것이다. 더불어서 미래의 AI는 개개의 고객별로 맞춤화된 마케팅을 하도록 만들 것이다.

　기술을 필요할 때에 급하게 찾아서 빠르게 M&A를 통해서 확보해 온 기업이라면, 이 기업의 기술 전략은 단순하다. "우리가 필요할 때 적극적 M&A로 확보한다."이다. 따라서, 어찌 보면 내부 R&D는 당장 필요한 것을 위한 최소한의 투자일 수도 있다. 그러나 결국 성장의 급격한 정체를 맞게 되면, 이를 벗어날 묘수가 별로 없다. 새로운 성장을 위해서 새로운 기술과 역량이 급히 필요한데, 이 핵심 자원을 급히 조달할 곳이 없는 것이다. 뒤늦게 투자하고 개발하고 역량을 키우지만, 다른 경쟁자들은 더 빠르게 앞서가고, 시장의 기회는 더욱 작아지게 된다. 당장의 기술만을 존중하는 것은 매우 위험한 전략이다. 기술은 나무를 심고, 가꾸고, 공을 들여 열매를 따는 것처럼 귀하게 생각해야 한다. 물론 다른 곳에서 기술을 사올 수도 있다. 그러나 그것이 오래도록 성장과 혁신에 기여하려면, 내부에서 충분한 흡수 역량Absorptive Capacity이 필수이다. 그러한 역량을 쌓으려면 단순히 투자와 격려로 되는 것이 아니라, 기업 문화와 경영 철학 속에 지속적인 기술에 대한 높은 존중이 있어야만 한다.

HRI의 마지막 원칙은 "고객과 기술의 깊은 이해와 높은 존중이 하이리턴의 근원"이라는 단순하지만 잊기도 쉬운 상식이다.

7. 하이리턴 혁신의 프로세스 1

> 혁신 가치를 위해서 7단계의 전반 프로세스를 응용한다.

앞에서 본 HRI 원칙들과 혁신 다이내믹스에서 소개한 방법들을 묶어서 어떤 프로세스로 HRI를 추진할 것인가를 살펴 본다. 먼저 전체 프로세스를 두 가지 단계로 나누어서, 기회 발견과 솔루션 발굴을 '전반 프로세스'로, 리스크 관리와 경쟁우위를 위한 과정을 '후반 프로세스'라고 정의한다. 이 구분은 시간상이나 순서에 의한 것이 아니고, 편의상 두 가지 특성의 프로세스를 이렇게 구분해 본 것이다. 전반 프로세스에서는 혁신 가치를, 후반 프로세스에서는 혁신 리스크를 중심으로 과정을 구성한다는 의미도 있다.

먼저, 〈그림 9-1〉과 같이 혁신 가치를 위한 전반 프로세스를 정리할 수 있다.

그림 9-1 HRI의 전반 프로세스

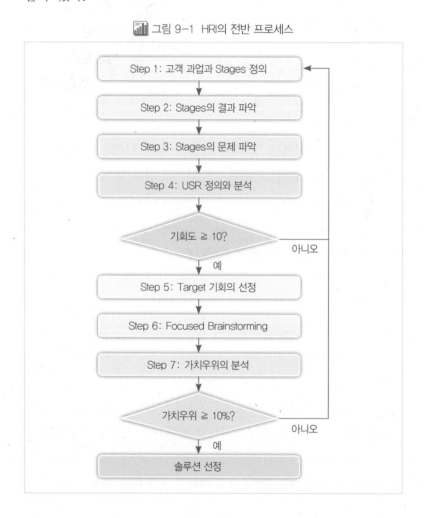

〈그림 9-1〉은 혁신 다이내믹스에서 설명한 내용을 토대로, 가치우위가 높은 혁신 솔루션을 도출하는 과정을 순서대로 나타내고 있다. 중간에서 두 번의 체크 포인트들이 있는데, 먼저 기회도가 10 이상인 불충족 요구USR들이 없는 경우에는, 최초의 단계로 돌아가서 새로운 고객 과업을 찾게 된다.

혹은, 기존에 제공되고 있는 솔루션의 요소들 중에서 중요도가 낮은 요구에 대한 것들을 없애거나 낮춤으로써 원가절감을 하는 것도 한 방법이다. 또한 대부분의 USR들이 초과만족된 상황이라면, 다시 원점에서 가치창조 혁신으로 출발하는 것도 한 선택지이다.

두 번째의 체크 포인트에서 솔루션 아이디어의 가치우위가 10% 이상이 되지 못하는 경우에는, 두 가지 옵션들이 있는데, 하나는 새롭게 아이디어 도출을 시도하거나, 즉 Step 6으로 되돌아 가거나, 혹은 아예 처음으로 돌아가 새롭게 출발하는 것이다.

첫 번째 옵션을 먼저 시도해 보고, 그래도 만족할 만한 솔루션이 어렵다면, 두 번째 옵션을 선택해야 할 것이다. 이제까지의 경험으로는 두 번째 옵션을 선택한 경우는 거의 없었다. 때로는 타깃 기회를 약간 수정하거나 더 구체화해서 브레인스토밍을 해보는 것도 가능하다.

HRI의 전반 프로세스는 Strategyn사의 ODI에 기반을 하고 있지만, 실제 ODI에 비해서는 매우 단순화되고 누구나 쉽게 활용하도록 축소된 형태이다. 이 프로세스가 유일하게 하이리턴을 가져온다는 것은 결코 아니다. 그러나 Strategyn사의 오랜 경험과 실전에서의 결과를 통해 보면, 현존하는 어떤 혁신 프로세스보다도 높은 성공률을 보이고 있다. 이러한 프로세스를 참고로 삼아서, 자신의 기업에 맞는 형태와 방식으로 튜닝해서 활용하기를 추천한다.

HRI의 전반 프로세스는 혁신 가치를 최대화하기 위한 것으로, 10점 이상의 기회도를 가진 기회를 타깃으로, 10% 이상의 가치우위를 가진 솔루션을 발굴하는 과정이라고 할 수 있다.

8. 하이리턴 혁신의 프로세스 2

> 혁신 리스크를 위해서 7단계의 후반 프로세스를 응용한다.

후반 프로세스에서는 리스크 관리와 경쟁우위를 위한 과정을 〈그림 9-2〉와 같이 정의해 보았다. 이 프로세스의 목적은 "어떻게 혁신 리스크를 관리하고 낮출 수 있는가?"이다. 크게 두 가지의 단계로 나누어서, 먼저 혁신 프로젝트의 리스크 관리를 위한 단계와 혁신 경쟁 우위를 위한 단계로 구성된다.

HRI의 리스크 관리는 높은 리스크를 가진 요인들을 사전에 충실히 발굴해서, 이들에 대한 플랜을 수립하는, 지극히 평범한 프로세스를 따르는 것이다. 다만, 하이리턴이 될 가능성을 높이기 위해서는, 혁신 다이내믹스의 리스크 관리에서 본 것과 같이 가급적 시스템적이고 정량적인 프로세스가 필요하다.

리스크 수준이 단순히 '높다', '낮다'가 아니라, 상대적으로 수치화된 수준을 놓고 평가하고 판단하는 것이 요구된다. 왜 정량적 평가가 필요한가? 우리가 가지고 있는 '귀인 오류'Attribution Error를 방지하기 위해서이다.

📊 그림 9-2 HRI의 후반 프로세스

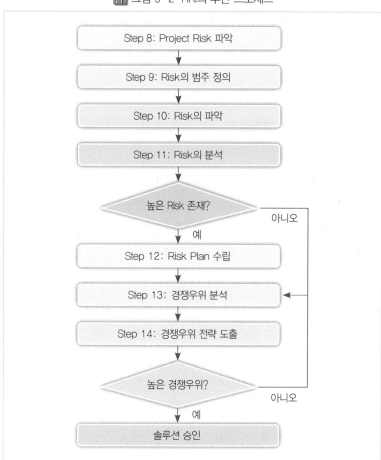

우리는 뜻하지 않은 상황이 일어났을 때 자신의 행동이나 믿음을 합리화하기 위해서 엉뚱한 원인을 찾는다. 흔히 '남의 탓'이나 '세상 탓'을 하는데, 대개 정확한 원인은 바로 '프로세스의 탓'인 경우가 많다. 이를 방지하기 위해서는 여러 사람들이 함께 리스크 요인을 찾아야 하며, 또한 리스크의 발생가능성과 위험도 등에 대해서 합리적인 평가가 필요하다. 만약 제품 개발자에게 "이 제품은 안전합니까?" 라고 질문하면 모두가 "예, 확실합니다."라고 하겠지만, 마케팅이나 AS 담당은 "이러 저러한 상황에서는 확실치 않습니다."라고 할 것이다. 이 둘의 의견을 모아서 객관적인 위험도를 정량적으로 파악하는 것이 필요하다.

HRI를 위한 혁신 경쟁우위 전략들은 혁신 다이내믹스에서 설명한 4가지를 포함한 다양한 상황에 맞는 선택들을 고려할 수 있다. 예를 들어서, 완전 자율주행 승용차는 언제 어떤 제도적 장치와 규제들이 나타날지가 중요한 요소이다. 따라서, 이러한 제도적 변화에 대해서 우리가 어떤 전략적 접근과 대비를 할지를 충분히 고려할 필요가 있다. 승용차라는 기존 주류시장에 몰입하기보다는, 초소형 배달시장을 먼저 타깃으로 해서 위험천만하게 달리고 있는 오토바이 배달의 불충족된 과업과 서비스 요구들을 해소할 수도 있다. 기술적으로 완벽한 자율주행차에만 집중할 것이 아니라, 어떤 HRI 경쟁우위 전략이 필요한가도 동시에 찾아 보아야 한다. 특히, 기존보다 경쟁우위가 있는 비즈니스 모델이 합쳐진다면 하이리턴을 향한 스피드가 빨라지게 될 것이다.

HRI의 후반 프로세스는 혁신 리스크를 관리하고 낮추기 위한 것으로, 높은 수준을 가진 리스크에 대비하고, 경쟁우위를 확보할 수 있는 다양한 전략들을 도출하는 과정이다.

9. 하이리턴 혁신의 원리

> **❝**
>
> 하이리턴은 혁신의 패턴과 상황의 궁합이 맞을 때 얻어진다.
>
> **❞**

"HRI는 어떤 원리에 의해서 나타나는가?"라는 다소 원론적인 질문에 대해서 알아 보자. 언제 어떤 경우에 혁신은 하이리턴이 되기도 하고, 혹은 로우리턴이 되기도 하는가를 이해한다면 HRI의 확률을 높일 수 있다. 이를 위해서 1장에서 소개했던 가치증진 혁신과 가치창조 혁신의 두 가지 패턴들을 활용한다. 그리고 크리스텐슨 교수의 '성능의 초과만족'의 개념을 기반으로, 시간이 흐름에 따라서 어떻게 혁신의 '주도적 패턴'Dominant Pattern이 나타나는 지를 고찰해 본다. 주어진 상황에서 가치증진과 가치창조 패턴 중에서 어느 한 패턴이 더 높은 리턴을 얻게 되는 경우에, 우리는 이를 혁신의 주도적 패턴이라고 부르기로 한다.

먼저 어떤 상황에서 어떤 패턴의 혁신이 더 높은 리턴을 얻을 수 있는지를 살펴 보자. 어떠한 상황이든, 시장에는 항상 두 가지 수준의 성능이 존재하는데, 하나는 고객이 요구하는 수준이고, 다른 하나는 기업이 제공하는 수준이다. 이 두 가지 수준의 차이를 '성능의 갭Gap'이라고 부르기로 하고, 그 정의는 다음과 같다.

> 성능의 갭 = 고객 요구 성능 − 기업 제공 성능

요구 성능보다 제공 성능이 낮을 때, 즉 성능의 갭이 + 인 경우는, 혁신을 통해서 더 높은 성능을 제공할수록 가치가 높아지고, 따라서 리턴이 증가한다. 그 반대의 경우는, 즉 성능의 갭이 − 인 경우는, 성능의 초과만족이 발생하고, 따라서 갈수록 고객이 느끼는 가치가 낮아지며 결국 리턴은 감소한다. 따라서 성능의 갭이 어떤 부호인가에 따라서 가치증진이 주도적 패턴이 되기도 하고, 반대로 가치창조가 주도적 패턴이 되기도 한다. 이러한 관계를 아래 그림으로 표현하였다.

그림 9–3 주도적 혁신 패턴의 동적 관계

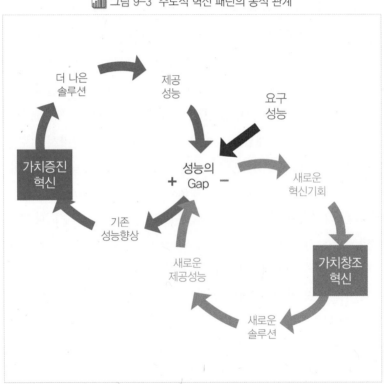

성능의 갭이 +인 상황에서는 기존 성능을 더 향상시키는 것이 중요한 고객의 요구이다. 따라서, 이러한 요구는 가치증진 혁신을 가속화시켜서, 더 나은 솔루션이 출시되도록 한다. 이 솔루션은 기존에 비해서 더 높아진 성능을 고객에게 제공하고, 성능의 갭을 줄이는데 기여한다. 이 기여도가 클수록, 즉 고객의 성능에 대한 만족도를 높일수록 리턴은 증가하고, 따라서 그림에서 왼쪽의 가치증진 사이클은 더욱 힘을 받게 된다. 그러나, 세상의 모든 일들이 그렇듯이, 어느 한 사이클만이 영구히 돌아가는 경우는 없다.

가치증진이 주도적 패턴으로 한동안 진행되다 보면, 반드시 어느 시점부터는 요구 성능보다 제공 성능이 높아지고, 따라서 성능의 초과만족, 즉 성능의 갭이 −로 바뀌게 된다. 이 시기부터 서서히 가치증진 사이클의 리턴은 줄어드는데, 고객이 더 높은 성능의 솔루션에 높은 가격을 지불하기를 거부하기 때문이다. 이 상황이 심해지면, 가격을 할인하더라도 고객은 쉽게 신제품으로 교체하지 않는다. 이 상황에서는 반드시 '새로운 혁신의 기회'가 태동하게 되고, 뛰어난 혁신가들은 바로 이러한 기회를 발굴해서 가치창조 혁신을 가동한다. 오른쪽의 가치창조 사이클이 탄생하는 것이다.

가치창조 혁신은 기존 성능의 축이 아닌, 새로운 성능의 축에서 높은 퍼포먼스를 보이고, 이 장점을 살린 새로운 솔루션이 등장하여 새로운 성능을 제공한다.

이 새로운 요소가 시장에서 주력 혜택이 되고, 새로운 솔루션이 주도적 디자인으로 채택되면, 가치증진 혁신의 리턴은 급격히 낮아지고, 더 큰 리턴을 얻는 것은 가치창조 혁신 사이클이다. 따라서, 성능의 갭과 그의 상황이 혁신의 주도적 사이클을 결정하고, 이 사이클에서 항상 HRI가 등장하게 된다.

HRI의 패턴은 가치증진과 가치창조 중 하나에서 결정되는데, 고객 요구보다 제공하는 성능이 낮은 상황이면 가치증진에서, 반대의 상황이면 가치창조에서 HRI가 나타난다.

10. 하이리턴 혁신을 위하여

"
HRI를 위하여 필요한 선결 조건들이 있다.
"

　이 장에서 우리는 혁신 다이내믹스를 기반으로 하이리턴 혁신을 위한 5가지 원칙들과 2가지 프로세스들, 그리고 하이리턴 혁신의 원리에 대해서 알아 보았다. 이제 마지막으로 이 모든 것들을 위하여 필요한 〈선결 조건〉에 대해서 살펴 봄으로써 전체의 마무리를 하고자 한다.

　과연 이제까지의 모든 혁신 원리-방법-전략을 제대로 이해하고 추진하기 위해서 필요한 선결 조건이란 무엇일까? 어떠한 일을 무리 없이 차근차근 잘 풀어나가기 위해서 먼저 갖추어져야 할 기초는 어떠한 것인가?

　90년대부터 시작해서 지금까지 이어져온 혁신에 대한 연구와 경험으로부터 그러한 선결 조건이 필요함을 알게 되었다. 그리고 그 조건이 부족하거나 부실하거나 부적합한 경우에는 어떠한 좋은 목적과 방법의 혁신도 실제로 크게 성공하기 어렵다는 사실을 경험하였다. 그 중요한 선결 조건은 다음의 3가지로 요약할 수 있다.

　① 혁신 참여자 전원의 '혁신 수용도'가 일정 수준이 되어야만 한다.
　② 혁신 참여자 전원의 '혁신 이해도'가 일정 수준이 되어야만 한다.
　③ 혁신 참여자 전원의 '혁신 실행도'가 일정 수준이 되어야만 한다.

　각 조건에 대해서 간단히 살펴 보자.

1) 혁신 수용도

기업에는 고유의 혁신에 대한 수용도가 암묵적으로 존재한다. 오랜 기간 혁신을 통해서 성장을 해온 기업에는 "혁신은 우리의 일상이다."라는 문화적 코드가 깔려 있다. 따라서 굳이 비상벨이나 경보를 발동하지 않더라도, 혁신 프로젝트에 대해서 저항감이나 불안감이 없이 참여를 한다. 그 반대의 기업에서 혁신은 '가끔씩 겪는 태풍'처럼 회피하고 싶은 위험한 일로 느껴진다.

따라서, HRI를 경영진이 추진하기 위해서는 가장 먼저 조직의 혁신 수용도를 파악하고, 이해하고, 필요하면 적절히 높여야만 한다. 이 과정이 없이, 구호와 의지와 열정으로 추진하는 혁신은 결코 HRI가 될 수 없다.

2) 혁신 이해도

기업에 따라서 혁신에 대한 이해도 역시 천차만별이다. 어떤 기업은 혁신에 대해서 잘 이해할 뿐 아니라, 스스로 혁신 개념과 프로세스를 만들거나 보완해서 발전시키기도 한다. 그 반대의 기업에서는 적절한 혁신의 프로세스를 찾기도 어렵고, 혁신에 대해 이해가 높거나 리더십을 갖춘 인재를 찾기도 불가능하다.

혁신에 대해서 이야기하는 사람들도 별로 없고, 가급적 이러한 주제를 회피하려는 분위기이다. 당연히 혁신에 관련된 세미나, 모임, 교육과정, 연수의 기회는 없다. 혁신의 필요성은 이해하지만, 그를 위한 역량에 대한 투자와 관심은 매우 낮은 순위에 있다. 경영진은 이렇게 말한다. "우선 경영상황이 좋아지고 나면, 그때 봅시다." 그러한 상황은 거의 오지 않는다. 따라서, 혁신 이해도를 높이기 위한 투자는 혁신 프로젝트 투자 시에라도 반드시 초기에 동반되어야만 한다.

3) 혁신 실행도

혁신으로 장기간 성공한 기업들의 공통점은, 그들의 내부에 잘 닦고 조이고 길이 들여진 혁신 프로세스와 내부 사례들이 존재한다는 것이다. 사례들이 모두 성공은 아니지만, 실패 사례들도 유익한 경험으로 존재한다. 물론, 이전 혁신 프로세스가 다음 성공을 보장하지는 않는다. 그러나 혁신의 실행도를 좌우하는 큰 변수는 내부에 존재하는 프로세스의 여부이다. 우선 프로세스가 존재하고, 이를 언제 어떻게 써야 하는가를 알고, 또한 어떤 상황에서는 바꾸어야 하는가를 아는 것이다. 혁신 실행도가 낮은 기업에서는 프로세스도 부실하지만, 있어도 자주 바뀌거나, CEO가 바뀌면 다시 새로 시작한다. 혁신은 나름 오래 해왔지만, 제대로 정착된 프로세스는 없고, 따라서 조직의 혁신 실행도는 역사만큼 높지 않다. 따라서, 혁신 실행도를 확보해야만 이를 기반으로 HRI가 실현될 가능성이 생긴다.

혁신은 결코 쉬운 여정이 아니다. 쉽지 않기 때문에 거꾸로 하이리턴이 가능한 것일 수도 있다. 따라서, 이 어려운 여정에서 상대적으로 높은 확률로 성공하기 위해서는 단순히 우리가 일상적으로 써온 업무 지식과 경험만으로는 부족하다. 혁신이라는 도전에 대한 조직의 수용도, 이해도, 그리고 실행도를 확보하기 위해서 꾸준한 노력과 투자와 관심이 먼저 선행되어야 비로소 높은 리턴이라는 결실을 얻을 수 있다. 우리가 혁신에서 꼭 기억해야 할 가르침이 있다면 그것은 "세상에는 공짜란 없다."일 것이다.

HRI의 원칙들과 프로세스는 더 큰 혁신의 리턴으로 향하는 것을 도와주는 가이드가 될 수 있으며, 목적지에 도달하는 유일한 방법은 선택한 길을 따라서 꾸준하게 나아가는 것이다.

참고문헌

1. www.monami.com

2. https://www.forbes.com/sites/ewanspence/2018/03/05/apple-iphonex-iphone-sales-supercycle-failure/#83e8bf67403d

3. https://hackernoon.com/the-iphone-is-dead-766bc536caab

4. https://en.wikipedia.org/wiki/Roald_Amundsen

5. https://en.wikipedia.org/wiki/Robert_Falcon_Scott

6. http://www.itworld.co.kr/print/85017

혁신 다이내믹스
Innovation Dynamics

CHAPTER 10

혁신 다이내믹스 리뷰

지속 성장을 위한 혁신의 원리와 길

CHAPTER 10
혁신 다이내믹스 리뷰

> 혁신 다이내믹스를 기반으로 하이리턴 혁신을 추구한다.

이 장에서 우리는 이제까지의 내용들을 간단히 정리해 본다. 각 장의 섹션에서 도입부와 마지막의 글들을 정리함으로써 전체의 리뷰로 삼고자 한다.

1. 성장과 혁신

- 성장이란: 성장Growth은 모든 존재하는 것들의 궁극적 목표이다.
  성장은 모든 존재하는 것들의 궁극적 목표이지만, 지속적인 성장 대신에 갑작스러운 정체를 겪는 기업들의 비율은 여전히 높다.

- 스톨Stall이란: 성장의 정체는 혁신의 실패에서 온다.
  성장을 지속하거나 혹은 정체에서 벗어나기 위해서 반드시 필요한 한 가지는 혁신이며, 성장 정체의 원인은 혁신의 실패이다.

- 혁신이란: 혁신은 미래 90%를 위한 오늘 30%의 투자이다.

  혁신이란, 미래 성장의 90%를 위해서 현재 자원의 30%를 투자하는 것을 말하며, 어디에 얼마의 자원과 노력을 배분할지 결정하는 것이 중요하다.

- 혁신 포트폴리오란: 현재의 혁신 포트폴리오가 성장가능성을 결정한다.

  성장가능성은 혁신의 포트폴리오가 결정하며, 어떤 타입Type과 패턴Pattern의 혁신에 어떠한 비율로 투자와 관심을 배분할 것인지의 선택이 중요하다.

- 혁신의 타입이란: 혁신에는 다양한 타입들이 있다.

  혁신의 타입은 세 가지, 제품/서비스, 프로세스, 그리고 비즈니스 모델로 나눌 수 있으며, 각 타입은 고유의 특성과 장점들이 있다.

- 혁신의 패턴이란: 혁신의 패턴을 두 가지로 나눌 수 있다.

  크리스텐슨 교수는 존속적 혁신과 파괴적 혁신의 두 가지 패턴으로 혁신의 진화를 설명하였는데, 새로운 구도의 혁신 경쟁이 최근에 나타나고 있다.

- 가치증진 혁신이란: 가치증진 혁신은 기존 가치를 더 높이고자 하는 것이다.

  혁신의 두 가지 패턴들 중 한 가지를 우리는 가치증진 혁신이라고 하며, 기존의 고객 가치에서 더 높은 방향으로 올라가는 것을 의미한다.

- 가치창조 혁신이란: 가치창조 혁신은 새로운 가치로 경쟁구도를 바꾸는 것이다.

  또 하나의 혁신 패턴은 가치창조 혁신이며, 새로운 고객 가치를 통해서 새로운 시장을 창출하는 것을 의미한다.

- 혁신의 원리란: 성공적인 프로세스는 원리를 기반으로 한다.
  성공적인 프로세스의 근원에는 반드시 합리적 원리가 존재하며, 혁신을 통한 성장이 어렵다고 하는 이유는 이러한 근원적 원리가 없거나 부족하기 때문이다.

- 혁신의 사이클이란: 혁신 사이클Cycle은 기술–기회–가치–리턴으로 이루어진다.
  혁신 사이클은 기술과 기회가 만나서 가치를 낳고 그를 통해서 리턴을 얻는 과정이며, 이 사이클을 선순환으로 유지하여 하이리턴을 얻음으로써 지속적인 성장을 하게 된다.

2. 혁신의 가치

- 혁신의 가치란: 혁신의 가치가 높아야만 혁신의 리턴도 커진다.
  혁신의 리턴은 혁신이 제공하는 솔루션의 가치가 높아야만 커질 수 있는데, 혁신의 가치는 고정된 값이 아니라 고객이 처한 상황에 따라서 동적으로 변화하는 변수이다.

- 혁신의 기회란: 혁신의 기회가 커야만 혁신의 가치도 커진다.
  혁신의 가치는 대상으로 하는 혁신의 기회가 큰 경우에 높아지는데, 이 기회를 발견하기 위해서 필요한 것은 고객의 요구에 대한 깊은 통찰이다.

- 고객의 요구란: 고객의 중요한 요구가 혁신의 기회를 키운다.
  혁신의 기회는 타깃 고객의 중요한 요구를 대상으로 할 때 커지고, 이를 정확히 알기 위해서는 기존에 가지고 있던 가정들과 현재 고객 요구들의 실제 상황을 알아야 한다.

- 만족 수준이란: 고객의 요구에 대한 만족 수준이 낮을수록 기회가 커진다.

  혁신의 기회가 커지도록 만드는 두 번째 요소는 요구에 대해서 타깃 고객이 느끼는 만족 수준이며, 중요한 요구에 대해서 고객의 만족도가 낮을수록 혁신의 기회는 커진다.

- 혁신 기회의 법칙이란: 혁신 기회는 고객 요구와 만족 수준의 결합으로 좌우된다.

  혁신 기회의 법칙: 혁신 기회는 고객의 요구 수준이 높고, 기존 제공되는 솔루션의 만족 수준이 낮을수록 커진다.

- 가치우위란: 가치우위가 있는 솔루션이 혁신의 가치를 높인다.

  혁신의 가치를 좌우하는 두 번째 요소는 혁신이 제공하는 솔루션의 가치우위이며, 고객이 인지하는 가격대비 혜택이 클수록 우위가 높아진다.

- 고객 혜택이란: 가치우위는 고객 혜택이 클수록 커진다.

  고객이 인지하는 혜택이 가치우위를 좌우하는 첫 번째 요소이며, 고객 혜택에 영향을 주는 세 가지의 특성들은, 기술적 성능, 사용자 경험, 그리고 네트워크 효과이다.

- 가격 경쟁력이란: 가격 경쟁력은 가치우위를 높이는 지렛대이다.

  가치우위를 결정하는 두 번째 요소는 가격 경쟁력으로, 지배적 디자인의 안정화로 고객 혜택의 성장이 둔화되고 제품 간의 차별화가 어려워지게 되면, 경쟁의 구도는 가격 경쟁력의 축으로 이동한다.

- 가치우위의 법칙이란: 가치우위는 고객 혜택과 가격 경쟁력이 높을수록 커진다.

  가치우위의 법칙: 가치우위는 고객 혜택과 가격 경쟁력이 경쟁자들에 비해서 높을 때 높아진다.

- 가치가 높은 혁신이란: 혁신의 가치는 혁신 기회와 가치우위의 곱으로 생각할 수 있다.

  혁신 가치의 법칙: 혁신 기회가 크고, 이에 대한 솔루션의 가치우위가 높을 때 혁신의 가치가 높아진다.

$$\langle 혁신 가치 \rangle = \langle 혁신 기회 \rangle \times \langle 가치우위 \rangle$$

3. 혁신의 리스크

- 혁신의 리스크란: 혁신의 리스크Risk가 클수록 혁신의 기대 리턴이 낮아진다.

  혁신의 리스크는 혁신 가치와 더불어서 리턴을 결정하는 핵심 요소이며, 이에 대한 이해와 적절한 관리가 매우 중요하다.

- 프로젝트 리스크란: 프로젝트 리스크Project Risk가 클수록 혁신의 리스크도 커진다.

  혁신 리스크의 첫 번째 요소는 프로젝트가 가지고 있는 리스크로, 프로젝트 리스크는 시장과 기술의 불확실성에 주로 영향을 받는다.

- 시장의 불확실성이란: 시장의 불확실성이 클수록 프로젝트 리스크도 커진다.

  프로젝트 리스크의 첫 번째 요소는 시장이 가지고 있는 불확실성으로, 시장의 불확실성은 크게 고객 행동과 관계의 불확실성, 그리고 경쟁자들의 불확실성에서 온다.

- 기술의 불확실성이란: 기술의 불확실성이 클수록 프로젝트 리스크도 커진다.

프로젝트 리스크의 두 번째 요소는 기술이 가지고 있는 불확실성으로, 기술의 불확실성은 크게 기술의 가능성에 대한 불확실성, 그리고 그를 구현하는 데 필요한 자원과 역량의 불확실성에서 온다.

- 프로젝트 리스크의 법칙이란: 새로운 시장과 새로운 기술이 결합될수록 프로젝트 리스크가 커진다.

  프로젝트 리스크의 법칙: 시장과 기술의 불확실성이 클수록 프로젝트 리스크도 커지고, 따라서 혁신의 리스크도 증가한다.

- 혁신 경쟁우위란: 혁신 경쟁우위가 높으면 혁신 리스크가 낮아질 수 있다.

  혁신의 경쟁우위를 높이면 상대적으로 혁신 리스크를 낮출 수 있는데, 경쟁우위는 전략적 선택들과 이들의 실행에 필요한 핵심역량에 따라서 좌우된다.

- 전략적 선택이란: 다양한 전략적 선택으로 혁신 경쟁우위를 높일 수 있다.

  혁신의 경쟁우위를 높이려면 다양한 측면에서 전략적 선택을 해야 하는데, 혁신 리스크를 낮추기 위해서 4가지 핵심전략들을 고려해 볼 수 있다.

- 혁신 핵심역량이란: 혁신의 핵심역량을 높여야 혁신 경쟁우위를 높일 수 있다.

  혁신의 경쟁우위를 높이려면 전략적 선택을 제대로 실행에 옮길 수 있는 혁신의 핵심역량이 필수이며, 이에 대한 경영진의 깊은 관심과 지속적인 계발이 중요하다.

- 혁신 경쟁우위의 법칙이란: 전략적 선택과 핵심역량이 결합되어 혁신 경쟁우위를 좌우한다.

경쟁우위의 법칙: 전략적 선택과 혁신의 핵심역량이 결합하여 혁신 경쟁우위를 결정하며, 이를 통해서 혁신 리스크가 좌우된다.

- 리스크가 낮은 혁신이란: 숨은 불확실성의 대비와 다재한Versatile 전략으로 혁신 리스크를 낮춘다.

혁신 리스크의 법칙: 프로젝트 리스크가 낮고, 혁신의 경쟁우위가 높을 때 혁신의 리스크가 낮아진다.

$$\langle 혁신\ 리스크 \rangle = \langle 프로젝트\ 리스크 \rangle \div \langle 혁신\ 경쟁우위 \rangle$$

4. 혁신 다이내믹스

- 혁신 다이내믹스란: 혁신 가치가 높고 혁신 리스크가 낮을 때 혁신 리턴이 커진다.

혁신 리턴의 공식: $\langle 혁신\ 리턴 \rangle = \langle 혁신\ 가치 \rangle \times \{1 - \langle 혁신\ 리스크 \rangle\}$
$= \langle 혁신\ 기회 \rangle \times \langle 가치우위 \rangle \times \{1 - \langle 프로젝트\ 리스크 \rangle \div \langle 경쟁우위 \rangle\}$

- 혁신 기회 발견이란: 기회가 큰 곳에 높은 가치의 가능성도 있다.
"어디에서 큰 혁신의 기회를 발견할 수 있을까?"의 답을 찾는 것이 혁신의 가치를 높이기 위한 출발점이다.

- Discover 사례: "1년 만에 한 자릿수 미만 점유율에서 두 자릿수 점유율이 되었습니다." - 허스만사의 임원
허스만사의 Discover 전략은 "다양한 고객들로부터 최대한의 요구 사항들을 찾아내고, 이들 중에서 중요하지만 만족스럽지 않은 요구들을 분석하여, 거기에서 혁신의 기회를 발견하는 것"이며, 혁신 기회가 커야만 혁신 가치도 높을 수 있음을 시사한다.

- 가치우위 창출이란: 가치우위를 창출하기 위해서 4가지 요소들을 혁신한다.

  가치우위가 높은 솔루션을 위해서 기술적 성능-사용자 경험-네트워크 효과-가격 경쟁력의 4가지 요소들을 혁신한다.

- Create 사례: "가난한 사람들까지 포함한 모두를 고객으로 삼는 것이 우리 아이디어입니다." – 잉그바르 캄프라드, IKEA 창업자

  IKEA의 Create 전략은 "고객의 다양한 경험에서 최선의 만족을 추구하되, 최저의 비용을 통해서 그를 달성한다."라고 할 수 있으며, 그것은 혁신 솔루션의 가치우위가 분명하고 높아야 비로소 혁신 가치가 높아질 수 있음을 의미한다.

- 리스크 관리란: 리스크 관리는 불확실성을 낮추거나 대응하는 것이 핵심이다.

  기술과 시장이 새로움수록 불확실성은 커지게 되고, 불확실성이 커질수록 그에 대한 적절한 준비와 대응이 필요해진다.

- Manage 사례: "키티호크가 뜬다면 아주 높이 날겠지만, 만약 추락한다면 엄청난 참사가 될 것입니다." – HP사의 키티호크 개발임원

  HP사의 Manage 전략은 "커질 것으로 예측되는 시장을 대상으로 그에 필요한 최선의 사양을 가진 첨단 제품을 개발한다."라고 할 수 있는데, 시장과 기술의 불확실성이 커질수록 혁신 프로젝트의 리스크도 커지게 되고, 결국 혁신 리턴이 기대에 미치지 못하게 됨을 간과하였다.

- 경쟁우위 확보란: 경쟁우위 확보를 위해서 4가지 요소들을 고려한다.

  혁신 경쟁우위 확보를 위해서 타기팅-타이밍-프로세스-비즈니스 모델의 4가지 전략들을 고려해 본다.

- Achieve 사례: "미래에는 모든 사람들이 초소형 '컴퓨터–전화–라디오'를 가지고 다닐 것이고, 접속은 매우 빠르고 거의 무료일 것입니다." – 제프 호킨스, 팜 컴퓨팅 창업자, 2001년
  팜사의 Achieve 전략은 "타깃 고객의 요구에 더 적합한 제품을 후발주자로서의 이점을 최대한 살려서 개발하는 것"이었는데, 경쟁우위를 얻기 위해서는 반드시 남들보다 우월한 전략적 선택과 이를 제대로 실행할 수 있는 핵심역량이 필요하다.

- DCMA 전략이란: 말이 빠르게 달리려면 네 다리가 모두 건강해야 한다.
  리턴이 큰 혁신을 위해서 Discover-Create-Manage-AchieveDCMA 의 전략이 필요하다.

5. Discover: 혁신 기회 발견

- 고객 과업이란: 고개의 과업Jobs-To-Be-Done 속에 기회가 있다.
  "고객이 아니라, 과업Job이 기본적인 분석 유닛Unit이다." – 클레이튼 크리스텐슨 교수, 하버드 경영대학원

- 고객 요구란: 고객 요구는 원하는 것들과 해결할 것들에서 유래한다.
  고객 과업은 얻기 원하는 것들과 해결하기 원하는 것들을 낳고, 이들로부터 고객의 요구들이 탄생한다.

- 불충족 요구란: 고객 요구에는 기충족 요구와 불충족 요구가 있다.
  과업 이론은 현재와 미래의 과업들 속에서 불충족된 요구를 발굴함으로써 혁신의 기회를 찾도록 한다.

- 요구의 중요도란: 고객 요구가 중요한 것일수록 기회가 있을 가능성이 크다.

불충족 요구가 고객에게 중요한 것일수록 그의 추가적인 만족에서 얻는 가치도 크게 느껴지며, 따라서 중요도를 객관적으로 파악할 수 있어야 한다.

- 요구의 만족도란: 고객 요구의 만족도가 낮을수록 기회도 커지게 된다. 두 가지 요구들의 중요도가 같다면, 고객이 느끼는 만족도가 상대적으로 낮은 요구에서 더 큰 기회를 찾을 수 있다.

- 요구의 기회도란: 고객 요구의 기회도가 높으면 혁신 기회가 크다. 고객 과업에서 출발하여 불충족 요구들을 찾아 내고, 그들의 정량적 분석을 통해서 높은 기회도를 가진 혁신의 기회를 발견한다.

- 기회 선정이란: 기회도가 10 이상인 USR에서 기회를 찾는다. 기회도 점수가 10 이상인 USR들이 큰 혁신의 기회를 제공하며, 만약 15 이상인 것이 있다면, 그 하나만으로도 큰 성공의 가능성이 있다.

- 타깃 기회란: 과녁이 어딘가를 알고 활을 쏘아야 명중시킬 수 있다. 타깃을 제대로 찾고 조준하는 것이 원하는 곳에 도달하기 위해서 가장 중요한 기술이자 해야 할 일이다.

- Discover 사례: "우리가 개발한 스텐트는 역사상 가장 빠르게 성장한 의료 기구가 되었습니다." – 코디스사 임원
  코디스사의 Discover 사례는 어떻게 타깃 기회를 찾아야 하고, 그것이 제대로 발견되었을 때 얼마나 높은 리턴이 가능한가를 보여주고 있다.

6. Create: 가치우위 창출

- 집중 브레인스토밍이란: 여기저기 파기보다 확률이 큰 곳을 깊이
  파야 금맥이 나온다.
  무작위로 아이디어들을 나열하게 하면, 이미 가지고 있던 것들의
  변형이나 혹은 내가 해보고 싶었던 것들이 주를 이루게 되는데,
  대신에 명확한 타깃 기회와 그에 대한 구체적인 만족도 점수를
  목표로 한 집중 브레인스토밍이 유리하다.

- 가치우위 분석이란: USR에 대한 고객 만족도를 높이면 가치우위도
  높아진다.
  아이디어들을 내고, 이들을 통해서 혁신 솔루션을 구상했을 때,
  이 제안이 실제로 고객에게 얼마나 높은 상대적 가치우위를 얻
  게 될지를 사전에 파악하고 비교한다면 혁신의 성공가능성은 더
  높아질 수 있다.

- 가치우위 평가란: 사전에 가치우위 평가로 성공가능성을 알 수 있다.
  객관적인 기준들과 정량적 평가로 가치우위를 판단함으로써, 나
  의 현재 수준, 경쟁자의 수준, 그리고 새로운 솔루션이 가져올 수
  준을 비교해 볼 수 있고, 이를 통해서 혁신의 성공가능성도 미리
  가늠해 볼 수 있다.

- 과업에서 아이디어 찾기란: 고객 과업을 통해서 가치우위가 높은
  아이디어를 찾을 수 있다.
  때로 빠르게 혁신 기회를 발견하고 이에 대해서 가치우위가 높은
  아이디어를 필요로 하는데, 이 경우에도 고객 과업을 기반으로 한
  방법과 간단한 재무적 분석으로 가치우위를 분석해 볼 수 있다.

- 가치 맵이란: 가치 맵Value Map으로 가치우위를 비교할 수 있다.

가치 맵은 고객이 보는 혜택과 가격을 기준으로 솔루션의 상대적 가치우위를 평가할 수 있는 도구이며, 솔루션이 시장의 경쟁에서 어느 정도의 성공을 거둘 수 있을지를 객관적으로 판단하게 해준다.

- 동등 가치란: 최소한 동등한 가치Fair Value가 되어야 경쟁할 수 있다. 가치 맵에 표시되는 가치 등가선VEL은 경쟁을 위한 기본 자격을 나타낸다고 할 수 있으며, 혁신 솔루션이 여기를 넘어선 곳에 있을수록 성공할 가능성도 높아지게 된다.

- 가치 다이내믹스란: 동등 가치와 가치우위는 지속적으로 변화한다. 가치 맵상에서 모두가 그 자리에 머물러 있다면, 우리가 어디로 얼마나 이동하면 가치우위가 높아질지를 정확하게 알 수 있지만, VEL이 한 자리에 있는 경우는 거의 없다.

- 가치 경쟁이란: 실질적 가치우위를 위해서 가치 경쟁을 이해하고 이용해야 한다.
  가치 맵에서 단순히 가치우위가 높을 곳으로 이동한다고 그것이 곧 실질적인 가치우위를 가져오는 것이 아닌데, 그 이유는 다른 경쟁자들 또한 우리와 같이 가치우위를 위해서 새로운 포지션으로 움직이고 있기 때문이다.

- Create 사례: "이러한 통찰로 얻어진 제품은 우리가 이제까지 개발했던 어떤 제품보다도 큰 관심과 높은 초기 판매를 가져왔습니다."
  – 보쉬 공구의 임원
  보쉬사의 Create 사례는 혁신 솔루션의 가치우위가 클수록 성공 가능성이 커지며, 또한 가치 맵에서 우위의 포지션을 위해서 혜택을 정확하게 고객에게 전달하는 것이 필요함을 시사한다.

7. Manage: 리스크 관리

- 리스크 관리란: 불확실성이 목표에 미치는 영향을 적절히 관리해야 한다.

  리스크 관리에는 7가지 업무들이 필요하고, 핵심 업무들은 리스크 파악, 리스크 분석, 리스크 평가, 그리고 리스크 조치이다.

- 프로젝트 리스크 파악이란: 리스크 매트릭스를 통해서 빠르게 리스크를 파악한다.

  데이 교수의 리스크 매트릭스는 시장과 기술의 새로움, 즉 불확실성을 추정하고 이를 이용하여 프로젝트 리스크를 파악해 볼 수 있는 도구이다.

- 시장 리스크 분석이란: 시장의 불확실성을 낮추어야 고객 가치에서의 리스크를 줄일 수 있다.

  시장이 기존과 다를수록 불확실성은 커지는데, 크게 고객과 경쟁자들의 구성, 행동, 관계, 지식, 경험 등이 달라짐에서 오는 리스크를 잘 파악해야 한다.

- 기술 리스크 분석이란: 기술의 불확실성을 낮추어야 가치 제공에서의 리스크를 줄일 수 있다.

  기술과 제품이 기존과 다를수록 불확실성은 커지는데, 크게 내부의 기술 및 개발 역량, 공급망과 서비스, 필요한 지식과 제공 수준 등이 달라짐에서 오는 리스크를 잘 파악해야 한다.

- RWW 방법론이란: 실재–성공–가치Real-Win-Worth를 따져 보면 리스크도 알 수 있다.

  RWW 방법론은 20개의 질문들에 대한 "예-아니오-아마도"로 답을 하면서 어디에 어떤 리스크 요인들이 존재하는가를 찾도록 하며, 여러 사람들이 함께 리스크 파악을 하는 데 도움을 준다.

- RDM 기법이란: 체계적 관리로 신제품의 리스크를 사전에 예방할 수 있다.

  RDM 기법은 신제품 개발에 특화된 체계적인 리스크 관리 프로세스를 제공하는데, 3가지 파트의 9가지 단계로 리스크 플랜을 도출한다.

- 혁신 포트폴리오 관리란: 혁신 포트폴리오로 전체 혁신 프로젝트들의 리스크를 관리한다.

  혁신 포트폴리오를 통해서 기업의 전략적 방향과 혁신 프로젝트들의 구성이 얼마나 부합되는지, 그리고 전체적 리스크의 수준과 밸런스를 파악할 수 있다.

- ECV 분석이란: 기대 사업가치로 리스크를 고려한 혁신 리턴을 분석한다.

  혁신 프로젝트의 리스크가 클수록 단순한 현재 가치로 리턴을 추정하기보다는, 리스크 요소들을 고려한 ECV와 같은 추정 방법을 통해서 다양한 시나리오를 분석해 볼 수 있다.

- Manage 사례 연구: 혁신 리스크에 대한 실증적 사례 연구도 도움이 된다.

  리스크 사례 연구를 통해서 알 수 있듯이, 혁신 리스크를 체계적으로 다룬다면 흔히 생각하고 경험하는 것처럼 혁신 리스크 관리가 '매우 어려운 일'이 아닐 수 있다.

8. Achieve: 경쟁우위 확보

- 경쟁우위 확보란: 경쟁우위를 높일수록 혁신 리스크는 낮아진다.

  혁신 경쟁우위는 누구에게, 언제, 어떤 과정으로, 그리고 어떤 비즈니스 모델로, 솔루션을 개발하고 출시하는가에 대한 전략적 선택과 실행이 중요하다.

- 타기팅 전략이란: 고객에 따라서 느끼는 솔루션의 경쟁우위는 다르다.

  혁신 기회 발견에서 본 것처럼 경쟁우위를 위한 타기팅을 위해서도 고객 과업의 깊은 이해와 그를 위한 전략적 선택들이 중요하다.

- 타기팅 방법이란: 고객 과업을 기반으로 타기팅을 한다.

  초기 타깃 고객을 찾으려면 혁신 솔루션의 Gain을 가장 크게 느낄 고객을 대상으로 해야 하며, 기존 고객들 중에서 만족하지 못하는 과업을 가진 그룹이나 새로운 과업을 필요로 하는 그룹을 후보로 고려한다.

- 타이밍 전략이란: 타이밍이 빠르다고 반드시 유리한 것은 아니다.

  타이밍이 빠른 것이 일관성 있게 좋은 것이 아님은 실증 연구에서 밝혀졌는데, 그렇다면 언제 어떤 상황에서 빠르거나 늦은 것이 더 나은지를 이해해야 한다.

- 타이밍 방법이란: 타이밍은 상황에 따라 다른 전략이 필요하다.

  타이밍은 시장과 기술이 진화하는 속도에 따라서 적절히 선택해야 한다.

- 프로세스 전략이란: 프로세스 선택이 솔루션의 경쟁우위에 영향을 미친다.

  혁신을 추진하는 프로세스에 따라서 그 결과로 얻어지는 솔루션의 경쟁우위도 달라지게 되며, 따라서 혁신의 목적과 부합되는 프로세스를 선택해야 한다.

- 프로세스 선택이란: 기술과 시장의 상황에 따라서 프로세스를 선택한다.
  혁신 프로세스의 선택은 기술의 속성과 시장에 대한 전략을 축으로 해서, 어떤 조합에서 어떤 유형의 프로세스가 유리할 것인가를 고려하여 선택해야 한다.

- 비즈니스 모델 전략이란: 비즈니스 모델의 선택으로 솔루션의 경쟁우위도 달라진다.
  비즈니스 모델은 창조-존속-효율의 경로를 따라서 진화하는데, 가치창조 혁신의 솔루션일수록 새로운 비즈니스 모델을 결합하여 경쟁우위를 높이는 것이 필요하다.

- 비즈니스 모델 사례: 비즈니스 모델은 지금 이 순간에도 진화하고 있다.
  비즈니스 모델은 솔루션의 경쟁우위를 결정하는 새로운 요소로 각광받고 있는데, 더 높은 고객 Gain과 더 낮은 고객 Pain을 위한 새로운 가치제안의 길을 찾아 봐야 한다.

9. 하이리턴 혁신

- 하이리턴 혁신이란: 혁신의 목적은 하이리턴High-Return을 얻는 것이다.
  성장은 단순히 혁신에서 오는 것이 아니라, 반드시 높은 리턴을 가져오는 혁신, 소위 '하이리턴 혁신'을 통해서만 가능하다.

- 하이리턴 혁신의 원칙 1: 고객의 중요하고 만족도가 낮은 불충족 요구에서 큰 기회를 찾는다.

HRI의 출발점은 고객이 처한 현재와 앞으로의 상황, 그 안에서의 주요한 과업들, 그리고 현재와 미래의 불충족된 요구들이 무엇인가를 명확하고 의미 있게 설명하는 혁신의 커다란 기회Big Opportunity가 되어야 한다.

- 하이리턴 혁신의 원칙 2: 혁신 솔루션이 고객에게 큰 혜택과 높은 가격 경쟁력을 제공하도록 한다.

  HRI의 솔루션은 반드시 혜택 면에서 높아야 하고, 더불어서 그에 상응하는 가격 경쟁력을 유지해야 하는데, 이를 위해서 SWOT+C의 질문들과 솔루션에 대한 정량적인 가치우위 분석이 도움을 줄 수 있다.

- 하이리턴 혁신의 원칙 3: 시장과 기술이 불확실할수록 리스크 관리에 더 주력한다.

  HRI의 리스크 관리는 시장과 기술이 기존으로부터 멀어질수록 중요해지는데, 가치를 높이는 것보다 더 큰 관심과 노력이 여기에 필요한 경우가 있다.

- 하이리턴 혁신의 원칙 4: 솔루션이 높은 경쟁우위를 가질 수 있는 다양한 전략을 구사한다.

  HRI의 요인을 한 마디로 요약한다면, "솔루션의 높은 가치와 적절한 리스크, 더불어 차별화된 경쟁우위의 전략이 존재했고, 그것을 완벽하게 실행에 옮기는 역량이 함께 했기 때문이다."

- 하이리턴 혁신의 원칙 5: 고객과 기술을 더 깊이 이해하고 존중할수록 하이리턴이 가능하다.

  HRI의 마지막 원칙은 "고객과 기술의 깊은 이해와 높은 존중이 하이리턴의 근원"이라는 단순하지만 잊기도 쉬운 상식이다.

- 하이리턴 혁신의 프로세스 1: 혁신 가치를 위해서 7단계의 전반 프로세스를 응용한다.
  HRI의 전반 프로세스는 혁신 가치를 최대화하기 위한 것으로, 10점 이상의 기회도를 가진 기회를 타깃으로, 10% 이상의 가치우위를 가진 솔루션을 발굴하는 과정이라고 할 수 있다.

- 하이리턴 혁신의 프로세스 2: 혁신 리스크를 위해서 7단계의 후반 프로세스를 응용한다.
  HRI의 후반 프로세스는 혁신 리스크를 관리하고 낮추기 위한 것으로, 높은 수준을 가진 리스크에 대비하고, 경쟁우위를 확보할 수 있는 다양한 전략들을 도출하는 과정이다.

- 하이리턴 혁신의 원리: 하이리턴은 혁신의 패턴과 상황의 궁합이 맞을 때 얻어진다.
  HRI의 패턴은 가치증진과 가치창조 중 하나에서 결정되는데, 고객 요구보다 제공하는 성능이 낮은 상황이면 가치증진에서, 반대의 상황이면 가치창조에서 HRI가 나타난다.

- 하이리턴 혁신을 위하여: HRI를 위하여 필요한 선결 조건들이 있다.
  HRI의 원칙들과 프로세스는 더 큰 혁신의 리턴으로 향하는 것을 도와주는 가이드가 될 수 있으며, 목적지에 도달하는 유일한 방법은 선택한 길을 따라서 꾸준하게 나아가는 것이다.

에필로그

 이 책의 뿌리는 1990년대 초반 삼성중공업 기전사업부에서 추진했던 PMSProject Management System라는 프로젝트에 있다. IT를 기반으로 업무 스피드와 정확성을 높이고자 하는 전형적인 프로세스 혁신이었다. 탁월한 혁신 리더십을 가진 CEO와 혁신 챔피언, 그리고 PMS팀원들의 열정과 헌신으로 이 혁신 과제는 개발 완료 후 그룹 최고혁신상을 수상하였다. 필자가 자문으로 참여했던 첫 번째 혁신 과제이기도 하다. 이후 거제의 조선사업부에서 유사한 혁신 프로젝트와 삼성전자 반도체사업부의 SLIM 프로젝트라는 재공 및 공기 단축 혁신 과제 등을 거치면서 혁신이라는 주제와의 인연이 지금까지 이어지게 되었다.

 혁신 다이내믹스는 다양한 기업들의 혁신 관련 자문 및 교육과 대학들에서의 교육 및 연구를 통해서 20년 이상 자라왔다. 포스텍의 산업경영공학과, 기술경영대학원, 창의IT융합공학과, 인문사회학부, 그리고 송도의 SUNY Korea 기술경영학과에서의 기술혁신과 혁신경영에 대한 강의 및 연구들과 삼성 그룹, 포스코 그룹, 현대자동차 그룹, 두산 그룹 등 국내 굴지의 기업들에서 다양한 전문가 양성과정들을 통해서 이 내용을 전수해 왔다. 물론, 여기 소개된 내용들 이외에도 다양한 좋은 컨텐츠들이 세상에 존재하지만, 혁신 다이내믹스와 연관성이 큰 내용들을 선별하여 정리하였다. 혁신 다이내믹스는 여전히 진화하고 있는 원리라고 할 수 있는데, 이제부터 완성을 향해서 나가야 하는 출발점이라고 생각된다.

이 책이 나오기까지 도와주신 많은 분들이 계신데, 특히 초고인 '테크노 혁신경영'에 대해서 좋은 조언을 해주신 연세대학교 산업공학과 이영훈 교수님, 초고를 교육과정에 적극 채택해 주신 메타비경영연구원의 채서일 원장님과 이진아 대표님, 두산 그룹 DLI, 표준협회 등의 관계자분들께 감사한다. 오랜 기간 묵묵히 원고를 기다려 주시고 후원해 주신 한올출판사의 임순재 대표님과 탁월한 편집을 해주신 최혜숙 실장님께도 감사를 드린다. 또한 그동안 초고를 가지고 열심히 수업과 교육과정에 함께 참여했던 많은 제자들과 교육생 분들께도 심심한 감사를 전한다. 더불어서 가족의 사랑과 후원이 이 모든 여정의 원동력이라 믿는다. 독자 여러분의 피드백을 언제나 환영한다.

2018년 여름 포스텍 무은재기념관 연구실에서 낙천

찾아보기

한국어

저자 소개

김수영 교수는 현재 포스텍(POSTECH, 포항공과대학교) 인문사회학부 경영분야 교수로 재직 중으로, 1993년 포항공대 산업공학과를 시작으로, 산업경영공학과, 기술경영대학원, 창의IT융합공학과 교수를 역임하였다. 서울대학교 기계공학과를 졸업하고 KAIST 생산공학과에서 석사를 받았다. 삼성중공업에서 3년 동안 근무한 후, 1988년에 미국 U.C.Berkeley 산업공학과에서 박사학위를 받았다. 1989년부터 4년간 미국 Rutgers대학 산업공학과 조교수를 역임하였고, 2012년부터 4년간 미국 SUNY Stony Brook의 방문교수 겸 SUNY Korea 기술경영학과 겸임교수로도 활동하였다. 1990년부터 현재까지 국내 굴지의 그룹들 및 여러 기업들과 기관들, 그리고 다양한 전문가과정에서 혁신 관련 자문과 교육을 해오고 있다.

혁신 다이내믹스
Innovation Dynamics
지속 성장을 위한 혁신의 원리와 길

초판1쇄 인쇄 2018년 7월 05일
초판1쇄 발행 2018년 7월 10일

저　　　자 김 수 영
펴 낸 이 임 순 재
펴 낸 곳 (주)도서출판 한올출판사
등　　　록 제11-403호
주　　　소 서울시 마포구 모래내로 83(성산동, 한올빌딩 3층)
전　　　화 (02)376-4298(대표)
팩　　　스 (02)302-8073
홈 페 이 지 www.hanol.co.kr
e - 메 일 hanol@hanol.co.kr
I S B N 979-11-5685-706-8